Diederichs Gelbe Reihe

Hans Wolfgang Schumann

BUDDHISMUS

Stifter, Schulen und Systeme

Diederichs Gelbe Reihe

Mit 47 Abbildungen

Bibliografische Information der Deutschen Bibliothek:
Die Deutsche Bibliothek verzeichnet diese Publikation in der Deutschen Nationalbibliografie; detaillierte bibliografische Daten sind im Internet unter http://dnb.ddb.de abrufbar.

Umschlaggestaltung: Die Werkstatt München / Weiss · Zembsch
Produktion: Ortrud Müller
Satz: EDV-Fotosatz Huber / Verlagsservice G. Pfeifer, Germering
Druck und Bindung: GGP Media GmbH, Pößneck
Printed in Germany 2005

ISBN 3-7205-2652-6

INHALT

Vorwort 9

DER BUDDHA ALS MENSCH SEINER ZEIT 13

HĪNAYĀNA – DER BUDDHISMUS DER ERLÖSUNG
DURCH EIGENE KRAFT 55

Der Pāli-Kanon, Entstehung und Inhalt 55

Theravāda, die Lehre 62
1. Alles Dasein ist Leiden 62
2. Das Subjekt des Leidens und die Drei Kennzeichen 66
3. (Exkurs:) Objektives und subjektives Dasein 73
4. Saṃsāra, der Kreislauf der Wiedergeburt 76
5. Kamma, die Kausalität des Tuns 77
6. Die Ursache der Wiedergeburt 82
7. Die Wiedergeburt ohne Seele. 85
8. Der Konditionalnexus 87
9. Der Konditionalnexus im einzelnen 91
10. Der Konditionalnexus – funktionelle Bedingtheit 95
11. Die Aufhebung des Leidens 97
12. Der Weg zur Leidensaufhebung. 98
13. Das Heilsziel: Nibbāna 112

HAUPTSCHULEN DES VOR-MAHĀYĀNISCHEN BUDDHISMUS 117
1. Schulen des Theravāda-Zweiges 117
a) Die Theravāda-Scholastik 117
b) Die Sarvāstivādins 121
c) Die Sautrāntikas 122
2. Schulen des Mahāsāṅghika-Zweiges 123
a) Die Mahāsāṅghikas 123
b) Die Lokottaravādins 123

MAHĀYĀNA – DER BUDDHISMUS DER ERLÖSUNGSHILFE VON AUSSEN 133

Hīnayāna und Mahāyāna, Unterschiede und Gemeinsamkeiten 133

Die Literatur des Mahāyāna-Buddhismus 138

Die Grundlehren des Mahāyāna 142
1. Die Philosophie der Leerheit (Die Weisheitsschule) 142
a) Die Leerheit ist das Absolute 145
b) Alle Wesen sind Buddhawesen und erlöst 147
c) In der Leerheit sind alle Wesen identisch 147
d) Die Ambivalenz der Leerheit und die Doppelte Wahrheit 147
e) Der Buddha hat nichts gelehrt 148
f) Die Erkenntnis der Leerheit befreit 148
2. Der Transzendente Buddha und seine Drei Leiber 149
Die Drei-Leiber-Lehre 153
a) Der Dharmakāya und Urbuddha 153

b) Sambhogakāya und das Maṇḍala der Transzendenten Buddhas 155
c) Nirmāṇakāya, die Irdischen Buddhas 159
3. Bodhisattvas – Heilshelfer und Retter in der Not 160

Die Mahāyānischen Erlösungswege und das Nirvāṇa 170
1. Der Weg der Eigenerlösung durch Selbstdisziplin 171
2. Der Weg der Weisheit 173
3. Der Weg des Glaubens 176
4. Der Bodhisattvaweg – passiv und aktiv 181
5. Der Weg des Kults 188
6. Das Heilsziel: Nirvāṇa 189

Philosophische Schulen des Mahāyāna 192
1. Das Madhyamaka-System (Śūnyatāvāda) 192
Denker und Śāstras 192
Lehren 194
a) In der Person keine Seele, in den Dingen keine Eigennatur 196
b) Die Wiedergeburt ohne Seele – der Konditionalnexus 199
c) Leerheit 205
d) Saṃsāra und der Weg zur Erlösung 207
e) Nirvāṇa und der Erlöste 210
2. Das Vijñānavāda-System (Yogācāra) 213
Denker und Śāstras 213
Lehren 214

DAS TANTRAYĀNA UND DER BUDDHISMUS OSTASIENS 219
1. Mantrayāna 220
2. Vajrayāna 220
3. Sahajayāna 223

4. Kālacakra 227
5. Buddhismus Ostasiens 228

ZUSAMMENFASSUNG:
GEISTESGESCHICHTLICHER ÜBERBLICK 231

Der Buddha und seine Lehre 231
Philosophische Marksteine des Buddhismus 232
Geschichte und Ausbreitung. 234

Tabellarische Übersicht 238

Anhang
Abkürzungen und benutzte Textausgaben 244
Literatur 245
Register 249

Vorwort

Von den jüngst zerstörten Buddhaskulpturen von Bamiyan im heutigen Afghanistan bis zu den Tempeln Japans, von der sandverwehten Oase Turfan bis zu den Stūpas Ceylons und dem Borobodur auf Java erstreckt sich das historische Gebiet der buddhistischen Kultur, rund 6000 km in beiden Richtungen der Windrose. Feinsinnige Tropenvölker vermochte die Lehre des indischen Weisen ebenso für sich zu gewinnen wie rauhe Gebirgs- und Steppenbarbaren; ihr humanisierender Einfluß ist in ganz Asien spürbar und war überall die Grundlage hoher Geistigkeit und künstlerischer Blüte. Es war eine Sternstunde für die Welt, als Siddhattha Gotama, der »Buddha«, im Jahre 528 v. Chr. bei Benares seine Einsichten zu verkünden begann.

Nicht Gott oder die Götter stehen im Zentrum der Buddhabotschaft, sondern der in den kosmischen Kreislauf verwobene Mensch. Da der Buddha überzeugt ist, mit seiner Lehre ein Naturgesetz offenbart zu haben, nennt er sie »das Gesetz« (P: *dhamma*, Skt: *dharma*) und kennzeichnet sie damit gleichzeitig als Norm für das menschliche Verhalten, als »Weisung« *(sāsana)*. Treffend wählen seine Anhänger als Sinnbild des Dhamma das Rad (*cakka*): Symbol funktioneller Geschlossenheit, zentraler Ruhe in der Bewegung und, im alten Indien, gerechter königlicher Herrschaft.

Selbstbeherrschung und Güte fordert der Buddha von seinen Anhängern, und er begründet diese Forderungen durch philosophische Überlegungen, die in seinen in der Pāli-Sprache erhaltenen Lehrreden zugängig sind. Das System dieser Gedanken und der buddhistische Weg zur Erlösung sind das Thema des vorliegenden Buches.

Nach dem Tode des Meisters haben Mönchsphilosophen seine Ideen weiterentwickelt und Systeme geschaffen, die mit der älteren Lehre noch heute um Bekenner wetteifern. Auch diese Systeme, soweit ihre Quellen in Pāli oder Sanskrit überliefert sind, werden auf den folgenden Seiten beschrieben. Mit anderen Worten: Das Buch ist ein Abriß des Hīnayāna[1] und des indischen Mahāyāna, nach sekundären Quellen auch des Tantrayāna. Es behandelt das normative, das Idealsystem der indischen Texte und läßt die Ausbreitungsgeschichte des Buddhismus, seine lokal variierenden Popularformen und seinen Einfluß auf das soziale Verhalten seiner Bekenner außer Betracht. Die Aufmerksamkeit gilt dem Lehrgebäude, wobei alle tragenden buddhistischen Ideen zur Darstellung kommen.

Die Arbeitsgrundsätze des Buches sind: Knappheit, unpathetische Sachlichkeit, Erklärung aller Vorstellungen aus der genuinen buddhistischen Tradition heraus sowie Verzicht auf Wertungen und Vergleiche mit westlichen Denksystemen. Da dem Hīnayāna-Kapitel die Pāli-Quellen, dem Mahāyāna-Kapitel Quellen in Sanskrit zugrunde liegen, werden die indischen Namen und Begriffe im ersten Teil der Arbeit in Pāli, im zweiten in Sanskrit wiedergegeben. Stellenangaben erfolgen nach der indischen Kapitel- und Abschnitt-Einteilung, bei wenig unterteilten Texten auch nach der Bandnummer (in römischer Ziffer) und Seite der benutzten Druckausgabe. Auf die Angabe von Parallelstellen wurde verzichtet.

---

1 Wie in allen westlichen Werken wird der von den Mahāyānins eingeführte Ausdruck *Hīnayāna*, »Kleines Fahrzeug« (über den Strom des Leidens), hier und im folgenden ohne abschätzige Bedeutung als Sammelbezeichnung aller vor-mahāyānischen Buddhismusschulen verwendet, von denen der Theravāda nur eine, freilich die wichtigste, ist. Der Wunsch der Theravādins, den einst als Diffamierung gemeinten Ausdruck nicht mehr verwendet zu sehen, ist mangels einer Alternativbezeichnung nicht zu verwirklichen.

Das Rad symbolisiert die Lehre des Buddha und zugleich gerechte königliche Herrschaft. Das 24speichige Rad findet sich auf dem Kapitell der Säule, die im 3. Jahrhundert v. Chr. der buddhistische Kaiser Asoka in Sārnāth (bei Benares) aufrichten ließ. Das Säulenkapitell in Form von vier mit dem Rücken gegeneinander sitzenden Löwen ist heute indisches Staatswappen, das Rad ist in die indische Nationalflagge eingegangen.

Eine angenehme Pflicht ist es mir, denjenigen zu danken, die das Buch gefördert haben. U Mya Maung, der Museumszeichner des *Archaeological Department of the Union of Burma,* hat mich durch Anfertigung von Zeichnungen unterstützt. Einige deutsche buddhistische Mönche, allen voran Lama Anāgārika Govinda, waren so freundlich, das Manuskript durchzusehen und wertvolle Vorschläge zu machen. Nützliche Hinweise erhielt ich ferner von Lesern der englischen Ausgaben[2]. Daß ich mich nicht immer der Lehrauffassung der Ehrw. Bhikkhus anschließen konnte, liegt in der rationalistischen Grundhaltung und der analytisch-deskriptiven Methode der Arbeit begründet, der es nicht um Apologese und Mission, sondern um religionswissenschaftliche Systematik und nachvollziehendes Verstehen geht.

2 *Buddhism, an Outline of its Teachings and Schools*, London 1973; USA-Ausgabe Wheaton Ill., 1974, [3]1989.

Die Neuausgabe bot Gelegenheit, den Text zu aktualisieren und zu ergänzen, denn die Buddhismusforschung ist in dauernder Bewegung. Vor allem aus England kam frischer Wind, aber auch in Deutschland, Belgien, Frankreich, Italien, Indien und Japan ist weiter geforscht worden. Wissenschaftler aus Dänemark und USA lieferten Beiträge besonders zum tibetischen Buddhismus – kurzum, unser buddhologisches Wissen ist in den letzten Jahrzehnten stark gewachsen. Auch Einsichten aus meinen eigenen, nach dem vorliegenden Werk erschienenen Büchern sind in die Neubearbeitung eingeflossen. Zudem wurde das Literaturverzeichnis aktualisiert.

Der Buddhismus ist ein Forschungsgebiet enormer Breite und Tiefe. Kein einzelner kann alle seine Textsprachen beherrschen, alle seine Schulen studieren, alle regionalen Ausformungen kennenlernen und alle relevanten Sekundärwerke lesen. Deshalb sind von Zeit zu Zeit Sachdarstellungen nötig, die angesichts der zahlreichen Detailforschungen und Spezialisierungen an den Ursprung der Buddhalehre und die religiöse Intention des Buddha erinnern und, aufs Wichtigste beschränkt, einen Wegweiser durch das buddhistische Denken darstellen. Eben das ist es, was das Buch versucht.

Hans Wolfgang Schumann

DER BUDDHA ALS MENSCH SEINER ZEIT

Siddhattha Gotama, der Mann, den man den »Buddha« nennt, ist nach der buddhistischen Zeitrechnung Ceylons und Südostasiens im Jahre 544 v. Chr. gestorben.[3] Alle westlichen Indologen halten dieses Datum für falsch.

Sie bedienen sich zur Datierung des Buddha mehrheitlich der Ceylon-Chroniken Dīpavaṃsa und Mahāvaṃsa, die angeben (Dv 6,1; Mvs 5,21), seit dem Tode des Buddha bis zur Herrscherweihe des Kaisers Asoka seien 218 Jahre vergangen. Asoka hatte 268 v. Chr. die Herrschaft übernommen und weihte sich selbst 265 v. Chr. zum Kaiser. Wenn man die in den Chroniken erwähnten 218 Jahre zu diesem letzteren Datum addiert, ergibt sich für das Parinibbāna des Buddha das Jahr 483 v. Chr. Da der Meister als Achtzigjähriger starb, muß er 563 v. Chr. geboren sein.

Mit nur geringen Varianten nach oben und unten galt dieser Zeitansatz des Buddha den älteren Indologen als das früheste sichere Datum der indischen Geschichte. Von ihm aus wurden auch die Daten der altindischen Herrscher und ihrer Dynastien errechnet.

In jüngerer Zeit haben die Indologen P. H. L. Eggermont (Leuven) und H. Bechert (Göttingen) Zweifel daran geweckt, daß die in den Chroniken genannte Zahl 218 verläßlich sei. Bei einem Symposion in Göttingen ist die Frage unter internationaler Beteiligung diskutiert worden. Die meisten der

3 Beim Jahre 544 v. Chr. setzt die in Ceylon und Südostasien gebräuchliche buddhistische Zeitrechnung ein. Das Jahr 2500 buddhistischer Ära entspricht dem Jahre 1956 westlicher Zählung.

vortragenden Forscher vertraten die Meinung, die Lebenszeit des Buddha sei bisher zu früh angesetzt worden, konnten sich aber nicht einigen, um wieviel zu früh. Indizien verweisen auf neunzig bis hundertdreißig Jahre.

Es fällt schwer, sich mit dieser Ungewißheit abzufinden, denn der Historiker braucht Jahreszahlen. Aus praktischen Gründen ist es deshalb ratsam, vorerst an dem alten Zeitgerüst für das Leben des Buddha – 563 bis 483 v. Chr. – festzuhalten, sich aber bewußt zu sein, daß weitere Untersuchungen es nötig machen könnten, die Daten nach unten zu korrigieren.

Die ergiebigste Informationsquelle über Siddhattha Gotama, den Buddha, ist der Kanon in der Pāli-Sprache, der komplett erhalten ist. Er enthält Angaben vor allem über Siddhattha im Mannesalter, wenig über seine Geburt und Jugend. Auskunft hierüber enthalten jüngere Schriften und Kommentarwerke, in denen sich allerdings schon die Legende des Themas bemächtigt und den Meister zum Übermenschen emporstilisiert hat. Den geschichtlichen Kern solcher Erzählungen vom Legendengeranke freizuschälen ist nicht schwer, doch ist Behutsamkeit geboten. Manche Legenden sind Bildhaftmachungen innerer Erlebnisse und illustrieren Gotamas geistigen Entwicklungsgang. Sie sind subjektiv wahr, aber nicht historisch.

Wie aus den erwähnten jüngeren Dokumenten hervorgeht, soll Siddhatthas Mutter Māyā – zu der Zeit angeblich über 40 Jahre alt – aus dem Hause ihres Gatten von Kapilavatthu nach Devadaha aufgebrochen sein, um ihr Kind dort, in ihrem Elternhause, zur Welt zu bringen. Aber schon auf halbem Wege, in einem Hain von Sāla-Bäumen bei dem Dorf Lumbinī (240 km nordöstlich von Benares im heutigen Nepāl), wurde der Knabe geboren. Diener brachten die Mutter und ihr Neugeborenes nach Kapilavatthu zurück, wo Māyā eine Woche später starb. Suddhodana, ihr Mann, vertraute seinen Sohn deshalb der jüngeren Schwester der Verstorbenen, seiner Zweitgemahlin Mahāpajāpatī, an, die kurz darauf ein eigenes Kind, Nanda, und später noch eine Tochter gebar – Halbgeschwister Siddhatthas. Mahāpajāpatī widmete sich der Erziehung Siddhatthas mit besonderer Liebe.

Die Familie (*gotta*), in die Siddhattha hineingeboren war, hieß Gotama und gehörte zum Stamme der Sakyas[4], der schätzungsweise 5000 Personen umfaßte – von einer Gesamtbevölkerung der Sakya-Republik von vielleicht 180 000 Menschen. Von der »Sakya-Republik« spricht man, weil die Sakyas den Rāja der Republik stellten. Ihre Hauptstadt Kapilavatthu (Skt.: *Kapilavastu*) ist identisch mit dem auf nepalischem Staatsgebiet gelegenen heutigen Tilaurakoṭ. Daneben sind die Namen von acht Kreis- oder Marktstädten der Sakya-Republik überliefert.

Im Sakya-Lande, in dem der indide und der mongolide Rassetypus sich mischten, waren alle vier Kasten (mit jeweils zahlreichen Unterkasten [*jāti*]) vertreten; die Familien Moggallāna, Kaccāna und Vāseṭṭha waren Brahmanen, die Gotamas und andere zählten zum Krieger- und Beamtenadel (*khattiya*). Dem Adel oblag die Rechtspflege und die Wahrnehmung politischer Aufgaben: der Kontakt zu dem in Sāvatthi residierenden König von Kosala, dessen Suzeränität die Sakyas anerkannten; die Regelung der Beziehungen zu den Nachbarstämmen, mit denen vor allem wegen der Wasserrechte für die Reisbewässerung zu verhandeln war; die interne Verwaltung und im Bedarfsfall die Kriegführung. Alle paar Jahre wählten die Familien des Kriegeradels aus ihrer Mitte einen Präsidenten (*rāja*), der auch den Vorsitz im Stammesparlament führte. Als Siddhattha geboren wurde, war es sein Vater Suddhodana, der das Präsidentenamt innehatte, ein Umstand, der die buddhistische Tradition veranlaßte, in ihm einen König und in Siddhattha einen Prinzen zu sehen. Daß

---

4 In den Pāli-Texten auch *Sakiya* und *Sakka* geschrieben.

Suddhodana sein Rāja-Amt aber nur nebenbei ausübte und gleich den meisten seine Familie durch Ackerbau, insbesondere Reiskultur, ernährte, wird in den Quellen zwischen den Zeilen deutlich. Eine markante kanonische Stelle (in M 36), in der der Buddha seinen Vater bei der Feldarbeit erwähnt, erklärte man später durch Erfindung eines jährlichen Pflügerfestes, bei dem der König zeremoniell eine Furche zu ziehen gehabt habe.

Siddhatthas Jugend war frei von materiellen Sorgen. Sicherlich gab es dann und wann eine Mißernte und Knappheit, aber die Landschaft um Kapilavatthu ist fruchtbar genug, um Vorratswirtschaft zu erlauben. Auch szenisch ist sie reizvoll. Bei klarem Wetter sieht man am Horizont die Südhänge des Himālaya und einige Schneegipfel. Verstreute Baumgruppen setzen in die von Feldern bedeckte Ebene schattige Flecken. Dennoch ist die Idylle nicht perfekt. Gegen Abend schwirren Wolken von Moskitos herbei, die Malaria und Elephantiasis verbreiten.

Mit dem achten Lebensjahr (die vorgeburtlichen Monate eingerechnet) begann Siddhatthas Ausbildung. Besonderer Wert wurde auf soldatische Fertigkeiten, d. h. Reiten, Umgang mit Elefanten, Bogenschießen und Ringen, gelegt, war es doch Aufgabe des Kriegeradels, im Notfall die Waffen zu führen. Aber gerade hier war Siddhatthas Eifer gering. Er war ein kontemplativer Typ, der Kraftdemonstrationen verachtete: so sehr, daß sein zukünftiger Schwiegervater, ein Bruder seiner verstorbenen Mutter Māyā, erst einen Tauglichkeitsbeweis forderte, bevor er ihm seine Tochter Yasodharā zur Frau gab. Beide Partner waren sechzehn, als die Hochzeit stattfand. Mit neunundzwanzig wurde ihnen ein Sohn geboren, der den Namen Rāhula erhielt.

Wie lange sich die Wende vorbereitete, die unmittelbar nach Rāhulas Geburt Siddhatthas Auszug in die Hauslosigkeit bewirkte, ist kaum zu ermessen. Möglicherweise war die Geburt eines männlichen Nachkommen die Bedingung, unter der die Gotamas bereit waren, Siddhattha ziehen zu lassen. Die Legende setzt den Entscheidungsprozeß ins Dramatische um und berichtet, Siddhattha habe bei vier Ausfahrten einen Alten, einen Kranken, einen Toten und einen Mönch erblickt und dadurch erkannt, daß man nur als anhangloser Asket die Erlösung verwirklichen könne. Tatsache ist jedenfalls, daß er als Neunundzwanzigjähriger Familie und Freunde, Haus und Heimatstadt verließ, um sich religiöser Suche zu widmen. Den Auszug ins Asketenleben schilderte er später seinen Mönchen wie folgt:

> *Auch ich habe früher, selbst der Geburt unterworfen, das der Geburt Unterworfene gesucht, selbst dem Alter, der Krankheit, dem Tode, der Trauer, der Beschmutzung unterworfen, gerade das (diesem allen) Unterworfene gesucht. Da wurde mir (klar): Warum denn suche ich, der ich (dem allen) unterworfen bin, gerade das? Sollte ich nicht, nachdem ich in der Geburt (usw.) Elend erkannt habe, das ungeborene, alterslose, krankheitslose, todlose, trauerlose, unbeschmutzte, unübertreffliche, von Mühsal freie Verlöschen (nibbāna) suchen? – Bald darauf zog ich, jung (wie ich war), nachdem ich mir Haar und Bart geschoren (und) die gelben (Asketen-)Gewänder angelegt hatte, gegen den Wunsch meiner weinenden Eltern aus dem Hause in die Hauslosigkeit hinaus.*
>
> *(M 26 I S. 163)*

Nun also war Siddhattha auf dem Wege. Mit frisch geschorenem Kopf, die nach Art der Asketen aus Fetzen gestückelte, mit Kasāya-Rinde gelb-braun gefärbte Robe umgeschlungen und das lose Endteil auf der linken Schulter gerafft, wanderte der junge Mann auf staubigen Straßen barfuß nach Südosten, um sich der religiösen Freiheitsbewegung anzuschließen, die einige Jahrzehnte zuvor eingesetzt hatte und mächtig angeschwollen war.

Denn lange genug war das Gangesland in geistigen Dingen von den Brahmanen bevormundet worden. Als die Schöpfer und seit Hunderten von Jahren Hüter des Veda, zudem überzeugt, daß die Götter und die Geschicke der Welt vom Opferkult abhängen, hatten sie unerhörten Hochmut entwickelt; Techniker des immer komplizierter werdenden Opferrituals, fühlten sie sich sogar den Königen überlegen. Zwar hatten einige Brahmanen und Krieger sich über das Opfer und die Rolle des Menschen im Dasein Gedanken gemacht und ihre Erkenntnisse in Āraṇyakas und Upaniṣaden formuliert, aber für die tägliche Opferpraxis waren diese Texte irrelevant. Es war dabei geblieben: Die Brahmanen besaßen das Opfermonopol, und die anderen Kasten hatten in der Religion nichts zu sagen.

Gegenüber diesem mechanistischen »Brahmanismus« war um 600 v. Chr. die erwähnte Unabhängigkeitsbewegung losgebrochen. Sie war keine Revolution, denn sie war friedlich und stieß nichts um. Sie war ein spiritueller Aufbruch, der die vedische Opfertheologie links liegenließ und die Wahrheit auf neuen Wegen suchte. Tausende von Menschen aller Kasten, vorwiegend Nicht-Brahmanen, brachen mit dem bürgerlichen Leben, verließen ihre Bambushütten und wurden Samaṇas: besitzlose, zölibatäre, sich allein durch ihre Ernsthaftigkeit legitimierende Bettelmönche, die in Spekulationen und Übungen außerhalb des orthodoxen Rahmens ihr Heil suchten. Der Samaṇa-Bewegung schloß Siddhattha sich an.

War sie auch eine individualistische und unorganisierte Bewegung, so hatten sich doch inmitten der allgemeinen Strömung um einzelne starke Persönlichkeiten Schulen gebildet. Aber nicht zu einem berühmten Lehrer zog es Siddhattha hin, sondern zu dem vergleichsweise obskuren Āḷāra Kālāma, einem Schulhaupt, von dem wir nur in buddhistischen Schriften hören und der für Meditation und eine Art Yoga-Trance warb. Ihm unterstellte er sich als Jünger, und bald hatte er nicht nur Āḷāras Theorien verstanden, sondern auch seine tiefste Versenkungsstufe verwirklicht, ohne daß ihm dabei die Erlösung zuteil geworden wäre. Enttäuscht wandte er sich von Āḷāra ab und einem anderen Meister namens Uddaka Rāmaputta zu. Uddaka war ein Upaniṣaden-Lehrer, der das damals noch junge Wissen von der unzerstörbaren, vom Karman an die Wiedergeburt gebundenen Seele (*ātman*) darlegte.[5]

Aber hier geschah das gleiche: Siddhattha beherrschte sehr bald Uddakas System, war von den Lehrinhalten jedoch nicht befriedigt. Entschlossen, die Erlösung auf eigene Faust zu suchen, verließ er auch diesen Lehrer und begab sich erneut auf die Wanderschaft. Nur ein knappes Jahr hatte seine Schülerschaft bei den beiden Mentoren gedauert.

Waldeinsiedler wollte er werden, und bei dem Dorfe Uruvelā (beim heutigen Bodh Gayā, 210 km südöstlich von Benares) fand er an dem Flüßchen Nerañjarā (heute Nīlājanā), einem Zufluß der Phalgu, einen für seine Übungen geeigneten Platz. Die ersten Nächte im Dschungel ängstigten den an Hauskomfort gewöhnten Adligen. Das Geraschel einer Gazelle, ein vorbeistreifender Pfau erweckten in ihm Grauen und Entsetzen, wie er später dem Brahmanen Jāṇussoni (in M 4) erzählte. Langsam indes gewöhnte er sich an die wilde Umgebung und begann eine rigorose Askese. Fast sechs Jahre betrieb er Atemübungen bis zum Kollaps, Hungeraskese bis zur Ausmergelung. Schließlich waren, so heißt es, seine Glieder wie dürre Lianen, sein Gesäß wie ein Ochsenhuf, sein Rückgrat wie eine Kugelschnur, seine Rippen wie die Sparren einer eingefallenen Hütte und seine eingesunkenen Augen wie die Widerspiegelung von Sternen in einem tiefen Brunnen. In Bewunderung seiner Ausdauer hatten sich ihm fünf Asketen angeschlossen in der Hoffnung: »Welche

---

5 Fünf Upaniṣaden sind vorbuddhistisch: Bṛhadāraṇyaka, Chāndogya, Taittirīya, Aitareya und Kauṣītaki. Einige ihrer Ideen erscheinen im Buddhismus wieder: teils angepaßt übernommen, teils in die Antithese verwandelt.

Wahrheit (*dhamma*) der Samaṇa Gotama finden wird, die wird er uns darlegen!« Eines Tages aber erkannte Siddhattha, daß auch Kasteiung kein Weg zur Erlösung ist, da ihr ein Fanatismus zugrunde liegt, der der inneren Haltung des Ablösens entgegensteht. Ein Erlebnis seiner Jugendzeit kam ihm in den Sinn:

> *Ich erinner(te) mich, während mein Vater Sakka die (Feld-) Furchen bearbeitete, im Schatten eines Jambu-Baumes sitzend, frei von Lüsten, frei von unheilsamen Regungen geweilt zu haben, nachdem ich die mit Denken und Erwägen verbundene, aus der Abgeschiedenheit hervorgehende, freudvoll-glückliche erste Meditation(s-stufe) erreicht hatte; sollte dies wohl der Weg zur Erleuchtung sein?* (M 36 I S. 246)

Er begann wieder ausreichend zu essen, um für die Heilssuche zu Kräften zu kommen. Die fünf Asketen aber verließen ihn: Siddhattha schien seinem Streben untreu geworden.

Er schlug nun den Weg ein, den die Jugenderinnerung ihm gewiesen hatte, die Meditation. Wenn auch keine der vier Tiefenstufen der Versenkung (*jhāna*) ihn direkt zu einer Einsicht führte, so machten sie doch seinen Geist ruhig, rein, begierdefrei und gesammelt, und mit diesem Geist durchdrang er Schicht für Schicht die Natur des Daseins. Er erinnerte sich seiner vergangenen Existenzformen, durchschaute das Gesetz der Wiedergeburt als Folge der Taten (*kamma*) und erkannte: Dies sind die Einflüsse (*āsava*, die Wiedergeburt und Leiden verursachen), dies ihr Ursprung, dies ihre Aufhebung, dies der Weg zu ihrer Aufhebung. Beim heutigen Bodh Gayā unter einem Baum sitzend, kam ihm die Einsicht:

> *Unerschütterlich ist meine Erlösung; dies ist die letzte Geburt, nicht mehr gibt es nun (für mich) ein Wiederdasein.* (M 26 I S. 167)

In diesem Augenblick des Jahres 528 v. Chr. hatte Siddhattha Gotama, damals fünfunddreißig Jahre alt, die Erleuchtung (*bodhi*) erlangt, war er ein *Buddha,* ein »Erwachter«, geworden. Die Tradition datiert das Einsichtserlebnis auf die erste Vollmondnacht des Monats Vesākha (April–Mai) und verlegt es unter einen Assattha- (oder Pippala-), einen Pappel-Feigenbaum (Ficus religiosa). Der Vesākha-Vollmond wird deshalb als höchster buddhistischer Feiertag begangen, die Pappelfeige als der heilige Baum verehrt.

Gotamas Erleuchtung war ein doppelschichtiges Ereignis. Intellektuell war sie ein direktes Erschauen des Kreislaufs von Werden und Vergehen, ein Erkenntnisdurchbruch, ein Aha!-Erlebnis, in dem übernommene Denkelemente und eigene Überzeugungen zu einem harmonischen System zusammenschossen. Psychologisch war sie eine glückhafte Befreiungserfahrung. Die Gewißheit, die Leidensursache erkannt und damit vernichtet zu haben, machte aus dem Sucher einen Wegweiser, aus dem seiner selbst Unsicheren eine reife, in sich ruhende Persönlichkeit. Das Erleuchtungserlebnis begründete in Gotama die selbstbewußte Würde, mit der er in den folgenden 45 Jahren Königen und Bettelmönchen, Kritikern und Jüngern gegenübertrat.

Seine ersten Laienanhänger wurden die reisenden Kaufleute Tapussa und Bhallika aus Ukkalā (in Orissa?), die ihn mit Nahrung versorgten (Mv 1, 4, 5). Eine Belehrung über den Dhamma erhielten sie nicht, denn noch war der junge Buddha schwankend, ob er seine Einsichten für sich behalten oder der Welt darlegen sollte. Schließlich bewog ihn der Gott Brahmā Sahampati, »denen, die hören können, das Tor zur Todlosigkeit zu öffnen« (M 26 I S. 170). Da seine ehemaligen Mentoren Āḷāra und Uddaka inzwischen gestorben waren, fielen ihm die fünf Gefährten aus der Zeit seiner Askese ein: Sie würden die Lehre verstehen. Zu ihnen, in die Stadt Benares, machte er sich, wie üblich zu Fuß, auf die (210 km lange) Reise.

Zwischen Uruvelā und Gayā begegnete ihm der nackte Ājīvika-Mönch Upaka, dem Gotamas heitere Gelassenheit auffiel und der ihn fragte, welchem Lehrer er folge. Er habe keinen Lehrer, erwiderte der Angesprochene, er selbst sei der Sieger. »Möge es so sein!« erklärte Upaka kopfschüttelnd und entfernte sich. – Der Bericht (in M 26) über den leicht komischen und für den Buddha ein wenig peinlichen Vorfall hätte sich im Pāli-Kanon unschwer tilgen lassen. Daß man ihn tradierte, spricht für die historische Treue der Überlieferung.

10 km nordöstlich von Benares, im Wildpark Isipatana (heute Sārnāth), traf Gotama seine einstigen Bewunderer wieder. Als sie ihn herankommen sahen, verabredeten sie, dem Abtrünnigen den Gruß zu verweigern, aber überwältigt von seiner strahlenden Erlösungsgewißheit waren sie dazu außerstande; sie hießen ihn willkommen und sprachen ihn nach alter Gewohnheit mit »Freund« an. Gotama jedoch verbat sich diese Anrede:

> *Mönche, redet den So Gekommenen (tathāgata)[6] nicht mit dem Namen und der Bezeichnung »Freund« an! Ein Heiliger (arahant), Mönche, ist der So Gekommene, ein Vollkommen Erwachter (sammāsambuddha).*
>
> *(M 26 I S. 171)*

Als Erlöster fühlte er sich über die noch der Wiedergeburt unterworfenen Wesen erhaben. Die alten Bindungen, auch die der Gefährtenschaft, waren für ihn aufgelöst.

Die Zweifel der fünf Asketen an Gotamas Erlöstheit waren schwer zu überwinden. Wie kann es sein, fragten sie, daß einer, der die Askese zugunsten eines »Lebens im Überfluß«

6 Die Bezeichnung *Tathāgata* für den Buddha wurde später auch dort verwendet, wo sie dem Zusammenhang nach keinen Sinn hat. An solchen Stellen wird das Wort im Folgenden mit »der Vollendete« übersetzt.

Jahrhundertelang scheuten sich die Künstler Indiens, den Buddha darzustellen; seine Gegenwart wurde nur durch Symbole angedeutet. Erst im 1. Jahrhundert v. Chr. – gleichzeitig im hellenisierten Gandhāra-Gebiet und in Mathurā – fielen die Bedenken, und der Meister wurde zu einem Lieblingsthema der bildenden Kunst.
Eine berühmte Skulptur der Gupta-Zeit (5. Jahrhundert), gefunden in Sārnāth, zeigt den Buddha in der Geste des Andrehens des Rades der Lehre. Mit dem Mittelfinger der linken Hand versetzt er das mit Daumen und Zeigefinger der Rechten geformte »Rad der Lehre« in Rotation. Seine Ohrläppchen sind langgezogen von dem schweren Schmuck, den er beim Auszug in die Heimatlosigkeit abgelegt hat, und deuten die Entsagung an.

aufgegeben hat, eine Einsicht gewinnt? Zur Antwort hielt der Buddha vor ihnen seine erste Lehrrede, genannt »Das Andrehen des Dhamma-Rades« (S 56, 11). Beide Extreme, so führte er aus, sind gleichermaßen von Übel: Die Hingabe an Sinnesfreuden einer- und die Kasteiung andererseits; die richtige Methode liegt zwischen diesen Verhaltensweisen im »Mittleren Wege«. Wer die Erlösung sucht, muß die »Vier Edlen

Wahrheiten« durchschauen: Vom Leiden; von der Gier (*taṇhā*) als der Ursache des Leidens; von der Aufhebung der Gier als Methode zur Beendigung des Leidens; und vom Achtfachen Wege der Selbstzucht.
Noch während der Buddha sprach, ging einem der fünf Zuhörer, dem Brahmanen Kondañña, die Einsicht in den Dhamma auf: »Was auch immer entsteht, das ist dem Vergehen unterworfen!« (Mv 1, 6, 29). Vom Meister auf der Stelle ordiniert, wurde er der erste Mönch in der Geschichte des Buddhismus. Wenig später bekannten sich auch die anderen vier – Vappa, Bhaddiya, Mahānāma und Assaji – zur Lehre Gotamas und wurden seine Mönche. Sie alle erlangten die Heiligkeit.

Der buddhistische Mönchsorden (*saṅgha*), der auf diese Weise als neue Gruppe innerhalb der Samaṇa-Bewegung ins Dasein getreten war, übernahm von den Samaṇas zahlreiche Bräuche. Er adoptierte sogar das Samaṇa-Aufnahmezeremoniell, die Pabbajā, »das Hinausziehen«, das den Applikanten zum Bettelmönch macht, und verwendete es als Weiheformel für den buddhistischen Novizen (*sāmaṇera*). Die einige Zeit nach der Pabbajā vollziehbare Upasampadā, »Ordination«, die ein Mindestalter von 20 Jahren voraussetzt, läßt den Novizen dann zum vollgültigen buddhistischen Mönch (*bhikkhu*) aufrücken. Die Kaste des Ordinanden spielt für seine Zulassung keine Rolle, denn wie alle Flüsse ihren Namen verlieren, sobald sie ins Meer münden, so verlieren auch die vier Kasten ihren Namen im Orden des Buddha (A 8, 2, 9).

Es wurde aber festgesetzt (Mv 1, 40 ff.), daß Wehrpflichtige, ausgebrochene Verbrecher, steckbrieflich Gesuchte, Gebrandmarkte, Verschuldete und Sklaven nicht zum Saṅgha zuzulassen sind und daß das Kapitel von Mönchen, die eine Ordination vornehmen, aus Zehn älteren Bhikkhus bestehen muß. Zum Austritt aus dem Orden genügt es, die gelbe Robe abzulegen, und dieser Schritt ist nicht mit dem geringsten gesellschaftlichen Makel verbunden. Auch als Mönch des Buddha bleibt man frei, über sein eigenes Leben zu bestimmen.

Der Orden wuchs schnell, in einigen Fällen traten religiöse Lehrer ihm mit allen ihren Schülern geschlossen bei. Nach wenigen Monaten hatte die Buddhagemeinde bereits 61 Mitglieder. Zu diesem Zeitpunkt rief der Meister seine Bhikkhus zusammen und forderte sie auf, hinauszuziehen, um zu lehren und die Menschen zu einem reinen Leben anzuhalten:

> *Geht auf die Wanderschaft, Mönche, zum Heile der Vielen, zum Segen der Vielen, aus Mitleid für die Welt, zum Nutzen, zum Heile, zum Segen für Götter und Menschen. Geht nicht zu zweit zusammen! Zeigt, Mönche, die Lehre, die im Anfang gut ist, in der Mitte gut ist, im Ende gut ist, im Geiste (wie) im Wort. Legt zutage einen vollerfüllten, reinen Tugendwandel! Es gibt Wesen, die mit nur wenig Staub auf den Augen geboren sind; wenn sie nicht von der Lehre hören, werden sie verderben. Sie werden die Lehre verstehen.* *(Mv 1, 11, 1 Vin I S. 21)*

So nahm die Missionstätigkeit des Buddhismus ihren Anfang.

Gleich seinen Mönchen machte sich auch der Buddha auf, die von ihm erkannte Wahrheit einem größeren Menschenkreis vorzutragen. Viereinhalb Jahrzehnte wanderte er in der Folgezeit in Nordindien umher: ein die Einsamkeit liebender, sie der Ausbreitung des Dhamma aber aufopfernder Heiliger. Er war in der Tat der seinen Lebensunterhalt verdienende geistliche Pflüger und Sämann, als der er sich gegenüber dem brahmanischen Bauern Bhāradvāja bezeichnete (Snip 1, 4). Nur während der jährlichen Monsunzeit (Juni bis September), wenn rauschende Regengüsse Indiens Erde in Morast verwandeln, zog er sich in ein Kloster zurück und gönnte sich Ruhe.

Wie erklärt sich Gotamas außerordentlicher Missionserfolg? Wie kam es, daß seine Anhängerschaft bald die aller anderen nichtbrahmanischen Lehrer an Zahl übertraf? – Die Antwort ist dreifach: Die gesellschaftliche Konstellation war günstig; der »Mittlere Weg« bot gegenüber den extremistischen religiösen Ideen der Zeit eine vernünftige Alternative und vernachlässigte nicht den Laien; die Person des Buddha beeindruckte die Massen.

Das bahnbrechende Ereignis für die frühe Buddhagemeinde war, daß sich König Bimbisāra von Magadha, damals 30 Jahre alt, als ihr Laienbekenner (*upāsaka*) anschloß (Mv 1, 22, 11) und dem Buddha vor dem nördlichen Stadttor seiner Hauptstadt Rājagaha einen Klosterhain, den Veḷuvana (*Bambuswald*) schenkte (Mv 1, 22, 18). Manches deutet daraufhin, daß der junge König dabei einem echten religiösen Antrieb folgte, aber wir können annehmen, daß er auch das Wohl des Staates nicht außer acht ließ. Er hatte erkannt, daß die neue Lehre friedfertige Menschen erzog und geeignet war, heterogene Bevölkerungsgruppen zu einträchtigem Neben- und Miteinanderleben anzuleiten. Schaden konnte die Konversion nicht, da das Bekenntnis zu einer Religion nach indischen Toleranzbegriffen keineswegs den Austritt aus anderen Religionen bedeutet, also nicht deren Eifersucht wachruft.

Das Patronat Bimbisāras bewirkte, daß sich bald Scharen von Menschen aus allen Volksschichten als Laien oder Mönche dem Buddha anschlossen – nicht immer aus ganz lauteren Beweggründen. Einigen der neuen Mönche ging es weniger um Erlösung vom Leiden als um Erlösung vom Hunger, denn die königliche Schutzherrschaft garantierte den Bhikkhus tägliche Almosenspeise. Andere spekulierten auf freie Behandlung ihrer Krankheiten durch Bimbisāras berühmten Hofarzt Jīvaka, dem der König die Betreuung auch des Buddha und seiner Jünger aufgetragen hatte und der selbst Laienanhänger geworden war. Schließlich wurde verfügt, daß unter Lepra, Beulen, Ausschlägen, Schwindsucht und Epilepsie Leidende nicht mehr ordiniert werden (Mv 1, 39, 7). Die Mehrheit der Mönche freilich war aus religiösen Motiven zum Dhamma gekommen und hatte den Ordensbeitritt aus weltlichen Gründen seit je mißbilligt.

Was die breitere Bevölkerung angeht, fand sie an der neuen Lehre attraktiv, daß sie in allen Fragen einen vernünftigen Mittelkurs steuerte und den Mönchen kein Erlösungsmonopol zubilligte. Als Bhikkhu ohne bürgerliche Pflichten und Sorgen zu leben erleichterte zwar den Gang zur Erlösung, man konnte aber auch als im Weltleben stehender, verheirateter »Haushaber« ein fortgeschrittener Heilsanwärter sein: Der Laienbekenner war kein Buddhist zweiter Klasse. Der Pāli-Kanon (A 6, 12, 15 f.) nennt die Namen von 21 Haushabern, die Heilige wurden, ohne jemals das Mönchsgewand getragen zu haben. Die Liste ist keineswegs komplett, zumal sie keine Frauen aufführt.

Erhebliche Förderung erhielt die Buddhalehre von den indischen Kaufleuten. Mit kostspieligen vedischen Opferritualen, die angeblich den Geschäftserfolg sicherten, hatten die brahmanischen Priester die Kaufmannschaft lange Zeit geschröpft. Nach dem Übertritt zur Lehre des Buddha, die durch die Konversion des Königs höchste Sanktion erhalten hatte, genügten, wie die Händler hofften, Almosengaben an die Mönche, um den gleichen Effekt billiger zu erzielen. Hinzu kam, daß Gotama zu kaufmännischen und anderen unblutigen Erwerbstätigkeiten eine zustimmende Haltung einnahm. Armut galt ihm allein als Mönchstugend, die einem Haushaber schlecht ansteht. Mochte jemand Bauer, Händler, Viehzüchter, Soldat, Beamter oder Handwerker sein, er hatte sein Gut fleißig und auf ehrliche Weise zu mehren, vor dem König(!), vor Dieben, Feuer, Wasser und ungeduldigen Erben zu schützen, Verluste und Gewinne ohne Depression oder Jubelgefühle hinzunehmen und durch sorgfältiges Rechnen zu verhindern, daß die Ausgaben den Gewinn übersteigen (A 8, 54). Sympathisch war den Kaufleuten auch, daß der

Buddha keinen Verschuldeten als Mönch aufnahm (Mv 1, 46), eine Möglichkeit, die bei anderen Orden bestand und die manche Schuldner benutzten, um sich dem Zugriff ihrer Gläubiger zu entziehen. Mit den schwerfälligen, oft tausend Kilometer reisenden Ochsenkarren der Händler gelangte Gotamas Lehre auch in jene Teile Indiens, die er selbst nicht betrat.

Der Verbreitung des Dhamma zuträglich war ferner der Umstand, daß der Meister seinen Mönchen erlaubte, die Lehre in der lokalen Umgangssprache darzulegen; er selbst sprach wahrscheinlich Kausalī, die Verkehrssprache des Königreichs Kosala. Seine Erkenntnisse konnten deshalb nicht nur als sakrales Gemurmel wie das Sanskrit der Brahmanen, sondern dem Inhalt nach aufgenommen werden, vorausgesetzt, der Hörer brachte zum Verständnis von Gotamas Lehre, die dieser selbst als »tief, schwer einsehbar, schwer durchschaubar, sachgerecht, hochstehend, (bloßer) Logik unzugänglich, subtil, nur Gebildeten verständlich« (M 26 I S. 167) einschätzte, die nötige Intelligenz mit.

Und letztlich war es die Persönlichkeit des Buddha, die seiner Lehre Überzeugungskraft einhauchte. Schon äußerlich stach er von den anderen Samaṇas, die oft ungepflegt und von hölzernen Sitten waren, durch Sauberkeit und Manieren wohltuend ab. Seine aus guter Erziehung stammende, von der Erlösungsgewißheit gestützte Würde, die vor allem in den frühen Jahren seiner Lehrtätigkeit deutlich ist, und seine kultivierten Umgangsformen sicherten ihm in Saṅgha und Laienschaft zwanglose Autorität, die nur in einem Falle – bei einem Klosterzank in Kosambī – auf die Probe gestellt wurde. Mehrfach erwähnen die Quellen seinen urbanen (*porin*) Schliff. Mit Höflichkeit begegnete er auch dem Geringsten, immer bereit, auf vernünftige Fragen Antwort zu geben und durch Belehrung Trost zu spenden. Hinter jeder Äußerung Gotamas spürten die Angesprochenen die Inspiration tiefreichender Welterkenntnis, die Ausstrahlung einer harmoni-

Der Buddha bei der Darlegung des Dhamma (nach einem japanischen Rollbild des 12. Jahrhunderts)

schen Persönlichkeit und eine Herzensgüte, die sich auf die gesamte Menschheit richtete. Auch wer den Dhamma ablehnte, gab zu, in dem »Weisen aus dem Sakya-Stamm« einem Menschen von höchstem geistigem Adel begegnet zu sein.

Was den Buddha als Redner auszeichnete, war außer seiner Rationalität seine elegant-großstädtische Ausdrucksweise, die sich treffender Gleichnisse bediente. Da sehen wir den Schlächter die (zu Buddhas Zeiten noch keineswegs heilige) Kuh zerlegen, der Färber taucht seine Stoffe in die Farblauge, der Stellmacher glättet ein Karrenrad, um es gleichmäßig rollen zu machen, der Mahaut lenkt mit leichter Hand den mächtigen Elefanten – ein buntes Panorama altindischen Lebens entfaltet sich in Gotamas Reden, die auch gute Naturbeobachtung verraten. Die Affen, die sich, Früchte suchend, von Ast zu Ast schwingen, der Banyan-Baum, dessen breitausladende Krone Luftwurzeln herabsenkt, die umgestürzte Palme, die (aufgrund ihrer kurzfasrigen Knollenwurzel) nicht mehr zum Leben erstehen kann, Früchte, die schön, aber giftig sind, solche und Hunderte anderer Vergleiche illustrieren Gotamas Erkenntnisse. Auf die Menschen, die respektvoll vor dem Meister hockten, müssen solche Gleichnisreden tiefen Eindruck gemacht haben. Mitreißende Beredsamkeit und feuriges Prophetentum, wie der Europäer sie schätzt, waren im alten Indien nicht zu Hause und hätten im Falle des Buddha auch dem Prinzip widersprochen, den Zuhörer nicht zu überreden, sondern ihn die Argumente abwägen zu lassen.

Mehrfach warnte der Meister sogar vor übereilter Konversion zu seiner Lehre. Als der jainistische General Sīha nach einem Gespräch mit ihm sein Anhänger werden wollte, ermahnte Gotama ihn, den Entschluß nochmals zu überdenken. Als Sīha dann trotzdem übertrat, schärfte er ihm ein, den Jaina-Mönchen auch weiterhin Almosenspenden zu geben (Mv 6, 31, 10 f.). Bei anderer Gelegenheit appellierte er an die Kāḷāmas von Kesaputta, eine Lehre nicht gutzuheißen aufgrund der Tradition, des Überliefertseins in heiligen Schriften, der Übereinstimmung mit den eigenen Ansichten oder im Vertrauen auf eine Autorität. Sie sei vielmehr erst anzunehmen, wenn man sie als heilsam erkannt hat (A 3, 65, 3). Allein die Erfahrung galt Gotama als zuverlässiges Erkenntnismittel.

Hatte der Buddha Humor? – Die Frage ist von einigen modernen Autoren bejaht worden, vielleicht zu Recht, doch ohne ausreichende Quellengrundlage. Einiges, das man heute in den Pāli-Büchern als humorvoll interpretieren kann, mag im Kulturmilieu Altindiens nicht so gemeint gewesen sein. Es ist zumindest zweifelhaft, ob man die vermeintlichen Belege für Gotamas Humor – z. B. seine Beschreibungen zur indischen Volksmythologie (D 11, 81 f. und S 11, 3, 2), seine Erzählung von der sanftmütigen Hausfrau Vedehikā, die dann doch einmal aus der Haut fuhr und ihrer Magd den Türriegel auf den Kopf schlug (M 21), und seine Schilderung des ungewöhnlichen Verhaltens des Königs Großreich (Mahāvijita), der nämlich ein Opfer ohne Tiertötungen und ohne Zwangsarbeit, dazu noch auf eigene Kosten, darbrachte (D 5, 18–20) –, ob man all dies als humorvoll oder ironisch ansehen darf. Humor hatte nach landläufiger Meinung in der religiösen Literatur nichts zu suchen, und entsprechend sind humorvolle Äußerungen des Buddha in den Kanon seiner Reden wohl kaum aufgenommen worden.

Einige Berichte lassen aber Gotamas Schlagfertigkeit erkennen. Einst hatte sich ein Brahmane des Bhāradvāja-Klans, verärgert darüber, daß ein Mitglied seiner Familie zum Dhamma des Buddha übergetreten war, allerlei Schmähungen für den Meister überlegt, darunter (laut Kommentar) »Dieb, Wirrkopf, Kamel und Esel«. Der Meister hörte sich den Wortschwall an und fragte Bhāradvāja dann, ob er gelegentlich Freunde zum Essen einlade. Auf die zustimmende Antwort fragte er weiter, was mit den Speisen geschehe, die die Gäste nicht verzehren. Der Brahmane erwiderte, diese seien dann für ihn selber. Gut, meinte Gotama darauf, so betrachte, Bhāradvāja, die für uns zubereiteten Schmähungen als von uns nicht angenommen: Sie sind für dich! (S 7, 1, 2).

Ansprüche stellten Gotamas Ausführungen vor seinen Mönchen. Sie unterwies er in aller Gründlichkeit, wobei er ihnen die philosophischen Prinzipien seiner Lehre durch Wiederholung einschärfte und gelegentlich durch Fragen das Verständnis prüfte. Er war sich bewußt, daß es die Mönche sein würden, die den Dhamma an zukünftige Geschlechter weitergeben, und daß es von ihrer Schulung abhing, wie viele Wesen der Zukunft die Lehre verstehen und die Befreiung vom Leiden verwirklichen würden.

War Toleranz Gotamas Grundeinstellung gegenüber anderen Anschauungen, so scheute er sich dennoch nicht, vor den Bhikkhus über andere Lehren ein Urteil abzugeben. Die Seelenlehre (der Upaniṣaden, denen er ansonsten viel verdankte) bezeichnete er unumwunden als Narrenlehre (M 22 I S. 138), und als ihm nach dem Tode des Nātaputta, des Schulhauptes der Jainas, die internen Streitigkeiten des Jaina-Ordens geschildert wurden, äußerte er, daß Nātaputta kein Erleuchteter gewesen sei und seine Lehre, die ohnehin nicht zum Frieden führe, schlecht dargelegt habe (D 29, 4). Die Ablehnung seiner eigenen Lehre nahm er gelassen hin; er wußte, daß günstige kammische Destiniertheit dazu gehörte, sie zu erfassen, und nur ein begrenzter Menschenkreis imstande war, sie anzunehmen. Resolut trat er jedoch ihrem Fehlverständnis und ihrer Uminterpretation entgegen. Der Mönch Sāti, Sohn eines Fischers, wie der Text zur Charakterisierung seiner bildungsarmen Herkunft hervorhebt, glaubte sie so verstehen zu können, daß das Bewußtsein (*viññāna*) nach dem Tode seines Trägers in die nächste Verkörperung überwandere, also eine Art Seele darstelle. Der Meister fuhr Sāti gewaltig über den Mund: »Von wem hast du denn, du Tor, gehört, daß ich die Lehre so dargelegt hätte? Habe ich nicht, du Tor, auf vielerlei Weise das Bewußtsein als bedingt entstanden (und deshalb im Tode vergänglich) erklärt?« (M 38 I S. 258). Eine ähnlich scharfe Rüge erhielt der Mönch und einstige Geier-Abrichter Ariṭṭha (M 22 I S. 132), der gemeint hatte, unheilsame Taten müßten dem Täter nicht unbedingt zum Schaden gereichen.

Von intellektuellem Reiz sind die Gespräche, die der Buddha mit Vertretern anderer Bekenntnisse, vor allem Brahmanen und Jaina-Mönchen, führte. Sie verraten auf beiden Seiten geistige Wendigkeit und Fairneß, auf seiten des Buddha Ausgeglichenheit, Rationalität und Sachlichkeit. Der Jaina-Mönch Saccaka Aggivessana, der als gewitzter Disputator galt, lobte ihn am Ende einer Diskussion, weil »seine Gesichtsfarbe hell« geblieben war. Andere religiöse Lehrer würden bei einem solchen Gespräch ärgerlich und wichen, Ausflüchte suchend, vom Thema ab (M 36 I S. 250). Gotama wird damit als Mann von Beherrschung beschrieben, der sich nicht ereiferte.

Die logischen Verfahren, mit denen die Buddhareden operieren, lassen sich auf einige wenige Prinzipien zurückführen; die Buddhazeit kannte noch keine ausgearbeitete theoretische Logik. Gegnerische Lehren werden meist dadurch widerlegt, daß man ihre abwegigen Konsequenzen aufdeckt; die Grundanschauung ist damit als unhaltbar erwiesen. Zur Begründung eigener Behauptungen bedienen sich die buddhistischen Texte der Gegenüberstellung, der Steigerung, des Eingrenzens und der Konditionalableitung.

(1) Die *Gegenüberstellung* ist logisch anspruchslos und vergleicht den gegebenen mit dem idealen Zustand: den Weltmenschen in seinem Leiden mit dem leidenthobenen Heiligen, den Bösen mit dem Tugendhaften, den weltlichen Unfrieden mit dem Frieden der Erlösung usw. Sie dient in erster Linie dazu, dem Hörer die Notwendigkeit der Erlösung zu beweisen und ihn auf den Weg zu bringen.

(2) Der Beweis durch *Steigerung* reiht Zustände oder Verhaltensweisen so aneinander, daß der jeweils folgende den vorhergehenden übertrifft und der letzte, der in der Buddhalehre erfüllt ist, dann als der höchste erkannt wird: A ist schlecht; B ist besser als A; C besser als B; ... Z aber, das der Buddha vertritt, steht über allen.

(3) Die Beweismethode durch *Eingrenzen* setzt als literarische Form den Dialog voraus, in dem der Gesprächspartner freilich nur als Ja- und Neinsager fungiert. Durch Fragen nach den denkbaren Extremen wird der Bereich der vernünftigen Ansichten nach beiden Seiten abgesteckt und die Lehrmeinung des Buddha als in der gesunden Mitte liegend gekennzeichnet: Trifft (das Extrem) A zu, ehrwürdiger Soundso? – Nein, Herr. – Trifft (das entgegengesetzte Extrem) Z zu? – Nein, Herr. – Also ist es richtig, (entsprechend meiner Lehre das Mittelmaß) M anzunehmen? – Ja, Herr.

(4) *Konditionalableitungen* tragen in den buddhistischen Quellen besonderes Gewicht; es scheint, daß die Methode vom Buddha erfunden worden ist. Bemerkenswerterweise wird jedes Glied nur als Teilvoraussetzung – eben als *conditio* – für das jeweils folgende Glied angesehen, nicht als dessen alleinig urhebender Faktor (*causa*). Die logische Form solcher Ableitungen ist: Wenn A (und die weiter erforderlichen Faktoren) gegeben sind, entsteht B; wenn B (und die weiter erforderlichen Faktoren) gegeben sind, entsteht C usw. – Die gleiche Methode wird auch rückläufig, also analytisch angewandt: Wo Z ist, muß (unter anderem) Y als Voraussetzung vorhanden sein; wo Y ist, muß (unter anderem) X als Voraussetzung vorhanden sein usw. –

Vom täglichen Leben des Buddha geben uns die Pāli-Quellen eine gute Vorstellung. Er erhob sich bei Tagesanbruch, machte Toilette, nahm Obergewand und Almosentopf und wanderte mit dem ihn betreuenden Mönch – ab 508 v. Chr. stets Ānanda – und meist noch anderen Bhikkhus im Gefolge zum nächstgelegenen Dorf, um Speise zu sammeln. Schweigend, das Almosengefäß vor dem Bauch haltend, verharrten die gelbgewandeten Männer zwei Minuten vor jeder Tür und warteten ab, ob Nahrung gereicht würde. War das nicht oder nicht ausreichend der Fall, ging es im Gänsemarsch weiter zum nächsten Haus. Beim Almosengang Häuser auszulassen verstieß gegen die monastische Etikette, da es den Eindruck erweckte, die Mönche bevorzugten bestimmte Familien wegen ihrer besseren Küche. Fleischgerichte wurden ebenso angenommen wie andere Speisen; es geziemte sich nicht für den Mönch, wählerisch zu sein. Abzulehnen hatte er Fleisch nur dann, wenn Verdacht bestand, das Tier sei seinetwegen geschlachtet worden (Mv 6, 31, 14). Oft enthielt der Almosentopf verschiedenartige Speisen von mehreren Haushalten – kein Wunder, daß Magenverstimmungen und Diarrhöen bei den Bhikkhus häufig waren.

Eine Legende erzählt, dem Buddha sei einmal vorgeworfen worden, er habe kein Anrecht auf das Stück Boden, auf dem er meditierte. Der Meister berührte darauf mit der rechten Hand die Erde, um sie als Zeugin dafür anzurufen, daß er im Laufe vieler Daseinsformen immer wieder Leben und Besitz zur Erlösung der Wesen aufgeopfert und so den Anspruch auf ein Stückchen Erde erworben habe. Die Erdgöttin bezeugte dies. Die Erdberührung mit der rechten Hand wird deshalb manchmal als »Zeugnisanrufungsgeste« bezeichnet. Sie charakterisiert den Buddha als Wahrheitskünder. Das Almosengefäß in Gotamas linker Hand ist das Zeichen der Autorität des Ordensoberhauptes. (Tibetischer Holzschnitt)

Eine von Askese-Fanatikern kritisierte Erleichterung des Bhikkhu-Lebens lag darin, daß Gotama und seine Jünger öfter der Essenseinladung ins Haus eines Gönners folgten. Die Mahlzeit wurde aus den Almosengefäßen mit der rechten

Hand eingenommen und hatte vor Sonnenhöchststand beendet zu sein. Sie schloß mit einer Lehrrede an den Gastgeber. Ein ausdrücklicher Dank unterblieb, denn da die Speisung dem Spender religiöses Verdienst eintrug, war er es, der dankbar zu sein hatte[7]. Nach dem Essen reinigten die Mönche ihre Almosengefäße und hielten eine Mittagsrast, die mit Meditation oder Schlaf verbracht werden durfte.

Nachmittags, wenn die Glut der Sonne nachgelassen hatte, setzte Gotama die Wanderung fort bis zu einem Platz, der zum Übernachten im Freien geeignet war oder wo ein Haushaber ihm Unterkunft bot. Den Spätnachmittag und Abend widmete er der Unterweisung der Mönche und dem Lehrgespräch mit Besuchern. Einem Bad im nächstgelegenen Teich oder Fluß folgte ausgedehnte Meditation. Dem Schlaf überließ er sich erst in den tiefen Nachtstunden.

Ortsgebunden lebte die Bhikkhu-Gemeinde während der jährlichen Regenzeit. Wenn Wasser wie aus Kübeln vom Himmel stürzt, die Flüsse uferlos und die Wege Schlammpfade werden, wenn Skorpione und Schlangen aus ihren Erdlöchern hervorkommen und in den Dörfern die Cholera ausbricht, dann ist schlecht wandern und das Übernachten außerhalb des Hauses unmöglich. Die Monsunperiode (Juni bis September) verbrachten die Mönche deshalb in Vihāras: Aus Bambus und Matten selbstgebaute oder gestiftete Regenhütten, die nach Ende des Monsuns wieder abgerissen wurden. Im Laufe der Jahre, als sich mehr und auch reiche Leute zum Dhamma bekannten und dem Orden nach dem Vorbild König Bimbisāras Gärten und Behausungen zum Geschenk machten, wurden die Vihāras zahlreicher und solider und verdienten schließlich den Namen »Kloster«. Daneben entstan-

7 Aus dieser Einstellung ergibt sich, daß die Mönche einen unwürdigen Laienbekenner durch »Umstülpen des Almosentopfes«, d. h. Nichtannahme seiner Gaben, zur Ordnung rufen können.

den Versammlungshallen (*cetiyaghara*), die zu Rezitationen, zur Mönchsordination und zur Abhaltung von Kapitelversammlungen dienten.

Klöster und Versammlungshallen gehörten den Mönchen allerdings nicht im juristischen Sinne. Jedem Bhikkhu waren nur die Acht Requisiten – drei gelbe Mönchsroben, Almosentopf, Schermesser, Nadel, Gürtelband und Wasserfilter – erlaubt, und auch kollektiv durfte der Saṅgha kein Eigentum besitzen. Der Rechtsstatus der Klöster war der einer Dauerleihgabe, für die der Stifter die Instandhaltungskosten trug. In vielen Fällen sorgte er zugleich für die Beköstigung der Bhikkhus während der Regenzeit.

Der Zwang, von Juni bis September »Regenzeit zu halten«, wirkte sich auf den Saṅgha festigend aus. Die ruhige Zeit im Vihāra gab den Bhikkhus Muße zur Meditation und Gelegenheit zum Lernen oder Rekapitulieren des Buddhawortes. Aus dem Wissensaustausch mit den Ordensbrüdern erwuchsen herzliche Freundschaften, deren erzieherischen Wert der Meister hoch veranschlagte.

> *Wahrlich, Ānanda, dieses ganze religiöse Leben besteht in guter Freundschaft, guter Gefährtenschaft, guter Kameradschaft. Ein Mönch, der ein guter Freund, guter Gefährte, guter Kamerad ist, von dem kann man erwarten, daß er diesen Edlen Achtfachen Weg (zur Erlösung auch bei seinen Mitmönchen) entwickelt und pflegt.*
>
> *(S 3, 2, 8 I S. 87)*

Kaum etwas inspiriert so sehr wie das Wort eines echten Freundes, vorausgesetzt, die Freundschaft wird nicht zur inneren Bindung. Der dreimonatige Monsunaufenthalt in einem Vihāra schuf die Freundschaften; die vom Buddha erlassene Regel, nach der Monsunzeit wieder getrennt auf Wanderschaft zu gehen, sorgte dafür, daß sie nicht zum Hindernis der Erlösung wurden.

Außer Kapilavatthu (heute: Tilaurakoṭ), wo er die ersten 29 Jahre seines Lebens zugebracht hatte, waren für den Buddha zwei Städte des mittleren Nordindien besonders wichtig:

– Rājagaha (70 km südöstlich von Patna), die Residenzstadt des Königs Bimbisāra von Magadha, wo dem Orden das von Bimbisāra gespendete Veḷuvana-Kloster und der von dem Arzt Jīvaka gestiftete Ambavana offenstanden. In Rājagaha brachte Gotama fünf Regenzeiten zu.

– Sāvatthi an der Aciravatī (jetzt Rāpti genannt, 230 km nördlich von Allāhabād), die Residenzstadt des Königs Pasenadi von Kosala, dem auch die Sakya-Republik tributpflichtig war. Dem Orden gehörten hier der von dem Bankier Sudatta Anāthapiṇḍika gestiftete Jetavana, in dem der Buddha 19 Regenzeiten zubrachte, und der Pubbārāma, eine Stiftung der reichen Laienbekennerin Visākhā, wo er sechsmal Monsunrast hielt. Der Pāli-Kanon überliefert Hunderte von Lehrreden, die in Sāvatthi gehalten wurden.

Weitere nennenswerte Orte, die der Buddha kürzer oder nur gelegentlich besuchte, sind:

– Benares (Vārāṇasī), die heilige Hindu-Stadt am Ganges und Hauptstadt des zum Königreich Kosala gehörigen Kāsi-Gebietes;

– Kosambī an der Yamunā (25 km südwestlich von Allāhabād), die Hauptstadt des von König Udena regierten Vaṃsā-Reiches, wo dem Saṅgha vier Klöster zur Verfügung standen, das der Buddha aber wegen des Desinteresses des Königs an der Religion und wegen eines Klosterstreits später mied;

– Mithilā (heute Janakapura, 70 km nördlich von Darbhanga, in Nepāl), die Hauptstadt der Videhas;

– Vesāli an der Gandak (40 km nördlich von Patna), die Hauptstadt der Licchavis, wo die im Ruhestand lebende Kurtisane Ambapālī dem Buddha zwei Jahre vor seinem Tode einen Vihāra schenkte;

– Pāṭaliputta (oder Pāṭaligāma, heute Patna) am Ganges, zur Zeit des Buddha noch im Aufbau, wenig später (anstelle von Rājagaha) die Hauptstadt des Königreiches Magadha; und schließlich

– Campā (40 km östlich von Bhagalpur) am Ganges, die Hauptstadt der Aṅgas.

Campā war der östlichste Platz, den der Meister je erreichte, noch weiter östlich war Dschungel, in dem wilde Jägerstämme ihr Leben fristeten. Gotamas Wander- und Missionsgebiet erstreckte sich von Campā im Osten bis nach Kosambī im Westen und von Kapilavatthu als dem nördlichsten bis nach Uruvelā als dem südlichsten Punkt: ein Gebiet von 600 mal 300 km. Da das Umherziehen ein Gebot des Samaṇa-Lebens war und zugleich der Mission diente, geschah es – und erst recht bei 35° Durchschnittstemperatur (im Mai) – ohne Eile;

für die Strecke von Rājagaha nach Kapilavatthu (Luftlinie 350 km) nahm der Buddha sich 60 Tage Zeit. Im 6./5. Jahrhundert v. Chr. gehörte Gotamas Missionsgebiet zu den Königreichen Kosala und Magadha, heute zum Königreich Nepāl und zu den indischen Unionsstaaten Uttar Pradesh und Bihār.

Für den Leser der Pāli-Quellen gewinnen neben dem Meister selbst auch seine Hauptjünger und die prominenteren Laienbekenner Eigenart und Farbe. An der Spitze der Mönchsgemeinde stand das Freundespaar Sāriputta und Moggallāna, zwei Brahmanen aus dem Umkreis von Rājagaha, die unter dem Schulhaupt Sañjaya Belaṭṭhiputta, der einen agnostischen Skeptizismus vertrat (vgl. D 2, 31), als Schüler gelebt hatten. Eines Tages war Sāriputta dem Bhikkhu Assaji begegnet, der ihm auf die Frage nach seinem Bekenntnis geantwortet hatte mit dem Vers:

Bei Dhammas, die aus Ursachen entspringen,
hat der Vollendete die Ursache erklärt.
Und auch, wie sie zur Aufhebung zu bringen,
wird von dem großen Samaṇa gelehrt.

(Mv 1, 23, 5 I S. 40)

Sāriputta begriff sofort den tieferen Sinn dieser Strophe. Er berichtete seinem Freund Moggallāna davon, und beide ließen sich vom Buddha in den Saṅgha aufnehmen (Mv 1, 24, 4).

Unter Sāriputtas überragenden Eigenschaften ist zuvörderst seine philosophische Intelligenz zu nennen. Wiederholt rühmte der Buddha Sāriputtas Weisheit (*paññā*) und überließ es ihm, Lehrreden, die er selbst wegen seiner Rückenschmerzen abbrechen mußte, vor den Zuhörern, zu Ende zu führen. Sāriputta galt als der beste Präzeptor, den ein Novize finden konnte: scharfsinnig, moralisch integer und gütig; auch Gotamas Sohn Rāhula wurde von ihm ordiniert. Aus seiner Sorge um den Ruf des Saṅgha resultierten Sāriputtas Ermahnungen an einige Mitmönche, die von den Betroffenen nicht immer mit Verständnis aufgenommen wurden. Andererseits schätzte man ihn als klugen Ratgeber in privaten Angelegenheiten, zumal er sich kranker Ordensbrüder auch pflegend annahm. Gleich Moggallāna war er älter als der Buddha und starb zwei Jahre vor diesem.

Moggallānas Begabung war vornehmlich meditativer Art. Durch Versenkung (*jhāna*) hatte er übernormale Fähigkeiten (*iddhi*) entwickelt, nämlich Hellsehen und die Gabe der Magie. Er wandte diese Kräfte aber nur sehr sparsam, wenn überhaupt, an, hatte doch der Buddha übernatürliche Fähigkeiten als gefährlich und irreführend abgewertet (D 11, 4 f.) und ihre Verwendung vor den Augen von Laien strikt verboten (Cv 5, 8, 2). Es scheint daher, daß Moggallānas Reputation als Magiegewaltiger mehr aus dem entstand, was man ihm zutraute, als aus dem, was er tatsächlich zeigte. Er muß ein guter Redner, insbesondere über Fragen der Meditation gewesen sein. Kurz nach Sāriputtas und noch vor Gotamas Tod wurde er von Räubern erschlagen – ein Kommentar will wissen, auf Anstiftung der Jainas, denen er viele Bekenner abspenstig gemacht habe. Jahrhunderte später, als der Mahāyāna-Buddhismus ins Leben trat, berief sich dessen Weisheitsschule auf Sāriputta, der Tantrayāna- Buddhismus bezog sich auf Moggallāna als seinen geistigen Ahnen, und an Ānandas selbstlosen Dienst für den Buddha knüpfte die Glaubensschule an.

Ānanda, ein Vetter des Buddha, war dem Orden zwei Jahre nach der Gründung beigetreten. Ins Licht der Religionsgeschichte rückte er, als er im 20. Jahre der Lehraktivität des Buddha zu dessen Leibdiener (*upaṭṭhāka*) ernannt wurde. Um nicht in den Verdacht zu kommen, dieses Amt der Vorteile wegen angenommen zu haben, bedingte er sich aus, der Meister möge ihm niemals Speisen und Gewänder abgeben, die ihm als dem Schulhaupt dargebracht worden waren, noch ihn zu Einladungen mitnehmen. Er bat aber darum, daß der Buddha ihm den Inhalt der Lehrreden mitteilte, die er in Abwesenheit Ānandas gehalten hatte. Der Buddha stimmte allem zu.

Fünfundzwanzig Jahre lang widmete sich Ānanda dem Buddha auf selbstlose Weise, spülte sein Almosengefäß, bereitete ihm das Nachtlager, schirmte ihn vor aufdringlichen Bewunderern ab und informierte ihn über die Tagesgeschehnisse, denn der Buddha besaß zwar das Dreifache Wissen und war versiert in allem, das die Erlösung betraf, bestritt aber, allwissend zu sein in dem Sinne, daß sämtliche Ereignisse der Welt ihm präsent gewesen wären (M 71 I S. 482). Beliebt war Ānanda als Interpret von Lehrreden, da er aufgrund seines vorzüglichen Gedächtnisses frühere Äußerungen des Meisters zur Erklärung heranziehen konnte. Ein mitfühlendes Herz hatte er für die Frauen; öfter als jeder andere Mönch, der Buddha eingeschlossen, hat er die Nonnen (*bhikkhunī*) durch Gespräche über die Lehre erbaut. Die Heiligkeit erlangte er spät, nämlich erst nach dem Parinibbāna des Buddha und wenige Stunden vor dem Ersten Konzil, dem er zum Zwecke der Kodifizierung die von ihm im Gedächtnis bewahrten Reden (*sutta*) des Meisters vortrug.

Die Liste der hervorragenden Mönche ist lang: Der Aṅguttaranikāya (1, 14) führt 41 »große« Bhikkhus auf, ohne damit erschöpfend zu sein. Anuruddha und Bhaddiya gehörten wie Ānanda und viele andere Mönche zum Sakya-Stamm. Ebenso Rāhula, der Sohn des Meisters, der wegen seines Lerneifers und seines Gehorsams gelobt wird. Er starb lange vor seinem Vater, vielleicht als Opfer des ungesunden Bhikkhu-Daseins. Mahākassapa wurde gepriesen wegen seiner strikten Selbstdisziplin; der Meister hatte einst das Obergewand mit ihm ausgetauscht, eine Geste besonderen Vertrauens. Subhūti, ein Bruder des Bankiers Anāthapiṇḍika, war ein Spezialist der Meditation der Güte (*mettā*); Raṭṭhapāla stach durch sein Glaubensvertrauen (*saddhā*), Vaṅgīsa durch sein poetisches

Talent, Mahākaccāna als Ausleger von Gotamas Kurzäußerungen hervor. Mahākoṭṭhita war bekannt für sein analytisches Denken und unterhielt sich bevorzugt mit Sāriputta, der seine Qualitäten sehr schätzte. Vacchagotta besaß einen Ruf als Kenner der Meditation und der daraus erwachsenden psychischen Kräfte, und Puṇṇa erwies sich als geschickter Missionar, der die Lehre des Buddha in Sunāparanta (einem Gebiet nördlich des heutigen Bombay) einführte. Der Protokollbewußteste unter den Spitzen des Saṅgha war Upāli, ein ehemaliger Barbier der Sakyas, der zusammen mit Ānanda, Anuruddha und Bhaddiya in die Hauslosigkeit gezogen war und den der Buddha vor diesen ordiniert hatte, um ihm durch Altersvorrang einen gehobenen Status zu geben. Upāli spezialisierte sich auf die Mönchsregeln (*vinaya*) und war schließlich eine Autorität auf diesem Gebiet. Nach dem Parinibbāna des Buddha beim Ersten Konzil rezitierte er sein Ressortwissen, das dann als Vinayapiṭaka niedergelegt wurde.

Von allen diesen Mönchen und vielen weiteren Personen heißt es im Pāli-Kanon, sie seien Heilige (*arahant*) geworden. Daraus abzuleiten, die Zeitgenossen des Buddha hätten höhere moralische Qualitäten besessen als der Mensch der Jetztzeit, scheint indes verfehlt. Man muß vielmehr annehmen, daß der Buddha leichter jemanden als Heiligen anerkannte als die Buddhisten von heute.

Heilige gab es nicht nur unter den Mönchen, sondern ebenso unter Nonnen und Laien. Mahāpajāpatī, Siddhatthas Ziehmutter, die nach dem Tode ihres Mannes einen buddhistischen Nonnenorden ins Leben gerufen hatte, erreichte die Heiligkeit in wenigen Wochen. Nonnen (*bhikkhunī*) geworden und zur Heiligkeit gelangt waren auch Khemā, eine Gattin des Königs Bimbisāra; Uppalavaṇṇā, die Wunderkräfte besessen haben soll, und Dhammadinnā, deren besonderes Talent im Predigen lag. Der Katalog im Aṅguttaranikāya (1, 14) nennt 13 hervorragende Bhikkhunīs aus der Frühzeit des Ordens: Knapp ein Drittel der Spitzen der Jüngerschaft waren demzufolge Frauen. Die Liste schließt mit den Namen von 11 männlichen und 10 weiblichen Laienbekennern, führt also insgesamt 52 männliche und 23 weibliche Personen an.

Trotz der großen Zahl von Nonnen und Laienbekennerinnen, die die Heiligkeit verwirklichten, trotz der preisenden Worte, die der Buddha für die Frauen fand, und trotz der brüderlichen Achtung, mit der er ihnen begegnete, war seine Einstellung zu ihnen zwiespältig: Für das Haupt eines zölibatären Ordens kamen von den langhaarigen Wesen erhebliche Schwierigkeiten. Ständig traten den Mönchen beim Almosengang verführerische Frauen und Mädchen unter die Augen, und nichts nimmt das Herz eines Mannes so gefangen wie eine Frau (A 1, 1). Mehrfach waren Frauen das Werkzeug gewesen, Gotama und den Saṅgha moralisch zu diskreditieren. Einmal hatten Samaṇas eine gewisse Sundarī veranlaßt, sich wie eine heimliche Geliebte in der Nähe des Meisters herumzutreiben, und sie dann ermordet, um den Buddha-Orden tatverdächtig zu machen (Ud 4, 8). Ein anderes Mal hatte eine gewisse Ciñcā auf Anstiftung neidischer Samaṇas eine Schwangerschaft simuliert und ihn, den Buddha, als den Vater ihres vorgeblich erwarteten Kindes bezeichnet. Sogar Gotamas einstige Gattin hatte versucht, seinen Frieden zu stören. Als er kurz nach der Erleuchtung seinen Vater in Kapilavatthu besuchte, hatte sie ihm seinen damals siebenjährigen Sohn Rāhula entgegengesandt mit dem Auftrag, nach dem Erbteil zu fragen (Mv 1, 54, 1 f.) – bezeichnend in seinen Augen für die materielle Weltgebundenheit der meisten Frauen. Von Gotamas Standpunkt aus war es nur konsequent, Frauen die Aufnahme in den Orden zu verweigern. Als er dann in einer moralischen Zwangssituation seiner Tante und Pflegemutter Mahāpajāpatī doch auf ihr Drängen gestatten mußte, einen Bhikkhunī-Orden zu gründen, war er überzeugt, die Lebenszeit der Lehre von tausend auf fünfhundert Jahre verkürzt zu haben (Cv 10, 1, 6), und bestimmte, daß die Nonnen den Mönchen, selbst dem allerjüngsten, untergeordnet sind

(Cv 10, 1, 4). Bittere Erfahrung und Besorgtheit um den Saṅgha standen Pate, als der achtzigjährige Buddha auf Ānandas Frage, wie sich die Mönche Frauen gegenüber verhalten sollten, erwiderte:

Sie nicht ansehen, Ānanda.
– Aber wenn wir sie sehen, was sollen wir tun?
Nicht mit ihnen sprechen, Ānanda.
– Wenn sie uns aber ansprechen, Herr, was sollen wir dann tun?
Auf der Hut bleiben, Ānanda. *(D 16, 5, 9 II S. 140)*

Es ist aufschlußreich, die im Pāli-Kanon genannten, mit dem Buddha zeitgenössischen 457 Personen auf ihre Kastenherkunft zu untersuchen. Die Auswertung zeigt bei Mönchen und Nonnen die Dominanz von Brahmanen (48,2 % bzw. 38,4 %); die Khattiyas (Krieger und Amtsadel) stehen an zweiter Stelle (28,6 % bzw. 33,2 %), gefolgt von den Vessas (Handeltreibenden; 13,5 % bzw. 25,8 %). Anders ist das Verhältnis bei den Laienbekennern. Hier dominieren die Brahmanen nur unter den Männern (34,5 %), von den Laienbekennerinnen entstammen die meisten der Khattiya-Kaste (50 %). An zweiter Stelle stehen die Vessas (29 % bzw. 18,8 %). Suddas (Handwerker und Dienende) und Kastenlose waren in Orden und Laienschaft nur relativ schwach vertreten. Sie unterlagen in besonderem Maße der Dienstpflicht, der Fronarbeit für den Staat, der Verschuldung und den aus ihren Lebensbedingungen resultierenden Krankheiten – also den Gründen, die eine Ordination ausschließen. Zudem ist der Buddhismus eine Religion, die in erster Linie Gebildete anzieht.

Gotamas Einstellung zu den Kasten war konservativ, er war kein sozialer Reformator. Zwar konnte jeder, auch der Kastenlose, die Lehre annehmen, und zwar waren im Orden alle Klassenunterschiede aufgehoben, in der außermonastischen Gesellschaft aber sah der Buddha die Kasten als naturgegeben an: Das Kamma, die Taten der Vorexistenzen, bewirken, daß die Menschen in verschiedenen sozialen Schichten wiedergeboren werden; eine klassenlose Gesellschaft erschien ihm unmöglich. Was er aber bestritt, war, daß die Kastenzugehörigkeit etwas über den Wert des Menschen besage. Das Minderwertigkeitsgefühl der Dienenden erschien ihm ebenso unangebracht wie der Hochmut vieler Krieger und Brahmanen. Er ethisierte die Kasten: Brahmane ist nicht, wer in dieser Kaste geboren wurde, sondern wer sich selbst gezügelt hat (Ud 1, 4). Allein ein Leben gemäß der Lehre gibt Anrecht auf Hochachtung, und solch ein Leben kann auch der Niedriggeborene führen (M 113 III S. 37 f.).

Analog der Art, wie er die Kastenbezeichnungen zu ethischen Wertbegriffen ummünzte, legte Gotama ethische Maßstäbe an die religiösen Bräuche seiner Zeit. Besonders verabscheute er das brahmanische Tieropfer, das im alten Indien täglich zahllose Kühe das Leben kostete (Snip 308–13; S 1, 3, 1, 9). Ein höheres Opfer als das Töten harmloser Lebewesen sei es, die Samaṇas mit Almosenspeise zu versorgen, Vihāras zu bauen, Laienbekenner zu werden oder die Fünf Regeln (Enthaltung vom Töten und Stehlen, von sexueller Ausschweifung, Lüge und Berauschung) einzuhalten, erklärte er dem Brahmanen Kūṭadanta (D 5, 22–26). Wertlos wie das Tieropfer erschien ihm auch das brahmanische Feueropfer. Das einzig sinnvolle Opferfeuer sei das innere Feuer (auf dem man Gier, Haß und Verblendung verbrennt) (S 7, 1, 9). Zum rituellen Baden in heiligen Flüssen äußerte er, dunkle Taten ließen sich nicht abwaschen wie Schmutz. Rechtes Baden heiße, sich durch gute Sitten zu reinigen, nämlich die Fünf Regeln einzuhalten (M 7 I S. 40).

Ein Erinnerer an die ethischen Pflichten eines Herrschers und ein Mahner zu Frieden war Gotama gegenüber den Königen Bimbisāra und Pasenadi, deren jeder mit einer Schwester des anderen verheiratet war. Mit beiden stand er auf bestem Fuße, und beide schätzten seinen Unparteiischen Rat. Bimbisāra von Magadha war ein energischer Organisator und Stratege, der durch Unterwerfung des Aṅga-Reiches mit der Hauptstadt Campā sein eigenes Reich nach Osten vergrößerte. Pasenadi von Kosala erscheint trotz seines ausgedehnten Machtgebietes als ein behäbiger, zaudernder Mann, der geistliche Dinge wichtiger nahm als weltliche und dem es nicht gelang, in seinem Reich Ordnung und Sicherheit herzustellen. Dennoch war die Regierungszeit der beiden Könige überwiegend friedlich. Zwischen dem Saṅgha, den Königen und der Bevölkerung bestand ein Dreiecksverhältnis. Der König gab dem Saṅgha sein Patronat und war der Bevölkerung gegenüber zu Gerechtigkeit, religiöser Toleranz, zum Schutz der persönlichen und Kastenrechte, zu Maßnahmen gegen die (Verbrechen und Aufruhr zeugende) Armut und zur Abwehr äußerer Feinde verpflichtet. Der Saṅgha mit dem Buddha an der Spitze hatte die Könige ethisch zu belehren sowie die Bevölkerung zur Erfüllung ihrer bürgerlichen Pflichten, zu Friedfertigkeit und Selbstdisziplin anzuhalten. Der Bevölkerung ihrerseits oblag es, dem König durch Steuern und dem Orden durch Almosen die materielle Existenzgrundlage zu bieten. Daß Fälle von Machtmißbrauch seitens des Herrschers und seiner Beamtenschaft vorkamen, ist unbestreitbar, von genereller Ausbeutung der Bevölkerung kann man indes nicht reden. In den Augen des Volkes waren die Leistungen des Königs sowie ein religiöser Orden als »Feld für Verdienste« das materielle Opfer wert.

Dieser ausbalancierte Zustand, den die buddhistischen Texte als Ideal beschreiben und als annähernd verwirklicht andeuten, geriet ins Wanken, als die Söhne der beiden Herrscher zum regierungsfähigen Alter herangewachsen waren. Beide verdrängten ihre Väter vom Thron.

In Magadha begann diese Entwicklung 493 oder 492 v. Chr. mit den Intrigen des als Bhikkhu ordinierten Buddha-Vetters und Schwagers Devadatta. Dieser hatte dem Buddha vorgeschlagen, ihm, dem Devadatta, die Leitung des Ordens zu übertragen; er, der Buddha, könne sich dann im Hinblick auf sein Alter zur Ruhe setzen (Cv 7, 3, 1). Da der Meister dies ablehnte, machte sich Devadatta an den Prinzen Ajātasattu, den Sohn König Bimbisāras, heran, dem die Freundschaft seines Vaters mit dem Friedensmahner für seine Eroberungspläne hinderlich war. Es gelang Devadatta, den Prinzen zu einem Mordanschlag auf seinen Vater anzustiften. Der Attentatsversuch schlug zwar fehl, aber Bimbisāra trat zugunsten seines machthungrigen Sohnes zurück (Cv 7, 3, 5). Ajātasattu, auf diese Weise Mahārāja von Magadha geworden, kerkerte seinen Vater ein und ließ ihn im Verlies verhungern. Darauf gab er dem Devadatta freie Hand, den Buddha aus dem Weg zu schaffen.

Der Pāli-Kanon berichtet von drei Anschlägen Devadattas auf den Meister. Ein Soldat wurde ausgeschickt, um den Buddha mit der Waffe zu töten. Als er ihn aber sah, war er unfähig, den Mord auszuführen. Er fiel Gotama zu Füßen und offenbarte den Plan (Cv 7, 3, 6–7). Ein zweiter Anschlag, diesmal mittels eines Felsbrockens, den Devadatta am Wege zum Geiergipfel auf den Buddha hinabrollen ließ, mißlang gleichfalls; der Meister wurde nur am Fuß verletzt (Cv 7, 3, 9). Bei einem dritten Attentat veranlaßte Devadatta einige Elefantenlenker, dem Buddha in einer Straße Rājagahas einen wütenden Elefantenbullen entgegenrasen zu lassen. Indem der Meister dem Tier Güte (*mettā*) entgegenstrahlte, wurde es besänftigt und tat ihm keinen Schaden (Cv 7, 3, 11–12).

Da Devadatta die Leitung des Saṅgha nicht an sich bringen konnte, gründete er eine eigene Ordensgemeinschaft mit strengeren Regeln: der erste Versuch einer Spaltung des Buddha-Ordens. Vergeblich hatte der Meister dem Ehrgeizling erklärt, daß es jedem freistehe, asketische Praktiken einzuhalten (Cv 7, 3, 15), daß man solche aber nicht obligatorisch zu machen brauche. Devadattas Orden blieb ohne Bedeutung.

Die beträchtliche Zahl von Bewunderern des Buddha in Rājagaha und im weiteren Magadha zwang König Ajātasattu, ungeachtet des Vorgefallenen mit dem Buddha einen Ausgleich zu suchen. Durch Vermittlung des Arztes Jīvaka gelang dies auch. Der Buddha nahm Ajātasattu als Laienbekenner an (D 2, 100–101). Ein so herzliches Verhältnis, wie es zwischen Gotama und Bimbisāra bestanden hatte, stellte sich mit Ajātasattu freilich nicht her.

In der Verteidigung seiner Interessen und der Durchsetzung seiner politischen Pläne war Ajātasattu von skrupelloser Energie. Wegen eines mit dem Tode Bimbisāras eigentlich verfallenen Mitgiftanspruchs griff er mehrfach den Mahārāja Pasenadi von Kosala an, wurde aber nach wechselndem Kriegsglück besiegt und gefangengenommen. Großmütig ließ Pasenadi den gefährlichen Aggressor leben (S 3, 2, 4–5) und in seine Residenzstadt Rājagaha zurückkehren. Einige Zeit darauf begann Ajātasattu mit dem Ausbau des am Ganges gelegenen Dorfes Pāṭaligāma zur Festung und Stadt Pāṭaliputta (heute: Patna). Von hier aus gelang es ihm, in die Vajji-Föderation, in der mehrere Stammesrepubliken zusammengeschlossen waren, Zwietracht zu säen und ihr Territorium seinem Reich zuzuschlagen.

Auch im Königreich Kosala nördlich des Ganges war es ein Prinz, Viḍūḍabha mit Namen, der den alten König entmachtete. Kurz nach der Thronbesteigung überfiel er die Sakya-Republik, das Heimatland des Buddha.

An den Umständen, die Viḍūḍabha veranlaßten, sich gegen die Sakyas zu wenden, trugen diese allerdings selbst Schuld. Als nämlich viele Jahre zuvor König Pasenadi von Kosala beschlossen hatte, seinen Frauen eine weitere aus dem Sakya-Stamm hinzuzufügen, war den Sakyas dieser Wunsch unter ihrer Würde erschienen. Unter dem Zwang, ihrem Mahārāja zu willfahren, hatten sie ihm statt einer Braut aus der Kriegerkaste ein halbkastiges Mädchen geschickt, die Tochter des Sakya-Noblen Mahānāma mit einer

Sklavin. Nichtsahnend hatte Pasenadi sie geheiratet, zur Hauptgattin erhoben und mit ihr einen Sohn, Viḍūḍabha. Im Laufe der Zeit kam der Betrug aber an den Tag und weckte Viḍūḍabhas Zorn. Kaum hatte er die Macht in der Hand, übte er an den Sakyas Rache. Er zerstörte die Stadt Kapilavatthu, die Heimatstadt des Buddha, machte ihre Einwohner nieder und verleibte das Gebiet, das ihm bislang nur tributpflichtig gewesen war, seinem Königreich fest ein. Außer den Sakyas, die geflohen, und denen, die als Mönche oder Nonnen ordiniert waren, überlebten nur wenige. In der indischen Geschichte kommt der Name des Sakya-Stammes fortan nicht mehr vor. Viḍūḍabha konnte seine Herrschaft nicht lange auskosten; er starb früh, und sein Reich wurde vom König von Magadha erobert und annektiert.

Der Buddha starb mit achtzig Jahren. Während er die Regenzeit in dem Dorf Beluva bei Vesāli zubrachte, wurde er krank, bezwang die Krankheit aber durch Willenskraft (D 16, 2, 23). Als sein Betreuer Ānanda äußerte, er habe wohl nicht von hinnen gehen mögen, da er noch keine Verfügung über die Leitung des Saṅgha getroffen hatte, erwiderte der greise Lehrer:

> *Wieso, Ānanda, erwartet der Orden das von mir? Ich habe, Ānanda, die Lehre* (dhamma) *dargelegt, ohne ein Innen (Esoterik) und Außen (Exoterik) zu unterscheiden, denn in bezug auf die Wahrheit* (dhamma), *Ānanda, hat der Vollendete nicht die geschlossene Faust eines Lehrers, der gewisse Wahrheiten zurückhält … Ein Vollendeter, Ānanda, glaubt nicht, daß (unbedingt) er den Orden leiten müsse oder daß der Orden auf ihn angewiesen sei … Ānanda, ich bin nun alt, in der Neige meiner Jahre, meine (Lebens-)Reise geht zu Ende, ich werde achtzig Jahre alt. Wie ein abgenutzter Karren, Ānanda, nur noch mit Hilfe von Riemen funktionsfähig gehalten werden kann, so, scheint mir, ist auch der Körper des Vollendeten nur noch*

mit Bandagen funktionsfähig … Darum, Ānanda, seid selbst eure Insel, selbst eure Zuflucht; habt die Lehre als Insel, die Lehre als Zuflucht, habt keine andere Zuflucht! …
(D 16, 2, 25–26 II S. 100)

Etwas später fügte er hinzu:

Es mag sein, Ānanda, daß bei einigen von euch die Meinung aufkommt: ›Das Wort des Meisters ist erstorben, wir haben keinen Lehrer mehr!‹ – So, Ānanda, dürft ihr es nicht ansehn. Die Wahrheit und die Ordensregeln, die ich dargelegt und für euch alle erlassen habe, die sollen nach meinem Tode euer Lehrer sein! *(D 16, 6, 1 II S. 154)*

Die Lehre oder Wahrheit (*dhamma*), nicht ein Lehrer ist im Buddhismus die höchste Autorität.

Begleitet von zahlreichen Bhikkhus wanderte Gotama weiter nach Nordwesten, wahrscheinlich in der Absicht, in einem Kloster in Sāvatthi den Tod zu erwarten. Über mehrere Zwischenstationen erreichte er das Dorf Pāvā, wo er sich im Mangohain des Schmiedes Cunda niederließ. Nach dem Mahl, das Cunda ihm vorsetzte, erkrankte er an der Ruhr (D 16, 4, 20), schleppte sich aber trotz seines geschwächten Zustandes weiter nach Kusināra (heute Kasia, 55 km östlich von Gorakhpur), wo er sich von Ānanda im Schatten von Sāla-Bäumen ein Lager bereiten ließ. Als man ihm berichtete, Ānanda sei in Tränen ausgebrochen, ließ er ihn rufen und tröstete ihn:

Genug, Ānanda, trauere nicht, jammere nicht! Habe ich nicht seit je erklärt, daß es bei allem Lieben und Angenehmen Wandel, Verlust und Unbeständigkeit gibt? Wie wäre das hier (in meinem Falle) anders möglich? Daß das, was geboren, geworden, (durch die Taten der Präexistenzen als neue Daseinsform kammisch) erwirkt (saṅkhata), dem

Gesetz des Vergehens unterworfen ist, daß das fürwahr nicht vergehe, diesen Fall gibt es nicht.

(D 16, 5, 14 II S. 144)

Noch einmal ermahnte er seine Mönche:

Nun denn, Bhikkhus, ich beschwöre euch: Die Persönlichkeitsbestandteile (saṅkhāra)[8] *unterliegen dem Gesetz des Vergehens; bemüht euch angestrengt!*

(D 16, 6, 7 II S. 156)

Dies war des Meisters letztes Wort. Kurz darauf fiel er in ein Koma – vom Sutta als Meditationszustand beschrieben – und ging von diesem ins Parinibbāna ein, den Zustand der Leidenserlöstheit nach Ablegung des Körpers. Das Todesjahr des Buddha war 483 v. Chr.

Eine Woche nach seinem Parinibbāna wurde Gotama eingeäschert. Die Mallas von Kusināra benutzten den Anlaß zu einem Volksfest, war doch ihr verschlafenes Städtchen durch den Tod des Vollendeten ein Wallfahrtsort mit Reliquienmonopol geworden. Aber sie jubelten zu früh. Kaum hatten die anderen Stämme Nordindiens vom Verlöschen des Meisters erfahren, entsandten sie Boten, um Anteile der Reliquien auch für sich zu fordern. Der Brahmane Doṇa, der die Einäscherungszeremonie geleitet hatte, war es, der ernsthafte Streitigkeiten um die Reliquien verhinderte. Unter Hinweis auf die Friedensmahnungen des Buddha teilte er die Körperasche auf und übergab je einen Anteil dem König Ajātasattu von Magadha, den Mallas von Kusināra und Pāvā, dem Kriegeradel von vier weiteren indischen Stämmen und einem Brahmanen. Ein sich nach der Verteilung meldendes Adelsgeschlecht erhielt noch Holzasche vom Scheiterhaufen, und Doṇa selbst nahm das Gefäß an sich, in

8 Vgl. S. 114 Anm. 21.

Der Buddha beim Eintritt ins Parinibbāna (nach einer modernen Specksteinskulptur aus Orissa).

dem die Asche des Toten eingesammelt worden war. Alle Empfänger von Reliquien setzten ihren Anteil in Hügelgräbern (Skt: *stūpa*) bei (D 16, 6, 27).[9]

Auch die Bürger der Sakya-Republik erhielten einen Reliquienanteil. Sie konnten ihn jedoch nicht in Kapilavatthu I (heute Tilaurakoṭ in Nepāl), der Heimatstadt des Buddha beisetzen, weil diese durch Viḍūḍabha zerstört worden war. Die Überlebenden hatten aber beim heutigen Piprāvā (auf indischem Boden) eine Ersatzansiedlung gegründet, die sie Groß-Kapilavatthu nannten. Hier, in Kapilavatthu II, gaben sie ihrem Anteil von Buddhareliquien die endgültige Ruhestätte.

Der Stūpa von Piprāvā ist 1898 identifiziert und geöffnet worden. Drei Meter unter seiner Spitze fand man eine kleine Urne mit Votivgaben, zweieinhalb Meter tiefer einen Steinka-

9 Alle Fundstücke außer der Asche befinden sich heute im *Indian Museum* in Kalkutta. Die Asche ist zu Anfang des 20. Jahrhunderts dem König von Thailand (Siam) übergeben worden.

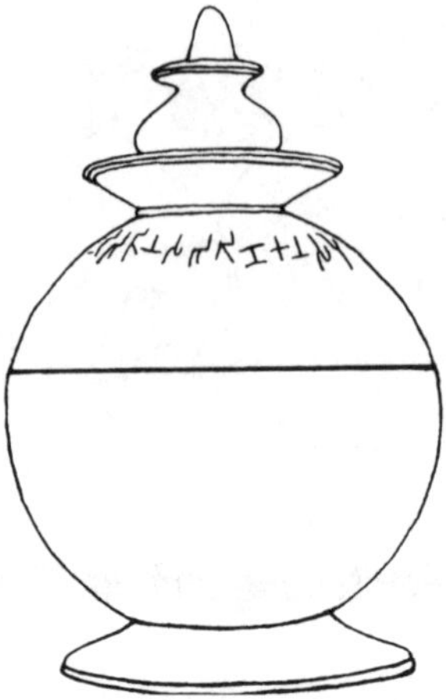

Die Urnenvase von Piprāvā, die Aschenreste des Buddha enthielt; Höhe 153 mm, Durchmesser 105 mm.

sten, der fünf Gefäße enthielt. Eines davon, eine Urne aus Speckstein, trägt in Brāhmī-Schrift und Māgadhī-Sprache die Inschrift:

> *Diese Urne mit Reliquien des erhabenen Buddha aus dem Sakya-Stamm ist eine Stiftung des Sukiti und seiner Brüder mitsamt Schwestern, Söhnen und Frauen.*

Weitere Buddhareliquien wurden 1958 in Vesāli gefunden, wo man in einem Stūpa eine kleine Deckelschale mit Knochenüberresten, Asche und Beigaben[10] entdeckte. Wahrscheinlich handelt es sich um den Reliquienanteil, den der Stamm der Licchavis, deren Hauptstadt Vesāli war, nach der Verbrennung von Gotamas Leichnam erhalten hatte.

10 Heute in der Obhut des *Department of Archaeology and Museums*, Govt. of Bihār, Patna 15.

HĪNAYĀNA – DER BUDDHISMUS DER ERLÖSUNG DURCH EIGENE KRAFT

Der Pāli-Kanon, Entstehung und Inhalt

Der Kanon von Texten, auf dem unsere Kenntnis des frühen Buddhismus hauptsächlich fußt, ist von drei Mönchskonzilen zusammengestellt und redigiert worden. Das erste Konzil trat kurz nach dem Tode des Buddha (483 v. Chr.) in Rājagaha zusammen, das zweite angeblich hundert, vermutlich aber weniger Jahre später in Vesāli, das dritte im Jahre 252 v. Chr. in Pāṭaliputta (Patna).

Die Notwendigkeit, Gotamas Äußerungen möglichst bald nach seinem Parinibbāna festzulegen, ergab sich daraus, daß er keinen Nachfolger eingesetzt, sondern die Lehre (*dhamma*) als alleinige Autorität für den Orden bestimmt hatte (D 16, 6, 1). Die Arbeitsweise des Konzils hatte er einst dem Novizen Cunda und seinem Betreuer Ānanda als Methode der kollektiven Selbstführung des Saṅgha beschrieben:

> *Cunda, ihrjenigen, denen ich die von mir erkannten Wahrheiten dargelegt habe, müßt in Gemeinschaft zusammenkommen und zusammen die Lehre aufsagen und darüber nicht in Streit geraten, sondern Bedeutung mit Bedeutung, Satz für Satz vergleichen, damit diese reine Lehre lange Zeit existiere und fortdauere zum Nutzen und*

Segen der Vielen, aus Liebe für die Welt, zum Nutzen, Gewinn und Wohl für Götter und Menschen.

(D 29, 17 III S. 127)

Es war Mahākassapa, ein alter Freund des Buddha und ein Bhikkhu besonderer Strenge, der nach der Einäscherung des Ordensgründers fünfhundert Mönche, die als Heilige galten, aufforderte, in der nächsten Regenzeit in Rājagaha eine Kodifikationsversammlung abzuhalten (Cv 11, 1, 4). Der Vorschlag wurde – in der im Saṅgha üblichen Weise durch Schweigen – angenommen und ausgeführt. Unter Mahākassapas Vorsitz traf man sich an der Sattapaṇṇi-Höhle am Nordhang des Vebhāra-Berges von Rājagaha zum Ersten Konzil. Der Bhikkhu Upāli wurde besonders auf die Ordensregeln (*vinaya*), der Bhikkhu Ānanda auf die Lehrreden (*sutta*) des Buddha abgefragt (Cv 11, 1, 7 f.), jedoch hatte auch jeder andere der anwesenden Mönche die Möglichkeit, die ihm erinnerlichen Aussprüche Gotamas zu Protokoll zu geben.

Nach sieben Monaten des Rezitierens hatte die Synode ein Corpus von Buddhaworten zusammengestellt, das dann von Mönchen, die sich auf je eine bestimmte Textgruppe spezialisierten, auswendig gelernt wurde. Keiner kam auf die Idee, die Wortmasse niederzuschreiben, denn es mangelte jener Zeit noch an einem leicht erhältlichen Beschreibmaterial. Der Schrift – in Stein oder Kupferplatten geritzt – bediente man sich nur bei Rechtsvereinbarungen. Religiöse Texte, die man ständig zitierbereit haben mußte, wurden auswendig im Kopf behalten und als gesprochene Wortmasse an die nächste Generation weitergegeben.

Anlaß des Zweiten Konzils waren Unstimmigkeiten über die Ordenszucht (Cv 12, 1, 1): Eine Gruppe von Mönchen hatte zehn Lockerungen vorgeschlagen. Ein Komitee entschied nach langem Hin und Her gegen deren Zulässigkeit (Cv 12, 12, 8), und siebenhundert an der Tradition festhaltende Bhikkhus, die sich diesem Entscheid anschlossen, rezitierten darauf unter dem Vorsitz des Revata in Vesāli acht Monate lang den Kanon der Buddhaworte. Zum Ausdruck ihres Festhaltens an der Überlieferung nannten sie sich selbst die Theravādins, »Anhänger der Lehre der Alten«, wohingegen sich die Neuerer, die behaupteten, die Mehrheit darzustellen, als Mahāsāṅghikas, »Große Gemeinde«, bezeichneten. Der Dissens spaltete die Buddhagemeinde in Hīnayāna- und Mahāyāna-Buddhisten (wie man sie später nannte).

Da es sich bei den siebenhundert Theravādins des Zweiten Konzils um Orthodoxe handelte, ist anzunehmen, daß sie mit dem kanonischen Material schonend verfuhren. Freilich hatte dieses durch die mündliche Weitergabe bereits mnemotechnische Eigenarten angenommen, die sich in den kommenden Jahrhunderten weiter verstärkten. Viele Abschnitte der Reden des Buddha waren zu Wortblöcken erstarrt, die sich an allen passenden Stellen wiederholten; einige Suttas waren mehrfach im Kanon enthalten, andere durch Wiederholungen aufgebauscht. Diesen so gearteten ungeschriebenen Kanon der Worte des Buddha revidierte oder besser: reaudierte das Zweite Konzil, führte wichtige Stichworte durch Einschiebungen und Erläuterungen aus und ergänzte ihn durch Dichtungen prominenter Jünger und Jüngerinnen. Divergierende Äußerungen aus Gotamas viereinhalb Jahrzehnten Lehrtätigkeit wurden harmonisiert, denn Fortschritte in seinem Erkennen und Denken zuzugestehen verbot sich den Orthodoxen: Nach ihrer Auffassung offenbart die Erleuchtung (*bodhi*), die einen Sucher zum Buddha macht, ihm die Lehre in *einem* großen Einsichtserlebnis in der endgültigen Form und Vollständigkeit.

Das Dritte Konzil tagte in Pāṭaliputta (heute: Patna) unter dem Patronat des dritten Kaisers der Moriya-(Skt: Maurya-) Dynastie, Asoka, im 17. Jahre von dessen Regierungszeit, d. h. 252 v. Chr. Die Synode umfaßte angeblich tausend Mönche, den Vorsitz führte Moggaliputta Tissa. In neunmonatiger Arbeit überprüfte das Konzil die Theravāda-Texte aufs neue und ergänzte die beiden alten Sammlungen Vinaya- und Suttapiṭaka durch ein scholastisches Werk (das *Kathāvatthu*), in dem 218 irrige Ansichten (darunter nur drei philosophische) widerlegt werden. Im Laufe der nächsten zwei Jahrhunderte wuchs die Zahl der scholastischen Bücher weiter an, bis schließlich das Abhidhammapiṭaka entstanden war. Auch das Dritte Konzil unterließ es, eine Biographie des Buddha zusammenzustellen, denn allein das zeitlose Wort des Meisters, nicht die ephemeren Ereignisse seines Lebens waren für die Gemeinde von Interesse. Der Buddha als Person läßt sich wegdenken, ohne daß seine Lehre dadurch an Wert einbüßt.

Kaiser Asoka, der unter Förderung auch der anderen Religionen den Buddha-Dhamma zur Staatsreligion Indiens erhob, entsandte Missionare zu den Herrschern Kyrenes, Ägyptens und Syriens, nach Epirus und Mazedonien, zu den Tamilen Südindiens und zum König von Ceylon. Aber nur in Ceylon waren die Dhamma-Boten anhaltend erfolgreich. In den Klöstern der Insel wurde der vom Dritten Konzil endredigierte theravādische Kanon mündlich bewahrt, bis er (laut Dv 20, 20 f.) im 1. Jahrhundert v. Chr. auf Geheiß des Königs Vaṭṭagāmaṇi Abhaya in Pāli-Sprache niedergeschrieben wurde. Dieser Kanon ist der einzige, der vollständig erhalten ist, von anderen Kanones besitzen wir, wenn überhaupt etwas, nur Bruchstücke. Der Vergleich von Pāli-Texten mit solchen Fragmenten hat erwiesen, daß die sachlichen Abweichungen keine zentralen Lehren betreffen und daß Pāli-Vinaya- und Suttapiṭaka echte Aussprüche des Buddha enthalten.

Wieweit stammen die in den beiden alten Pāli-piṭakas enthaltenen Ideen vom Buddha selbst und wieweit von seinen Mönchen? – Auf keinen Fall darf man aus der Geschlossenheit und Reife des kanonischen Systems schließen, daß es bereits die Weiterentwicklung einer »Urlehre« darstelle. Ein Mann, der 45 Jahre seines Lebens auf die Darlegung seiner Lehre verwendet, hat Zeit genug, sein System auszugestalten, Widersprüche abzubauen, intuitive Einsichten rational zu überprüfen und Einwände zu durchdenken; mehrere Gedan-

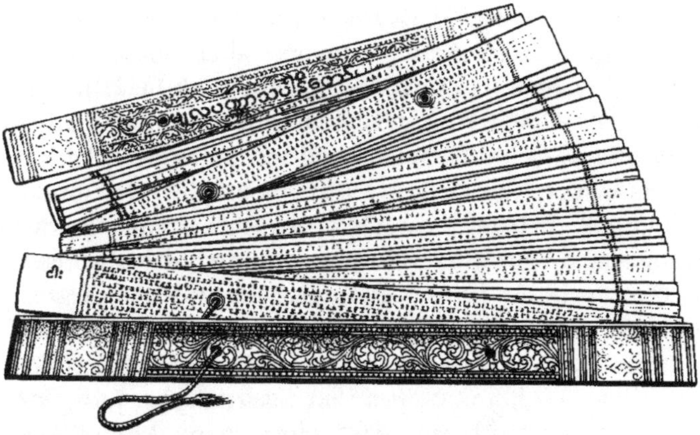

Burmesisches Palmblattmanuskript eines Pāli-Textes (Majjhimanikāya), Blattgröße 520 × 55 mm. Die Deckelbretter sind vergoldet. Zwei durch Deckel und Seiten gezogene Schnüre (die rechte entfernt) halten das Buch zusammen.

kenkorrekturen und Erkenntnissprünge sind trotz der Harmonisierung durch die Konzile in den Texten nachweisbar. Warum sollte man einem Menschen, dessen geistige Überlegenheit schon seine Zeitgenossen rühmten, nicht zutrauen können, das nach ihm benannte Denkgebäude in allen tragenden Teilen selbst errichtet zu haben? Den Mönchen außer der Kompilation, Überarbeitung und Ergänzung des Kanons auch noch Kernelemente des Systems zuzuschreiben und dementsprechend einen vom Pāli-Buddhismus inhaltlich abweichenden »vorkanonischen« Buddhismus anzunehmen, ist reine Spekulation.

Der Pāli-Kanon ist in drei Kompendien eingeteilt, die jeweils als »Korb« (*piṭaka*) bezeichnet werden. Der Ausdruck rührt daher, daß die auf getrocknete Palmblätter geritzten oder geschriebenen Texte in Körben aufbewahrt wurden, welche die zusammengehörigen Bücher in sich vereinigten.

Das erste Piṭaka, Vinayapiṭaka, enthält die Regeln der Mönchsdisziplin (*vinaya*), daneben aber auch wichtiges historisches Material über den Buddha und die Entstehung des Ordens. Das zweite Piṭaka, Suttapiṭaka, umfaßt die Lehrreden (*sutta*) des Meisters. Man übersetzt das Pāli-Wort *sutta* gewöhnlich ins Sanskrit mit *sūtra* – vermutlich irrig, wie der Indologe R. F. Gombrich (Oxford) meint. Denn die knapp formulierten, nur mit Kommentar sich erschließenden Aphorismen (*sūtra*) der Hindu-Tradition haben mit den Suttas des Buddha, die auf Allgemeinverständlichkeit abzielen, nichts gemein. Gombrich hat deshalb zu bedenken gegeben, ob nicht (P.) *sutta* im Sinne von (Skt.) *sūkta* (= *su-ukta*) aufzufassen sei. Ein Sutta wäre dann ein vom Buddha »Wohlgesprochenes (Belehrungswort)«.

Das Suttapiṭaka, der zweite »Korb« des Pāli-Kanons, ist in fünf Sammlungen (*nikāya*) unterteilt:

(1) Dīghanikāya – *Sammlung der langen Suttas*;
(2) Majjhimanikāya – *Sammlung der mittellangen Suttas*;
(3) Saṃyuttanikāya – *Sammlung der* (nach Themen) *zusammengestellten Suttas*;
(4) Aṅguttaranikāya – *Sammlung der* (nach Zahl der behandelten Gegenstände) *gestaffelten Suttas*, und
(5) Khuddakanikāya – *Sammlung der kleineren Texte.*

Der Khuddakanikāya besteht aus 15 Einzelwerken; neun davon sind von geringer Bedeutung, die übrigen um so wichtiger. Udāna (*Aussprüche*), Itivuttaka (*So ist gesagt*) und Suttanipāta (*Suttenbruchstücke*) enthalten überwiegend Äußerungen des Buddha, von den 423 Strophen des Dhammapada (*Pfad der Lehre*) indes dürfte nur ein Teil vom Meister selbst stammen. Dichtungen der frühen Ordensmitglieder sind in den Büchern Thera- und Therīgāthā (*Strophen der Mönche, Strophen der Nonnen*) zusammengefaßt. Für die Kenntnis des theravādischen Systems ist das Suttapiṭaka die ergiebigste Quelle.

Zum Abhidhammapiṭaka, dem »Korb der Scholastik«, gehören sieben Einzelbücher, deren ältestes im 3., deren jüngstes im 1. Jahrhundert v. Chr. entstanden ist. Das Piṭaka enthält Schematisierungen der Lehre und analysiert die Hauptbegriffe in soundsoviele Unterbegriffe, die in Form von Listen und Tabellen mitgeteilt werden. Während Vinaya- und Suttapiṭaka konventionelle Sprache verwenden, bedient sich das Abhidhammapiṭaka einer wissenschaftlichen oder psychologischen Sprache (des 3. Jahrhunderts v. Chr.). Es redet nicht mehr von »Dingen«, sondern deren Elementen, und würde, hätte diese Ausdrucksweise bereits zur Verfügung gestanden, Wasser sicherlich als H_2O bezeichnen.

Neben den kanonischen Pāli-Werken der drei Piṭakas steht eine große Anzahl außerkanonischer. Erwähnenswert sind der Milindapañha (1. Jahrhundert n. Chr.), der in Dialogform die Lehre von der Wiedergeburt ohne Seele behandelt; das Lehrkompendium Visuddhimagga (*Weg zur Reinheit*) des Buddhaghosa (5. Jahrhundert); und das scholastische Handbuch Abhidhammatthasaṅgaha (*Zusammenfassung des Sinnes der Scholastik*) des Anuruddha (11. Jahrhundert). Ferner liegen zahlreiche Kommentarwerke in Pāli vor.

Theravāda, die Lehre

Es war die Erschütterung über das Leiden in der Welt, die den verwöhnten Sohn des Rāja der Sakyas motivierte, Familie und Haus zu verlassen, um sich der philosophischen Erforschung des Daseins zu widmen. Das Leidenserlebnis gibt dem buddhistischen Denken den Antrieb, die Analyse des Leidens und die Verwirklichung der Erlösung bilden seinen Inhalt:

> *Wie das große Meer nur einen Geschmack hat, den des Salzes, so hat auch diese Lehre und Disziplin nur einen Geschmack, den Geschmack der Erlösung.*
>
> *(A 8, 19 IV S. 203)*

Einsichten ohne Nutzen für die Leidensbefreiung betrachtete der Buddha als wertlos. Wie die Blätter oben im Baum sehr viel mehr seien als die, die er gerade in der Hand halte, erklärte er seinen Mönchen bei einem Aufenthalt in Kosambī, so seien auch die Dinge, die er erkannt, aber nicht dargelegt habe, sehr viel mehr als jene, die er gelehrt habe. Und warum? Weil sie nicht zur Abkehr (von der Welt), zur Leidenschaftslosigkeit, zum Stillwerden und zum Verlöschen führen (S 56, 12, 4, 1). Der Buddha war ein Heilspragmatiker, kein Metaphysiker.

1. Alles Dasein ist Leiden

Schon in seiner ersten Lehrrede – gehalten im Jahre 528 v. Chr. im Wildpark Isipatana bei Benares und gerichtet an die fünf Gefährten seiner Askesezeit – führte Gotama aus, was er unter Leiden versteht:

> *Dies, Mönche, ist die Edle Wahrheit vom Leiden* (dukkha)*: Geburt ist leidhaft, Alter ist leidhaft, Krankheit ist leidhaft, Tod ist leidhaft; Trauer, Jammer, Schmerz, Gram und Ver-*

zweiflung sind leidhaft; mit Unliebem vereint, von Liebem getrennt sein ist leidhaft; Begehrtes nicht erlangen ist leidhaft; kurz: Die Fünf Aneignungsgruppen sind leidhaft.
(Mv 1, 6, 19 Vin I S. 10 = S 56, 11, 5 V S. 421)

Der Satz ist profunder, als es zunächst scheint, denn er ist Ausdruck philosophischer Überlegungen und benutzt die Begriffe in einem Sinne, der über die alltagssprachige Wortbedeutung hinausgeht. Man hat deshalb gesondert zu betrachten: erstens die Phänomene Geburt, Alter, Trauer usw., zweitens den Begriff »Leiden« und drittens die Fünf Aneignungsgruppen, die nach buddhistischer Überzeugung die empirische Persönlichkeit darstellen.

(1) Geburt, Alter und Tod, Trauer und Verzweiflung, Gesellschaft mit unangenehmen Leuten, Trennung von Freunden, Nichterfüllung von Wünschen – alle diese Erscheinungen und Situationen sind Leiden. Solange sie nicht aufgehoben werden, kann man das Dasein nicht glücklich nennen. Da sie aber vom Leben nicht zu trennen sind, muß das Leben generell als leidhaft gelten.

Hier läßt sich einwenden, das Dasein sei zwar kein ungetrübtes Vergnügen, bringe aber doch genügend Annehmlichkeiten und Freuden mit, um nicht pauschal als leidhaft abgetan werden zu können. In der Tat leugnet der Buddha die Freuden und angenehmen Erfahrungen keineswegs. Im Gegenteil, er betrachtet sie als festen Bestandteil des Daseins, das andernfalls nicht so verlockend erscheinen würde, wie es der Fall ist (S 22, 60). Seine Urteilskriterien sind viel tiefere. Zum Maßstab wahren Glücks (*sukha*) macht er die Beständigkeit. Keine Freude ist von Dauer, jeder Glückszustand, alles Geliebte ist vergänglich und mündet in Leiden: Es ist Talmiglück, das mit Kummer und Tränen aufgewogen werden muß. Als bei einem Aufenthalt in Sāvatthi die Stifterin des dortigen »Ostpark-Klosters«, die Laienbekennerin Visākhā, zu unziemlicher Zeit mit nassem Haar und nassen Kleidern (nach dem rituellen Reinigungsbad) zu ihm kam, um ihm den Tod ihrer geliebten Enkeltochter zu berichten, tröstete Gotama die Jammernde mit den Worten:

Wer hundert liebe (Dinge) hat, Visākhā, hat hundert Leiden; wer neunzig, zehn, fünf, zwei liebe (Dinge) hat, hat neunzig, zehn, fünf, zwei Leiden; wer nichts Liebes hat, der hat kein Leiden. Trauerlos, ohne Leidenschaft (und) frei von Verzweiflung sind sie, so sage ich.
Welche vielfältige Trauer, welche Kümmernisse,
welche Leiden in der Welt es auch gibt:
Durch Liebes bedingt entstehn sie;
sie entstehen nicht, gibt es nichts Liebes. (Ud 8, 8 S. 92)

Aus jeder geistigen Bindung muß Leid erwachsen, ja im Grunde sind Lust (*kāma*) und Leid identisch. Wie der erlöste Mönch Eraka es ausdrückt:

Leidvoll sind Lüste, glückvoll nicht;
wer Lüste wünscht, der wünscht sich Leid.
Wer keine Lüste sich erwünscht,
erwünscht sich (damit auch) kein Leid. (Thag 93)

(2) Im Begriff »Leiden« (*dukkha*) liegt eine weitere Schwierigkeit zum Verständnis von Gotamas »Leidenswahrheit«.

Sāriputta, der Hauptjünger des Buddha, analysiert (in S 38, 14) die Leidensphänomene nach Ursachen in drei Gruppen: in Leiden, das aus physischem Schmerz resultiert (*dukkha-dukkha*), Leiden aus der Veränderung oder Vergänglichkeit (*vipariṇāma-dukkha*) und Leiden aus den Persönlichkeitsbestandteilen (*saṅkhāra-dukkha*), d. h. aus dem Umstand, daß man als Individuum, anfällig für tausend Übel, zu leben gezwungen ist. Zur zweiten Art von Leiden gehören ihrer Unbeständigkeit wegen auch die angenehmen Dinge und

Gefühle; zur dritten auch die Widrigkeiten, die noch gar nicht eingetreten sind, die wir in der Vorausschau aber fürchten.

Die Definition ist treffend, aber zu eng. Sie umfaßt nur den herkömmlichen Leidensbegriff, nämlich die vielerlei Schmerzen, Kümmernisse und Ärgerlichkeiten, die das Leben *mit sich bringt* und die jeder aus Erfahrung kennt. Von diesem attributiven Leiden ist im Buddhismus zwar die Rede, indes machen sie nicht Gotamas ganze »Leidenswahrheit« aus. Was diese über die Binsenwahrheit hinaushebt, ist vielmehr die Behauptung, daß das Leben Leiden *ist*, und zwar grundsätzlich. »Leiden« (*dukkha*) ist im Sprachgebrauch des Buddha alles, was dem Kreislauf (*saṃsāra*) von Vergehen und Entstehen unterliegt, also alles, was nicht erlöst ist. Als Adjektiv »leidhaft« drückt *dukkha* aus, daß der so bezeichnete Gegenstand dem Bereich der Nichterlösung, dem Saṃsāra, zugehört. Der Satz: »Geburt, Tod usw. sind dukkha« ist daher keine analytische, sondern eine synthetische Aussage. Interpretiert besagt er: Alle Begleiterscheinungen des Lebens wie Geburt, Tod, Widerwillen und Trennung sind saṃsārischer Natur und daher unausrottbar, solange der Mensch in Nichterlösung verharrt.

(3) Ist alles saṃsārische Dasein nach buddhistischer Überzeugung Leiden, dann kann auch die empirische Person als Gesamtes, als der Brennpunkt der Leidenserfahrung nicht anders bewertet werden. Die Persönlichkeit ist denn auch mit dem Satz »Kurz, die Fünf Aneignungsgruppen sind leidhaft« gemeint.

2. Das Subjekt des Leidens und die Drei Kennzeichen

Die Frage, was der Mensch seinem Wesen nach sei, wird im Buddhismus stets mit der Aufzählung der Fünf Aneignungsgruppen (*upādānakkhandha*)[11] beantwortet:

> *Was ist, Mönche, die Persönlichkeit (sakkāya)? –: Die Fünf Aneignungsgruppen sind da zu nennen.*
>
> *(S 22,105, 4 III S. 159)*

> *Wie aus einer Häufung von Teilen*
> *der Eindruck »Wagen« entsteht,*
> *entsteht der Begriffskomplex »Wesen«,*
> *sobald es die Gruppen gibt.* *(S 5, 10, 6 I S. 135)*

In vielen Lehrreden hat der Buddha ausgeführt, was unter den Fünf Gruppen zu verstehen ist:

> *Und welche sind, Mönche, in Kürze die Fünf Aneignungsgruppen, die leidhaft sind? (Es sind:)*
> *(1) Die Aneignungsgruppe Körper (rūpa),*
> *(2) die Aneignungsgruppe Empfindung (vedanā)*
> *(3) die Aneignungsgruppe Wahrnehmung (saññā)*
> *(4) die Aneignungsgruppe Geistesregungen (saṅkhāra)*
> *(5) die Aneignungsgruppe Bewußtsein (viññāna).*
>
> *(M 141 III S. 250)*

---

11 Aneignungs-(*upādāna*)*Gruppen* heißen sie, weil jedes unerlöste Wesen sie sich bei der Wiedergeburt als neue Persönlichkeit aneignet. Laut M 109 III S. 16 wurzeln sie in dem auf sie gerichteten Begehren (*chanda*), denn das Begehren nach den Gruppen ist es, das nach dem Tode eines Unerlösten in einem Mutterschoß neue Gruppen als Wiedergeburtsperson entstehen läßt.

Mit KÖRPER (wörtlich Form) ist der physische Leib des Menschen gemeint, der von Knochen, Muskeln, Fleisch und Haut ausgefüllte Raum (M 28 I S. 190). Andere Stellen des Pāli-Kanons (z. B. S 12, 2, 12) definieren den Körper als den von den Elementen Erde, Wasser, Feuer und Luft gebildeten Organismus.

Der KÖRPER (*rūpa*) ist der Träger der vier weiteren und nichtphysischen (Aneignungs-)Gruppen oder Bestandteile der Person, die in den Texten oft unter der Bezeichnung »Name« (*nāma*) zusammengefaßt werden. Sie bilden eine Folge und stellen die Wahrnehmungstheorie des Buddhismus dar.

EMPFINDUNGEN nennt Gotama die Kontakte der Sinnesorgane mit Gegenständen der Umwelt, d. h. die sinnlichen Reize oder Eindrücke. Im Kopfe des Betrachters werden diese zu Widerspiegelungen der Objekte und damit zu WAHRNEHMUNGEN. Wappnet man sich nicht mit Selbstkontrolle, erwachsen aus ihnen GEISTESREGUNGEN (*saṅkhāra*), nämlich Sehnsüchte, Begierden und Absichten. Das Charakteristikum der Geistesregungen ist, daß sie auf Verwirklichung abzielen: Sie drängen dazu, das Vorgestellte in Realität zu verwandeln. Die Geistesregungen sind Motivatoren und Anstifter zu kammischem Tun.

Das BEWUSSTSEIN letztlich als fünfte Gruppe entsteht aus den Empfindungen, Wahrnehmungen und Geistesregungen als ein Bewußt- oder Gewahrwerden des Aufgefaßten: Das vom Auge, Gehör, Geruchsorgan usw. vermittelte Objekt wird zu einem vom Licht des Verstandes beleuchteten Gegenstand.

Erschöpfen die Fünf Gruppen die Persönlichkeit? – Die Frage ist zu bejahen. Dutzende Male im Pāli-Kanon wird der Mensch in die Fünf Gruppen (*khandha*), und nur in diese, analysiert – alles, was den Menschen ausmacht, ist in den Fünf Gruppen enthalten. Es ist die geistige Identifikation mit den Fünf Gruppen, aus der für den Betreffenden Leiden resultiert.

Aus zwei Gründen. Erstens verbinden sich mit den Gruppen die Phänomene Geburt, Krankheit, Verlangen und Antipathie, die schon an sich Leid bedeuten. Zweitens sind sie vergänglich. Gefragt, ob eine der Gruppen unvergänglich sei, erwidert der Buddha:

> *Nicht gibt es, Mönch, irgendeinen Körper, der beständig, fest, dauerhaft, nicht dem Gesetz des Vergehens unterworfen ist (und) sich ständig gleich bleiben wird. Nicht gibt es, Mönch, irgendeine Empfindung ..., irgendeine Wahrnehmung ..., irgendwelche Geistesregungen ..., irgendein Bewußtsein, das beständig, fest, dauerhaft, nicht dem Gesetz des Vergehens unterworfen ist (und) sich ständig gleich bleiben wird.* *(S 22, 97, 9–13 III S. 147)*

Die Vergänglichkeit der Fünf Gruppen, das heißt der Person, und die Zeitlichkeit aller Dinge ist ein Hauptthema der buddhistischen Literatur.

Aus der Unbeständigkeit der Gruppen zieht der Buddha einen folgenreichen Schluß. Wenn nämlich alle Fünf Gruppen dem Zerfall unterliegen, beweist dies, daß ein den Tod überdauerndes Etwas im Menschen nicht existiert: Keine der Fünf Gruppen kann ihrer Vergänglichkeit wegen ein Selbst, eine Seele (*attan*, Skt. *ātman*) sein, denn eine solche wäre nach indischen Begriffen ewig, unwandelbar und wesenhaft leidfrei. Die Person ist ohne Seele (*anatta*), ist bloß empirische Person, nichts Wesenhaftes.

> *Was denkt ihr, Mönche, ist der Körper beständig oder unbeständig?*
> *– Unbeständig, Herr.*
> *Sind Empfindungen ..., Wahrnehmungen ..., Geistesregungen ..., Bewußtsein beständig oder unbeständig?*
> *– Unbeständig, Herr.*
> *Was aber unbeständig ist, ist das leidhaft oder freudvoll?*
> *– Leidhaft, Herr.*
> *Was aber unbeständig, leidhaft, dem Gesetz des Unter-*

gangs unterworfen ist, ist es recht, das anzusehen als »Dies ist mein, dies bin ich, dies ist meine Seele«?
– Gewiß nicht, Herr. *(M 22 I S. 138)*

Vergänglichkeit, Leidhaftigkeit und Nicht-Seelenhaftigkeit: dies sind die Drei Kennzeichen (*tilakkhaṇa*) des Individuums und der Welt. Die Drei-Kennzeichen-Formel enthält die buddhistische Welteinschätzung im Telegrammstil.

Daß in der empirischen Person keine Seele enthalten sein soll, daß sie leer (*suñña*) ist, geht dem Durchschnittsverstand schwer ein, beobachtet doch jeder in sich emotionale oder »psychische« Vorgänge, kurz: ein »Seelenleben«. Der Widerspruch ist jedoch nur terminologisch. Die Existenz einer Psyche im Sinne von emotionalen Regungen mit dem daraus sich ergebenden Ich-Gefühl bezweifelt Gotama nicht im mindesten. Was er bestreitet, ist, daß es eine unsterbliche Seelen-Entität gibt, die den Tod überdauert und der Seelenwanderung unterliegt. Wo er von einem Selbst, einer Seele spricht, meint er damit nicht die Psyche, sondern den Ātman der Upaniṣaden.

Dem Glauben an individuelle Fortdauer durch eine unsterbliche Seele tritt Gotama mit zwei Beweisen entgegen. Beweis Nr. 1 begründet die Nicht-Seelenhaftigkeit der fünf die Person darstellenden Gruppen mit dem Vorhandensein von Qualitäten, die mit einer Seele unvereinbar sind:

Der Körper, Mönche, ist nicht eine Seele. Denn wäre, Mönche, dieser Körper eine Seele, (dann) würde dieser Körper nicht zu Krankheit neigen, und man könnte beim Körper erreichen: »So sei mein Körper!«, »so sei mein Körper nicht!« *(S 22, 59, 3–4 III S. 66)*

Von den anderen Gruppen heißt es gleichlautend.

Überzeugend ist nur der erste Teil des Satzes, der aus der Anfälligkeit des Körpers usw. dessen Nicht-Seelenhaftigkeit ableitet. Die zweite Satzhälfte enthält einen Fehlschluß, denn wenn die Fünf Gruppen dem Willen unterlägen, wäre dies kein Beweis für, sondern gegen ihre Seelenhaftigkeit.

Mit dem Hinweis auf die Entstehung der Gruppen operiert Beweis Nr. 2:

> *Der Körper, Mönche, ist nicht eine Seele. Was die Ursache, was die Voraussetzung zum Entstehen des Körpers ist, auch das ist ohne eine Seele. Wie, Mönche, könnte der Körper, der aus etwas entstand, das keine Seele ist, eine Seele sein?*
> *(S 22, 20, 3–7 III S. 24)*

Analoge Aussagen folgen für die anderen vier Gruppen. Vom stärksten Argument macht die Stelle keinen Gebrauch: Daß nämlich die Fünf Gruppen schon deshalb keine Seele sein können, weil sie überhaupt entstehen, wohingegen eine Seele nicht entstehen kann, da sie laut Definition zeitlos und ewig sein müßte.

Wie die Lehre von den Fünf Gruppen die Person als Kombination seelenloser Faktoren erklärt, so stellt eine analoge Lehre den Vorgang der Wahrnehmung als Prozeß dar, der keine Seele als Subjekt des Erkennens voraussetzt. Dem Mönch Moliya-Phagguna, der mit den Worten: »Wer berührt? Wer empfindet?« nach dem Subjekt fragt, erwidert der Buddha:

> *Diese Frage ist nicht zulässig … Ich sage nicht: »Er berührt.« Würde ich (so) … sprechen, dann wäre die Frage angebracht: »Wer berührt, Herr?« So sage ich nicht. Würde man mich, der ich das nicht sage, (aber) so fragen: »Aus welcher Voraussetzung, Herr, (entsteht) Berührung?«, (dann) ist diese Frage zulässig. Die richtige Antwort ist hier: »Aus den Sechs (Sinnes-)Gebieten als Voraussetzung (entsteht Sinnes-)Empfindung.«* *(S 12, 12, 4 II S. 13)*

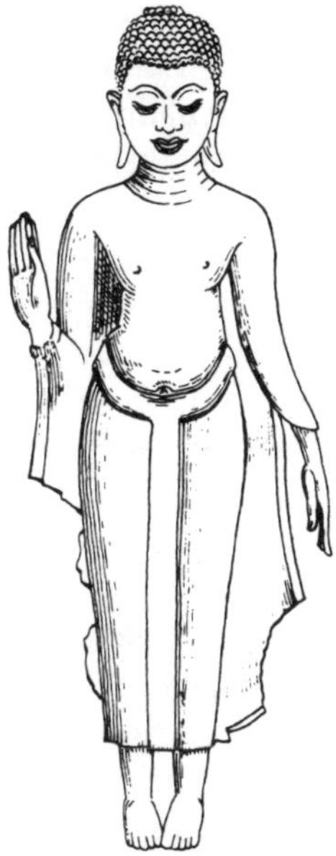

Der Buddha in der Geste der Ermutigung und der Besänftigung der Leidenschaften (nach einer thailändischen Bronze, Datierung unsicher, vielleicht 15. Jahrhundert)

Die Wahrnehmungsakte, bei denen unphilosophisches Denken eine Seele als Subjekt des Erkennens unterstellt, werden im Buddhismus in eine Reihe von unpersönlichen Vorgängen aufgelöst. Man hat nicht zu denken: »*Ich* nehme wahr«, sondern: »*Es vollzieht sich* ein Prozeß der Wahrnehmung in den Fünf Gruppen.« Aus dem Vorgang des Wahrnehmens oder Erkennens läßt sich nicht auf das Vorhandensein einer Seele schließen.

Die Einsicht in die »Drei Kennzeichen« Vergänglichkeit, Leidhaftigkeit und Nicht-Seele der Person wäre leichter zu gewinnen, wenn der Mensch sich selbst gegenüber einen objektiven Stand einnähme. Das jedoch ist schwierig, da sich mit den Gruppen auch mancherlei Freude verbindet, die über die grundsätzliche Mißlichkeit saṃsārischer Existenz hinwegtäuscht. Hat aber die Überzeugung von der Nicht-Seelenhaftigkeit in einem Menschen Wurzeln geschlagen, kann sie eine Haltung überlegener Gelassenheit begründen. Nur Dinge, mit denen man sich identifiziert, sind imstande, den Geist zu beunruhigen – nur was »mich« betrifft, kann »mir« Kummer bereiten. Sind die Fünf Gruppen, die man als »meine« Person bezeichnet, in Wahrheit keine Seele, kein Selbst, kein Ich, dann geht kein Elend, das sie befällt, »mich« etwas an. Noch mehr: Begriffe wie Elend, Leid, Kummer usw. verlieren überhaupt ihren Sinn, da sie Wertungen in bezug auf ein Subjekt sind. Diese Erkenntnis lindert zwar keine Schmerzen, hilft aber, sie zu ertragen. Der Buddhismus ist überzeugt, daß nicht die Umstände des Menschen Glück bestimmen, sondern seine Fähigkeit, mit den Umständen geistig fertig zu werden.

Gotamas Grund-Satz, daß die empirische Person eine Seele weder ist noch enthält, hat einige Neo-Buddhisten veranlaßt, eine Seele außerhalb der Fünf Gruppen anzunehmen: Ist die Seele nicht *in* den Gruppen, dann muß sie eben anderswo, also transzendent sein. Diese Meinung ist das Ergebnis von Spekulationen[12], die nicht Gotamas Zustimmung fänden. Nach seiner Auffassung existiert außerhalb der Fünf Gruppen nichts, das zur empirischen Person gehört. Wenn die Fünf Gruppen keine Seele sind, dann gibt es keine Seele. Mehr ist zu dem Thema nicht zu sagen.

---

12 Diese Meinung ist auch das Ergebnis von voreingenommenen Übersetzungen. Das Pāli verwendet Nomina ohne bestimmten und unbestimmten Artikel. Wer überträgt: »Der Körper ist nicht *die* Seele« statt neutral: »... ist nicht *eine* Seele«, unterstellt die Existenz einer Seele, hat sie aber keineswegs durch den Text belegt. *Attan* ist außerdem Reflexivpronomen. »Ich rasiere *mich*« wäre im Pāli: »Ich rasiere *(eine) Seele*«. Aus grammatisch analogen Stellen – z. B. Dhp 157; 161; 165 – die Existenz einer Seele herauslesen zu wollen, beweist mangelhafte Kenntnis der Pāli-Sprache.

Daß Gotama in einer bestimmten Situation die Antwort auf die Seelenfrage verweigerte, hatte pädagogische Gründe. Es war der Wanderasket Vacchagotta, der die Frage nach der Existenz oder Nichtexistenz der Seele stellte (S 44, 10 IV S. 400 f.). Der Buddha schwieg dazu. Später erklärte er dem Bhikkhu Ānanda die Gründe: Ein Ja zur Seele hätte (da die Seele in Indien stets als ewig gedacht wird) für Vacchagotta bedeutet, daß kein Verlöschen der Person im Erlösungszustand möglich ist. Ein Nein hätte der Fragesteller dahingehend ausgelegt, daß es (in Ermangelung einer überwandernden Seele) keine Wiedergeburt gibt. Beide Alternativen widersprechen der buddhistischen Auffassung, und keine der beiden Antworten hätte den Fragenden zu der Einsicht gebracht, daß die Person nur ein Bündel von Erscheinungen ohne konstanten Kern ist.

Die Frage nach einer Seele ist für den Buddha sekundär. Sein Denken verwendet nicht Begriffe der Substanz und des Seins, sondern ist dynamistisch und erkennt in allem ein Werden, einen Prozeß konditionalen Entstehens. Auch die Wiedergeburtslehre und die Lehre von der Kausalität des Tuns (*kamma*) setzen keine den Tod überdauernde Seele voraus, wie später gezeigt werden soll.

3. (Exkurs:) Objektives und subjektives Dasein

Der frühe Buddhismus sieht die Welt als real an und versteht sie als mit ihren Phänomenen identisch. Sind diese aufgehoben, ist auch die Welt nicht mehr vorhanden. Ein Ding an sich hinter den Erscheinungen, ein Absolutes, bestreitet er.

Er unterscheidet aber zwischen objektiver und subjektiver Realität der Welt. Die Welt ist objektiv existent, insofern sie dem Menschen die Grundlage für sein physisches Dasein bietet; als Lebewesen ist der Mensch in sie hineingestellt. Zur geistigen, subjektiven Wirklichkeit wird sie für ihn jedoch erst dann, wenn er sie mit den Sinnesorganen aufgefaßt und wahrgenommen hat:

> *Was, Mönche, ist das All? –: Das Auge und die Formen, das Ohr und die Töne, die Nase und die Gerüche, die Zunge und die Geschmäcke, der Körper und die Tastobjekte, das Denkorgan und die Denkobjekte. (S 35, 23, 3 IV S. 15)*

Zur körperlichen Ausstattung des Menschen gehören nicht fünf, sondern sechs Wahrnehmungsorgane, nämlich außer Auge, Ohr, Nase, Zunge und Tastsinn auch der Geist (*manas*) oder treffender: das Denkorgan. Es ist das Instrument zur Erkenntnis immaterieller Gegebenheiten und der zwischen den Sachverhalten und Dingen waltenden Bezüge. Die erkannten Fakten machen den Inhalt des Denkorgans, die Denkobjekte (*dhamma*) aus.

Drei Faktoren nun, so lehrt der Buddha weiter, müssen vorhanden sein, damit man die Welt realisiert: jene sechs Wahrnehmungsorgane, die ihnen entsprechenden Sinnesobjekte und das jeweilige Sinnesbewußtsein (°*viññāna*), d. h. das Gewahrwerden des Objekts. In der Verbindung dieser drei liegt die (subjektive) Entstehung der Welt (S 12, 44, 3–9 II S. 73). Der Majjhimanikāya stellt die Theorie ausführlicher dar:

> *Wenn … ein Auge und Formen (d. h. sichtbare Objekte) da sind, entsteht das Bewußtsein des Sehens. Das Zusammentreffen d(ies)er drei (Faktoren) ist Berührung; aus der Voraussetzung der Berührung (entsteht) Empfindung; was man empfindet, das nimmt man wahr; was man wahrnimmt, das überdenkt man; was man überdenkt, das projiziert (papañceti) man (als Außenwelt) …*
>
> *(M 18 I S. 111 f.)*

Gleiches gilt von den übrigen Sinnesorganen.

Die Stelle drückt aus, daß wir die Welt nicht erfassen, wie sie ist, sondern wie wir sie uns nach den empfangenen Sinneseindrücken vorstellen. Die Welt ist das, was sich im Kopf eines jeden als Welt darstellt.

Daß die Welt erst im Spiegel eines reflektierenden Bewußtseins zur persönlichen Realität wird, ist eine Erkenntnis, die bereits den Schlüssel zur Erlösung enthält. Sie erlaubt die Folgerung, daß die Aufhebung des Leidens, soweit es aus dem Kontakt mit der Welt entsteht, vom und im Menschen selbst verwirklicht werden kann. In diesem Sinne belehrt der Buddha den »Göttersohn« Rohitassa:

> *Ich verkündige, Freund, daß in diesem eine Armspanne großen Körper mit seinem Wahrnehmen und Denken die Welt (liegt), die Entstehung der Welt, die Aufhebung der Welt und der Weg zur Aufhebung der Welt.*
> *(A 4, 45, 3 II S. 48)*

Die These geht noch einen Schritt weiter. Der Mensch schafft sich nämlich im Geiste nicht nur seine Welt: er schafft sich auch sich selbst. Nur der lebt, der sich seiner eigenen Existenz bewußt ist. Schwindet das Bewußtsein, dann sind auch »Name und Körper« (*nāma-rūpa*)[13], d. h. die Fünf Gruppen (*khanda*), aus denen sich das Individuum konstituiert, subjektiv aufgehoben:

> *Ohnegleichen ist das Bewußtsein, grenzenlos, rundherum strahlend,*
> *hier haben nicht Wasser (und) Erde (noch) Feuer und Luft einen Halt,*
> *hier wird Langes und Kurzes, Feines, Grobes, Schönes, Unschönes –*
> *hier werden »Name und Körper« restlos vernichtet:*
> *Durch des Bewußtseins Vernichtung wird dieses hier (alles) zerstört.* *(D 11, 85 I S. 223)*

---

13 *Nāmarūpa* ist eine Kollektivbezeichnung der Fünf Gruppen. *Rūpa* bezeichnet den physischen Organismus, *nāma* die in diesem ablaufenden geistig-psychischen Vorgänge.

4. Saṃsāra, der Kreislauf der Wiedergeburt

Ist schon ein einziges Leben nach buddhistischer Wertung Leiden genug, um wieviel mehr die Vielzahl der Existenzen, die man zu durchlaufen hat! Denn mit dem Tod, so erklärt der Buddha, ist das Dasein keineswegs zu Ende. Dem Tod eines Unerlösten folgt seine Wiedergeburt, in der das Leiden des Sterbens sich wiederholt. Geborenwerden und Sterben und wieder Geborenwerden, das ist der Kreislauf (*saṃsāra*) des Daseins.

Für den ersten Beginn dieses Kreislaufs zeigt Gotama kein Interesse, denn Spekulationen über den Uranfang tragen zur Erlösung nichts bei. Ohne erkennbaren Anfang ist die Kette der Vorexistenzen und beklemmend der Blick zurück auf das von jedem Wesen durchlebte Leid:

> *Aus dem Anfanglosen, Mönche, kommt die Wanderung (der Wesen im Wiedergeburtenkreislauf). Kein Anfang läßt sich absehen, von welchem an die Wesen, im Nichtwissen (avijjā) befangen, von der Gier (taṇhā) gefesselt, (im Saṃsāra) umherirren und wandern. Was meint ihr, Mönche, ist mehr: Das Wasser in den Vier Großen Meeren oder die Tränen, die ihr vergossen habt, als ihr auf diesem weiten Weg umherirrtet und wandertet und jammertet und weintet, weil euch zuteil wurde, was ihr haßtet, und nicht zuteil wurde, was ihr liebtet?* *(S 15, 3 II S. 179)*

Beklemmend ist auch der Blick in die Zukunft. Neue Tode, neue Geburten, neues Leid, das sind die Perspektiven. Nicht das Totsein ängstigt den Buddhisten, denn ein endgültiger Tod wäre das Ende des Leidens. Was ihn schreckt, ist das Wiedergeborenwerden, die Aussicht, dem saṃsārischen Strudel weiter ausgeliefert zu sein.

Dennoch ist der Buddhismus kein Pessimismus. Ist ein Arzt Pessimist, wenn er an einem Patienten eine Krankheit feststellt? Die Überzeugung, daß Erlösung vom Leiden prinzipiell möglich ist und jeder, der sich um sie bemüht, sie irgendwann erreicht, läßt keinen Weltschmerz aufkommen. Die Heilszuversicht des Buddhismus gibt seinen Bekennern innere Heiterkeit.

5. Kamma, die Kausalität des Tuns

Wenn Wiedergeburt für den Nichterlösten unvermeidlich ist, so bedeutet das nicht, die neue Existenzform sei in jedem Falle eine als Mensch. Ganz im Gegenteil gilt im Buddhismus eine menschliche Existenzform als schwer erlangbar und selten. Die buddhistische Kosmographie unterscheidet in unserer Welt fünf oder sechs Reiche, in denen man wiedergeboren werden kann: das Götterreich, die Welt der Menschen, das Reich der Geister (*peta*), das der Tiere und die Hölle (M 12 I S. 73 ff.) Einige Texte kennen noch ein Reich der Dämonen (*asura*).

Ist die Lebensdauer der Wesen in den verschiedenen Reichen auch unterschiedlich – kein Wesen entgeht dem Tode. Auch die Wiedergeburt in der Hölle ist nicht unbefristet, denn keine Tat kann ewige Folgen haben. Analog verhält es sich mit der Himmelswelt. Götter leben länger und leidärmer als Menschen, müssen aber gleich allen anderen Wesen aus ihrer Existenzform abtreten, sobald die guten Taten, aufgrund derer sie Götter wurden, aufgezehrt sind. Selbst Brahman Sahampati, zur frühbuddhistischen Zeit der höchste Gott des indischen Pantheons, ist dem Werden und Vergehen unterworfen (A 10, 29, 2) und von Tod und Wiedergeburt nicht frei. Die Namen der Götter sind im Buddhismus weniger Eigennamen als Bezeichnungen bestimmter Posten, welche von wechselnden Personen eingenommen werden, die sich den Rang für einige Zeit verdient haben.

Die Wiedergeburt als Mensch ist zwar nicht die höchste Existenzform, aber nach buddhistischer Meinung die für die

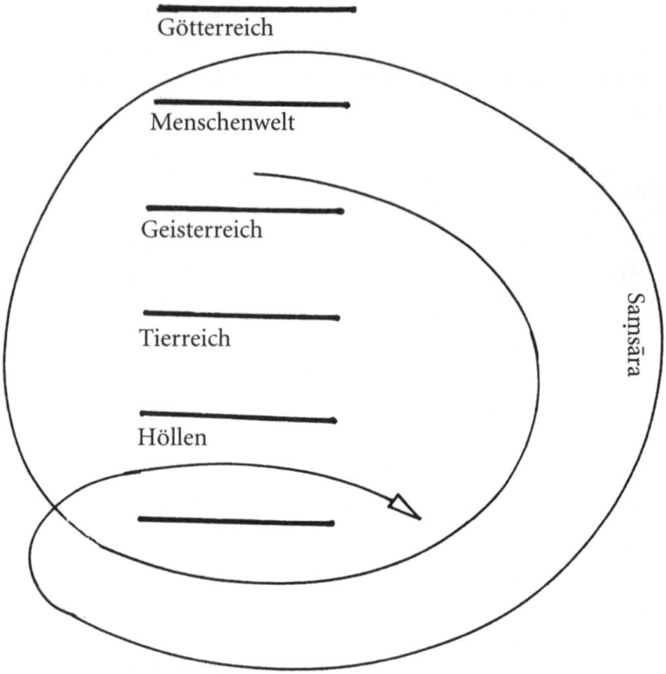

Im saṃsārischen Kreislauf gefangen, wandern die Wesen in den Fünf Reichen der Wiedergeburt umher. In jeder Existenzform bestimmen sie durch ihr Tun (kamma), *welche Existenzform ihnen als nächste bevorsteht. Erlösung liegt allein im Freiwerden von der Wiedergeburt.*

Erlösung günstigste. Höllenwesen, Tiere und Geister sind geistig zu stumpf, Götter in ihrer Glückseligkeit zu überheblich, die Notwendigkeit der Erlösung einzusehen. Erst wenn, sie als Menschen wiedergeboren werden, sind sie imstande, die Lehre des Buddha zu verstehen und den Weg zur Erlösung zu gehen. Zudem steht der Eintritt in den buddhistischen Orden nur Menschen offen. Ein Dasein als Mensch ist deshalb allen anderen Existenzformen vorzuziehen.

Als Kind welcher Eltern, als was und wer ein Wesen nach dem Tode wiedergeboren wird, ist aber nicht eine Sache des Zufalls. Wie in der physischen Welt waltet hier Kausalität: Jede Wirkung hat ihre Ursache und entspricht der Ursache. Auf Ethik und Wiedergeburt angewandt, nennt die indische Philosophie dieses Gesetz *kamma* (Skt: *karman*): Bessere Wiedergeburt wird durch gute (*puñña*) Taten (*kamma*), schlechtere durch schlechte (*apuñña*) Taten bewirkt; gute Tat ist heilsam (*kusala*), schlechte unheilsam (*akusala*). Der Buddhismus kennt keine »Sünde«, keinen Verstoß gegen die Gebote des oder eines Gottes. Die Wiedergeburt ist ebensowenig eine Strafe wie eine Brandblase die Strafe für das Berühren heißen Eisens ist; sie ist lediglich die natürliche Folge. Das Kamma-Gesetz wirkt mechanisch und bedarf keiner über die Taten richtenden göttlichen Instanz.

Die positive oder negative Bilanz zwischen den heilsamen und den unheilsamen Handlungen eines Wesens bestimmt am Ende seines Lebens, in welchem Reich der Wiedergeburt es wieder entstehen und von welcher Qualität seine dortige Daseinsform sein wird.

> *Infolge ihres ruchlosen Wandels, ihres unrechten Wandels gelangen hier manche Wesen bei der Auflösung des Körpers, jenseits des Todes, auf den schlimmen Weg, zu Stätten der Pein, zur Hölle … Infolge ihres der Lehre gemäßen Wandels, ihres besonnenen Wandels, gelangen hier manche Wesen bei der Auflösung des Körpers, jenseits des Todes, auf den guten Weg, zur Himmelswelt.* (*A 2, 2, 6 I S. 55 f.*)

> *Die Tat sondert die Wesen in geringe und hohe.*
> (*M 135 III S. 203*)

Unser jetziges Dasein ist das Ergebnis unserer in den Vorexistenzen getanen Taten: Der Körper ist »alte Tat« (S 12, 37, 3). Unser zukünftiges Dasein wird von unserem gegenwärtigen

Tun bestimmt; wir legen heute den Grund für unser zukünftiges »Schicksal«. Kamma ist ein Naturgesetz, das der Mensch nutzen kann, um eine Wiedergeburt nach seinen Wünschen zu erlangen. Freilich ist auch die beste Wiedergeburt noch keine Erlösung.

Unrichtig wäre es, die Kamma-Lehre deterministisch zu verstehen. Die Taten legen das Geburtsmilieu, die physische Gestalt und die geistigen Anlagen der wiedergeburtlichen Daseinsform fest, nicht aber deren Handlungen. Ohne die Willensfreiheit als philosophisches Problem zu erkennen, nimmt Gotama an, daß der angeborene Charakter jedem Menschen die Freiheit läßt, die seine Zukunft bestimmenden Taten zu wählen. Über sein Tun herrscht jeder selbst, wenn auch bei Wesen niederer Existenzform der Entscheidungsspielraum geringer sein mag.

Verhelfen nun heilsame Taten dem Menschen zu besserer Wiedergeburt und bringen sie ihn insofern der Erlösung näher – zur Erlösung selbst, zum Freiwerden vom Zwang zur Wiedergeburt führen sie nicht. Taten sind etwas Endliches und können keine Frucht außerhalb des Endlichen tragen. Selbst die beste kammisch erreichbare Daseinsform liegt noch innerhalb des Wiedergeburtenkreislaufs.

Trotzdem lehnt Gotama Taten nicht allgemein ab:

> *Ich lehre sowohl das Tun als auch das Nichttun. Ich lehre das Nichttun böser Taten mit dem Körper, der Rede, dem Denken, der vielerlei schlechten, unheilsamen Dinge. Ich lehre das Tun guter Taten mit dem Körper, der Rede, dem Denken, der vielerlei heilsamen Dinge.* (A 2, 4, 3 I S. 62)

Wenn aber heilsame Taten ebenso in den Saṃsāra verstricken wie unheilsame, wie soll der Mensch sich verhalten? Soll er, ja kann er überhaupt auf Taten verzichten?

Die Antwort des Buddha ist eine psychologische. Nicht die Taten an sich, so erklärt er, sind für die kammische Zukunft maßgebend, sondern das Motiv, die geistige Einstellung des Täters: Nicht der Vollzug der Tat, sondern die Absicht zur Tat, der Willensakt (*saṅkhāra* oder *cetanā*) gestaltet die zukünftige Existenzform. Sogar wenn jemand durch äußere Umstände an der Ausführung einer Tat gehindert wird – die Tatabsicht allein reicht aus, die entsprechende kammische Wirkung hervorzubringen. Ohne kammische Auswirkung ist nur das, was man frei von Begehren (*lobha* oder *rāga*), Haß (*dosa*) und Verblendung (*moha*) tut:

> *Welche Tat, Mönche, ohne Begehren, ohne Haß und in Unverblendung getan worden ist, nachdem man Begehren, Haß (und) Verblendung aufgehoben hat, diese Tat ist aufgehoben, an der Wurzel abgeschnitten, einer geköpften Palme gleichgemacht, am Werden (d. i. kammischen Reifen) gehindert, zukünftig nicht dem Gesetz des Werdens unterworfen.* *(A 3, 33, 2 I S. 135)*

Dies also ist der buddhistische Weg zur Erlösung: Handeln, aber ohne Begierde auf Erfolg, frei von dem Wunsch, jemandem zu schaden, und mit Vernunft. Gäbe es nicht die Möglichkeit, gute Taten ohne kammische Bindung zu tun, dann wäre die Verkettung in den Saṃsāra unlösbar, und niemand hätte die Chance, dem saṃsārischen Leiden zu entrinnen.

Daß die Wiedergeburtsexistenz von der Geisteshaltung des Täters bestimmt wird, hat weiter zur Folge, daß dieselbe Handlung, ausgeführt von verschiedenen Personen, ungleiche Wirkungen zeitigt. Eine Tat, die den Labilen für längere Zeit negativ beeinflußt, kann beim Gefestigten auf minimale Auswirkungen beschränkt bleiben. Wirft man einen Salzbrocken in eine Tasse, wird deren Inhalt ungenießbar, wirft man ihn in den Ganges-Fluß, bleibt das Wasser, wie es war (A 3, 99).

Von Taten, deren Folgen sich erst bei der nächsten Wiedergeburt zeigen, unterscheidet der Buddhismus solche, deren kammische Reifung (*vipāka*) bereits in diesem Leben eintritt.

Es gilt sogar als Vorzug, wenn eine schlechte Tat sofort abgegolten wird. Bezeichnend hierfür ist der Fall des Räubers Aṅgulimāla. Nachdem dieser die Verwerflichkeit seines bisherigen Lebens eingesehen hatte und dem Mönchsorden beigetreten war, wurde er eines Tages beim Almosengang in Sāvatthi mit Steinen beworfen. Der Buddha, der ihn blutend, mit zerbrochenem Almosentopf und zerrissener Robe zurückkommen sah, bemerkte dazu:

Ertrage es, Brahmane! Durch die Reifung welcher Tat (kamma) du viele Jahre in der Hölle kochen würdest, die Reifung dieser Tat erfährst du schon bei Lebzeiten.

(M 86 II S. 104)

6. Die Ursache der Wiedergeburt

Was ist die treibende Kraft in diesem leidvollen Kreislauf der Wiedergeburten? Der Buddha beantwortet die Frage in der »Wahrheit vom Ursprung des Leidens«:

Dies, Mönche, ist die Edle Wahrheit von der Leidensentstehung: Es ist die Wiedergeburt bewirkende, wohlgefällige, mit Leidenschaft verbundene Gier (taṇhā), die hier und dort Gefallen findet, nämlich: Die Gier nach Lust, die Gier nach Werden, die Gier nach Vernichtung.

(Mv 1, 6, 20 Vin I S. 10 = S 56, 11, 6 V S. 421)

Die Gier – in der älteren Buddhismus-Literatur oft »Durst« genannt – bindet die Wesen in den Saṃsāra und treibt sie von Dasein zu Dasein:

Nicht sehe ich, Mönche, eine andere Fessel, mit welcher gefesselt die Wesen die lange Nacht (ständiger Wiedergeburten) durchlaufen, durcheilen als, Mönche, die Fessel der Gier. *(Itiv 15)*

Die »Wahrheit von der Leidensentstehung« unterscheidet drei Arten von Gier: Gier nach Lust, nach Werden und nach Vernichtung. Die vitalste davon ist die Gier nach Lust (*kāma*), zumal sie auch die sexuelle Begierde sowie den Wunsch nach Genuß und Besitz einschließt und sich an Sinneseindrücken und geliebten Dingen ständig neu entzündet (D 22, 19). Ihr Ergebnis ist selbst dann Leiden, wenn sie befriedigt wird, denn das Erlangte ist wie alles vergänglich und führt zum Kummer des Verlustes. Jeder Gier, auch der erfüllten, wohnt Leiden inne.

Gier nach Werden heißt nach weiteren wiedergeburtlichen Daseinsformen. Leidzeugend ist sie, weil sie an den saṃsārischen Kreislauf bindet, den es ja gerade zu überwinden gilt. Sie führt im besten Falle zu Scheinglück.

Unter Gier nach Vernichtung versteht der Buddha den Wunsch, daß irgend etwas Unangenehmes nicht eintreten möge – eine Haltung, durch die man dem Befürchteten bereits vor dem Tatsächlichwerden Macht über das Denken einräumt. In spezieller Bedeutung ist die Gier nach Vernichtung die Umkehrung der Daseinsgier, nämlich der Drang zur Selbstbeseitigung. Selbsttötung kann jedoch nicht zur Erlösung führen[14], da sie nur den Körper, nicht auch das Kamma zerstört; sie bewirkt lediglich einen Wechsel der Daseinsform. In seinen Wiedergeburten wird der unerlöste Selbstmörder seinem noch nicht abgegoltenen alten Kamma so lange wiederbegegnen, bis er es abgelebt, d. h. die kammische Wirkung erschöpft hat. Die Aufhebung der saṃsārischen Wiedergebur-

14 Ausgenommen bei einem Heiligen, dem aufgrund der Aufhebung der zur Wiedergeburt treibenden Gier kein Neuerstehen mehr droht. Sein Selbstmord ist nicht durch Gier nach Vernichtung motiviert, sondern das Resultat weisen Überdenkens der Gründe, z. B. unheilbarer Krankheit. Der Pāli-Kanon berichtet von drei Mönchen, die sich selbst töteten: Godhika (S 4, 23), Vakkali (S 22, 87) und Channa (S 35, 87).

Buddha, Gandhāra-Stil (nach einer Skulptur des 2. bis 4. Jahrhunderts). Die europiden Gesichtszüge und das wellige Haar lassen den hellenistischen Ursprung der Gandhāra-Kunst erkennen, die eine Nachwirkung des Zuges Alexanders des Großen nach Indien (327 v. Chr.) ist. Der griechische Haarknoten wurde in die indische Plastik übernommen und von der einheimischen Ikonographie später als Schädelauswuchs (Skt.: uṣṇīṣa*) erklärt.*

tenkette ist nur im Verlöschen, im Nibbāna realisierbar. Nibbāna aber ist durch Gier nicht zu verwirklichen: Es ist im Gegenteil das Ergebnis völliger Gierlosigkeit.

Daß allein die Gier (*taṇhā*) den Wiedergeburtenkreislauf in Gang halte, war Gotamas ursprüngliche Überzeugung. Er ergänzte sie später dahingehend, daß auch die Unwissenheit (*avijjā*) an dieser Funktion teilhat: Wenn Erleuchtung einen Menschen zum Buddha und Erlösten macht, dann ist damit impliziert, daß der Unerlöste durch seine Unwissenheit an den Saṃsāra gebunden war. Speziell wird Unwissenheit als Nichtkenntnis des Leidens (in philosophischer Bedeutung) und der Vier Wahrheiten des Buddha verstanden. Die meisten Suttas stellen Gier und Unwissenheit als Leidensursachen nebeneinander und nennen sie gemeinsam.

Daneben findet sich in den Pāli-Texten eine Trias von Leidensursachen: Begehren (*lobha*), Haß (*dosa*) und Verblendung (*moha*). Haß ist die Kehrseite der Gier, und Verblendung ist mit Unwissenheit identisch. Eine anscheinend jünge-

Buddha, Khmer-Stil (nach einer thailändischen Skulptur unsicherer Datierung, vielleicht des 12. Jahrhunderts)

re Sprachgepflogenheit des Buddha faßt die Leidensursachen zusammen unter dem Sammelnamen »Einflüsse« (*āsava*). Die Vernichtung der Einflüsse führt unmittelbar zur Erlösung (M 51 I S. 348).

7. Die Wiedergeburt ohne Seele

Als Schüler des Uddaka Rāmaputta, lange vor seiner Erleuchtung, hatte Gotama die Kerngedanken der Upaniṣaden kennengelernt. Sie hatten ihn anfänglich kaum beeindruckt, und nach kurzer Zeit hatte er sich von Uddaka abgewandt, um die Erlösung auf anderem Wege zu suchen.

Im Laufe der Jahre indes schlugen upaniṣadische Samen in seinem Denken Wurzeln. Die Lehre von der Wiedergeburt entsprechend der Qualität der Taten (Skt: *karman*, P. *kamma*) – nachweisbar schon in der Bṛhadāraṇyaka-Upaniṣad (3, 2, 13 und 4, 4, 3–5) – bildete den wesentlichen Inhalt seiner Erleuchtung (*bodhi*) und wurde Teil seines eigenen Systems:

Ich erinnerte mich an mancherlei Vorexistenzen, die ich durchlebt hatte … Mit dem Himmlischen Auge sah ich, wie die Wesen vergehen und (wieder) erstehen, sah ich, wie ihnen je nach ihren Taten (kamma) *günstige oder schlechte Wiederverkörperung zuteil geworden war. Ich erkannte: »Die Wesen, die von Körper, Rede und Denken schlechten Gebrauch machen, die erlangen nach dem Tode schlechte Wiedergeburt, sinken ab, verderben. Jene Wesen hingegen, die von Körper, Rede und Denken guten Gebrauch machen, die erlangen nach dem Tode gute Wiedergeburt …«*

(M 36 I S. 248)

Mit der Übernahme der upaniṣadischen Idee der Wiedergeburt in seinen Dhamma hätte es für den Buddha nahegelegen, auch die Seelentheorie der Upaniṣaden anzuerkennen, derzufolge die Seele (*ātman*) den Tod überdauert und, von Körper zu Körper wandernd, sich immer wieder inkarniert. Statt dessen aber lehrte er genau das Gegenteil. Ein paar Tage, nachdem er bei Benares vor den einstigen Askesegefährten »das Rad der Lehre in Gang gesetzt« und sie zu Mönchen ordiniert hatte, hielt er vor ihnen das »Sutta von den Kennzeichen der Nicht-Seelenhaftigkeit« (Mv 1, 6, 38–46 = S 22, 59). Er führte aus, daß die Fünf Gruppen (*khandha*), die die empirische Person bilden, der Vergänglichkeit unterliegen und folglich keine von ihnen eine Seele (*attan*) sein kann. Eine Seele (im Sinne der Upaniṣaden, die die Wiedergeburten durchwandert) sei nicht aufzufinden, erklärte er. Die Wesen seien seelen-los (*anatta*) oder, wie er es in späteren Jahren formulierte, leer (*suñña*).

Die Lehre von der Nicht-Seelenhaftigkeit der empirischen Person setzte den Buddha nicht nur zur Upaniṣaden-Philosophie in Opposition, sondern zwang ihn auch, die Wiedergeburt ohne Seele zu erklären. Wer ist das Subjekt der Wiedergeburt (*punabbhava*), wenn nicht eine Seele? Wer oder was wird wiedergeboren? – Seine Antwort auf diese Frage war ebenso originell wie folgenreich.

Die Frage nach einem Subjekt der Wiedergeburt, so zeigte Gotama auf, ist falsch, denn sie entspringt einem Denken in Begriffen der Substanz. Tatsächlich vollzieht sich die Wiedergeburt ohne transmigrierende Seele. Die Kontinuität der Wiedergeburtenkette wird nicht hergestellt durch ein beharrendes Etwas (das sich durch die Existenzen zieht wie der Seidenfaden durch ein Perlenhalsband), sondern liegt im Konditionismus der Daseinsformen: Jede Wiedergeburt bedingt eine weitere. Obwohl das Beispiel hinkt, läßt sich der Vorgang an Billardkugeln veranschaulichen. Das Anstoßen einer Kugel genügt, um sie ein Stück rollen und die nächste Kugel in Bewegung setzen zu lassen. Diese gibt den Bewegungsimpuls an die dritte Kugel weiter. Materiell geht nichts von Kugel zu Kugel über, aber jede bedingt durch ihren Anstoß das Rollen der folgenden und gibt dieser eine bestimmte, keineswegs zufällige Richtung.

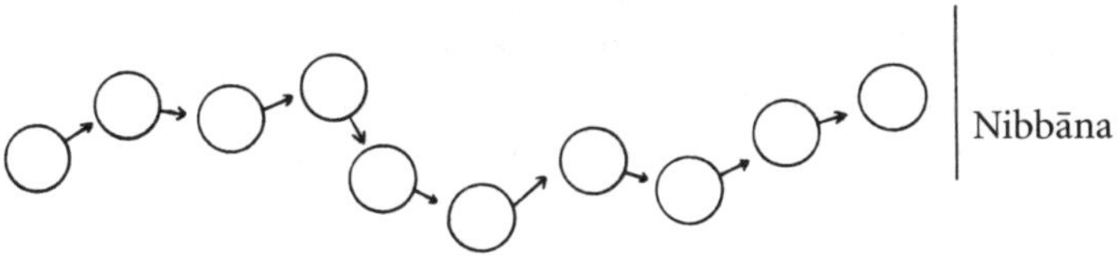

Wenn eine Kugel zum Stillstand kommt und von ihr keine Impulse mehr ausgehen, reißt die Konditionskette ab. Von einer Person sagt man in diesem Falle, bei ihr sei Nibbāna, »Verlöschen«, eingetreten.

8. Der Konditionalnexus

Die theoretische Begründung für das buddhistische Denken in Bedingtheiten enthält der Konditionalnexus (*paṭiccasamuppāda*). Der Pāli-Kanon kennt ihn in mehreren Formen, die sich durch die Zahl ihrer Glieder unterscheiden. Inhaltlich gehen sie konform, aber nur die komplette, die zwölfgliedrige Reihe kommt für die Interpretation in Betracht.

Aus der Voraussetzung	*(1)*	*Unwissenheit (entstehen) Tatabsichten;*
aus der Voraussetzung	*(2)*	*Tatabsichten (entsteht) Bewußtsein;*
aus der Voraussetzung	*(3)*	*Bewußtsein: Name und Körper;*
aus der Voraussetzung	*(4)*	*Name und Körper: Sechssinnengebiet;*
aus der Voraussetzung	*(5)*	*Sechssinnengebiet: Berührung;*
aus der Voraussetzung	*(6)*	*Berührung: Empfindung;*
aus der Voraussetzung	*(7)*	*Empfindung: Gier;*
aus der Voraussetzung	*(8)*	*Gier: Ergreifen;*
aus der Voraussetzung	*(9)*	*Ergreifen: Werden;*
aus der Voraussetzung	*(10)*	*Werden: Geburt;*
aus der Voraussetzung	*(11)*	*Geburt*
entstehen	*(12)*	*Alter und Tod, Trauer, Jammer, Schmerz, Gram und Verzweiflung.*

Dies ist der Ursprung des ganzen Wustes von Leiden.
(M 38 I S. 261)

Der Pāli-Name dieser Formel – *paṭiccasamuppāda,* wörtlich »Entstehen in Abhängigkeit« – deutet an, wie man sich die Beziehung zwischen den Nexusgliedern vorzustellen hat. Sie ist keine Kausalität, da man als Causa eine Ursache bezeichnet, die allein, also ohne weiteren beitragenden Faktor, eine Wirkung hervorbringt. Treffender ist es, die Abhängigkeit der Glieder voneinander als »Konditionismus« zu verstehen, denn jedes Glied ist eine Conditio, eine Voraussetzung oder Bedingung *neben anderen* dafür, daß das nächste Glied ins Dasein tritt.

Der Konditionalnexus wird besser verständlich, wenn man ihn parallel setzt mit der Reihe der Fünf Gruppen (*khandha*) – Körper, Empfindung, Wahrnehmung, Geistesregungen und Bewußtsein –, welche kombiniert die empirische Person darstellen. Mehrere Glieder sind beiden Reihen gemeinsam, und von beiden heißt es, sie verliefen in sich konditional. Wie aber ist zu erklären, daß dieselben Glieder in den Reihen in unterschiedlicher Aufeinanderfolge stehen, daß die Fünf-Gruppen-Reihe »Saṅkhāras« und »Bewußtsein« nach, der Konditionalnexus aber vor dem »Körper« aufführt?

Die Antwort ergibt sich aus dem verschiedenen Zweck der beiden Reihen. Die Fünf Gruppen geben die Bestandteile der empirischen Person an; der Konditionalnexus aber soll die über die Einzelperson hinausreichende Wiedergeburtenfolge verdeutlichen. Mit seinen zwölf Gliedern skizziert er drei Wiedergeburtsexistenzen, so daß er die Reihe der Fünf Gruppen, die ja jeweils nur *eine* Existenz ausmachen, dreimal einschließt.[15]

In der folgenden Tabelle sind die beiden Reihen so kombiniert, daß die ihnen gemeinsamen Glieder nebeneinander und die übrigen entsprechend ihrer Konditionalität untereinander stehen.

15 Die Verteilung der zwölf Glieder über drei Existenzformen findet sich nicht in Gotamas Reden, sondern in der scholastischen und Kommentarliteratur sowie bei Buddhaghosa (Vism 17 II S. 578) und Vasubandhu (Ak 3, 20 S. 57). Die meisten Exegeten unterteilen den Nexus in 2 + 8 + 2 Glieder. Von diesem nicht überzeugenden Schema wird im folgenden abgegangen.

Die Fünf Gruppen	*Der Konditionalnexus*	
(1) Körper		
(2) Empfindung		
(3) Wahrnehmung		Erste Existenz
	(1) Unwissenheit	
(4) Saṅkhāras[16]	(2) Saṅkhāras[16]	
(5) Bewußtsein	(3) Bewußtsein	
(1) Körper	(4) Name und Körper	
	(5) Sechssinnengebiet	
	(6) Berührung	
(2) Empfindung	(7) Empfindung	
(3) Wahrnehmung		Zweite Existenz
(4) Saṅkhāras		
(5) Bewußtsein		
	(8) Gier	
	(9) Ergreifen	
	(10) Werden	
(1) Körper		
	(11) Geburt	
(2) Empfindung		Dritte Existenz
(3) Wahrnehmung		
(4) Saṅkhāras		
(5) Bewußtsein		
	(12) Alter und Tod	

Die Tabelle macht zwei Schwächen des Konditionalnexus deutlich. Erstens fragt man sich, warum jede der drei wiedergeburtlichen Existenzen durch andere Stichworte umrissen

16 Der Pāli-Ausdruck wird hier beibehalten, da er in jeder Reihe anders verdeutscht werden müßte. In den Fünf Gruppen bezeichnet *saṅkhāra* Geistesregungen, im Konditionalnexus Absichten zu Taten. Die Bedeutungen sind aber so nah verwandt, daß beide Saṅkhāra-Begriffe hier als identisch betrachtet werden dürfen.

wird, und zweitens, warum die Erste Existenz nur die Unwissenheit, die Zweite nur die Gier als Urheber der jeweils folgenden Existenz aufführt. Die Ursache der Wiedergeburt muß ja stets dieselbe sein: entweder Unwissenheit *oder* Gier *oder* beide zusammen.

Nur die historische Betrachtung kann diese Fragen beantworten. Daß die Entdeckung des konditionalen Entstehens auf den Buddha selbst zurückgeht, erscheint sicher, – zu zentral steht das Gesetz in seinem System, um es für eine spätere Zutat zu halten. Kaum weniger sicher erscheint aber auch, daß der *zwölf*gliedrige Konditionalnexus das Werk späterer Mönche ist. Sie kompilierten ihn (über mehrere im Pāli-Kanon nachweisbare Zwischenstufen) aus drei separaten kurzen Konditionalreihen – etwa bestehend aus den Nexusgliedern 1 bis 4, 4 bis 8 und 8 bis 12 –, die Gotama im Laufe seiner langen Lehrtätigkeit in Predigten verwendet hatte. Anscheinend glaubten die Mönche, mit der Montage dieser Kurzreihen zum *Zwölfer*nexus einen Erkenntnisschritt getan zu haben, sonst hätten sie nicht gewagt, ihn dem Meister in den Mund zu legen.

9. Der Konditionalnexus im einzelnen

Für die Unwissenheit (*avijjā*), mit der die Formel anhebt, geben die Pāli-Quellen die Definition:

> *Nichterkenntnis des Leidens, der Leidensentstehung, der Leidensaufhebung (und) des zur Leidensaufhebung führenden Weges, das nennt man Unwissenheit. (M 9 I S. 54)*

Unter Unwissenheit wird demnach die Unvertrautheit mit den »Vier Edlen Wahrheiten« verstanden, in welche der Buddha seine Lehre einteilt. Wer Gotamas Lehre nicht kennt und die Leidhaftigkeit des saṃsārischen Daseins nicht durchschaut, der entwickelt aus dieser Nichterkenntnis heraus Saṅkhāras. Diese sind die Veranlasser einer neuen Wiedergeburt.

»Saṅkhāra« hat in den buddhistischen Quellen mehrere Bedeutungen. Im Konditionalnexus bezeichnet das Wort wie in der Kamma-Lehre Absichten (*cetanā*), insbesondere die Absichten zur Tat, die der Ausführung vorangehen. Da Taten körperlich, sprachlich und geistig sein können, werden Körper-, Sprach- und Denksaṅkhāras unterschieden (S 12, 2, 14). Die Tatabsichten – mehr als die Taten – sind maßgebend für die Wiedergeburt:

> *Die Wiedergeburt entsprechend den Tatabsichten werde ich euch zeigen, Mönche. Da ist ein Mönch mit Glaubensvertrauen* (saddhā) *ausgerüstet. Dem kommt (der Gedanke): »Ach, wenn ich doch nach dem Zerfall des Körpers, nach dem Tode, in die Gemeinschaft vermögender Krieger hinein wiedergeboren würde!« Dieses Denken trägt er, bei diesem Denken beharrt er, dieses Denken pflegt er. Diese seine Tatabsichten und sein Verweilen (dabei) führen ihn zu einer dortigen Wiedergeburt.* *(M 120 III S 99 f.)*

Die Stelle macht deutlich, daß die Tatabsichten die Wiedergeburt nicht nur bewirken, sondern auch nach Art und Qualität festlegen.

Wie sie das tun, geht aus den Pāli-Büchern detailliert hervor. Tatabsichten können von dreierlei Qualität sein: gut, schlecht und neutral. Von entsprechender Qualität ist das BEWUSSTSEIN (*viññāna*), welches von den Tatabsichten bedingt ins Dasein tritt:

> *Wenn, Mönche, ein unwissender Mensch eine gute Tatabsicht (saṅkhāra) hervorbringt, wird sein Bewußtsein (viññāna) dem Guten zugeneigt. Wenn er eine schlechte Tatabsicht, eine neutrale Tatabsicht hervorbringt, wird sein Bewußtsein dem Schlechten, dem Neutralen zugeneigt.*
> *(S 12, 51, 12 II S. 82)*

Nach dem Tode eines Wesens geht dessen gutes, schlechtes oder neutrales Bewußtsein in einen entsprechend guten, schlechten oder neutralen Mutterschoß ein und setzt in diesem die Entstehung von NAME UND KÖRPER (*nāmarūpa*), d. h. einer neuen (guten, schlechten oder neutralen) empirischen Person in Gang:

> *Aus der Voraussetzung Bewußtsein (entsteht) Name und Körper, so fürwahr habe ich gesagt. Das ist so zu verstehen ...: Wenn nämlich das Bewußtsein (eines Verstorbenen) nicht in einen Mutterschoß hinabstiege, würde dann in diesem Mutterschoß Name und Körper entstehen? – Gewiß nicht, Herr (erwidert der befragte Mönch).*
> *(D 15, 21 II S. 62 f.)*

In den Schoß der zukünftigen Mutter senkt sich das Bewußtsein des Verstorbenen ein, nicht in die dort als Wiedergeburt entstehende empirische »Person«. Das Bewußtsein ist also keine Seele (*attan*), die in die neue Existenzform überwechselt. Es wirkt lediglich wie ein Katalysator, der einen chemischen Prozeß auslöst, im Endprodukt dieses Prozesses aber nicht mehr enthalten ist. Gegen die Ansicht, das Bewußtsein sei eine beständige Entität, welche die Wiedergeburtenkette durchwandert, nimmt der Buddha (in M 38 I S. 258) mit äußerster Schärfe Stellung. Die wiedergeborene Person entwickelt ein eigenes Bewußtsein, das mit dem ihrer Präexistenz nicht identisch ist.

Noch einmal zur Verdeutlichung: In welchen Mutterschoß das Bewußtsein eingeht, hängt ab von seiner kammischen Tendenz. Ein aus mehrheitlich guten Tatabsichten erwachsenes und darum gutes Bewußtsein sucht sich nach dem Tode seines bisherigen »Besitzers« einen ihm qualitativ entsprechenden, also ebenfalls guten Mutterschoß mit günstigen Erbanlagen. Ist die Mutter empfängnisbereit und hat eine Zeugung stattgefunden, veranlaßt das Bewußtsein, der

»Genius« (*gandhabba*)[17] (M 38 I S. 265 f.), in der Mutter in spe die Entwicklung eines Embryo, ohne selbst in diesen überzugehen:

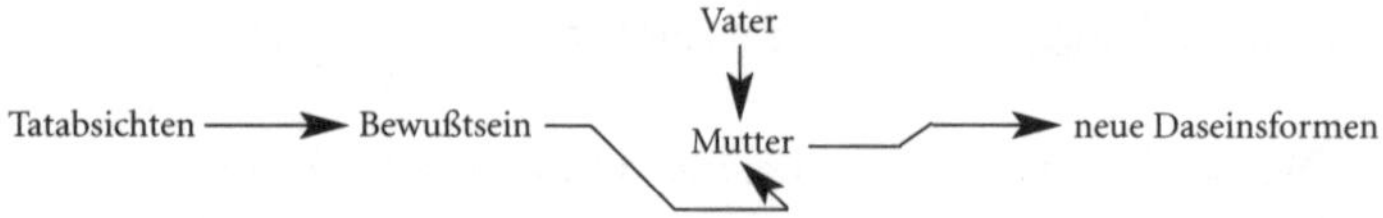

Nach der Geburt des neuen Wesens entsprechen dessen Anlagen und Lebensmilieu den Tatabsichten, welche die kammische Ursache seiner Entstehung waren. Die Kamma-Lehre, in der frühen Lehrphase nur allgemein umrissen, hat damit eine präzise Funktionsbeschreibung erhalten.

Die Nexusglieder 5 bis 12 bereiten dem Verständnis wenig Schwierigkeiten. Mit SECHSSINNENGEBIET (*saḷāyatana*) sind die Objektbereiche gemeint, die sich den Sechs Sinnen – Sehen, Hören, Riechen, Schmecken, Tasten und Denken – des neuen Wesens nach der Geburt darbieten. Zwischen dem Sechssinnengebiet, d. h. den Objekten, und den Sinnesorganen kommen BERÜHRUNGEN (*phassa*) zustande, aus denen (Sinnes-) EMPFINDUNGEN (*vedanā*) erwachsen, die bei einem ungezügelten Menschen bald zur GIER (*taṇhā*) ausreifen. Gier aber führt das Bewußtsein nach dem Tode des Wesens zu neuerlichem ERGREIFEN (*upādāna*) eines Mutterschoßes. In diesem setzt das Bewußtsein das WERDEN (*bhava*) eines Wesens in Gang, aufs neue erfolgt GEBURT (*jāti*) in ein leidvolles Dasein, und das Ende ist wieder ALTER UND TOD (*jarāmaraṇa*).

---

17 K. SCHMIDT hält einen Überlieferungsfehler aus *gantabba* (Skt.: *gantavya*) für möglich (Buddhas Reden – Majjhimanikāya, S. 134, Anm. 4). Die Bedeutung wäre dann: »Der zu gehen hat«. Gemeint wäre damit das Bewußtsein des Sterbenden.

10. Der Konditionalnexus – funktionelle Bedingtheit

Im Pāli-Kanon wirft ein Mönch die Frage nach dem Träger dieses konditionalen Geschehens auf: Wem gehören, an wem vollziehen sich die im Konditionalnexus aufgeführten Phänomene? Der Buddha entgegnet darauf:

> *Die(se) Frage ist nicht zulässig. Wenn ein Mönch sagen würde: »Was sind die (im Nexus genannten Phänomene) und wessen sind (sie)?«, (so wäre zu erwidern:) »Dieses beides ist eines, nur im Ausdruck verschieden«. In der Mitte verkündet der Vollendete die wahre Lehre: Aus (dem im Nexus vorangehenden Gliede) als Voraussetzung entsteht (das jeweils folgende Glied) … (S 12, 35 II S. 61 ff.)*

Der Konditionalnexus vollzieht sich nicht an jemandem als seinem Träger, ist kein von einer Substanz gestütztes Phänomen, sondern bildet vielmehr selber durch das konditionale Hintereinander seiner Faktoren die empirische Person und deren Wiedergeburtenkette. Dasein ist etwas Geschehendes, ein Prozeß, kein Sein. Wie einander ablösende Töne eine Melodie ausmachen, so bilden konditionale Erscheinungen die Kette von Existenzen. Konditionalnexus = empirische Person = Leiden, das ist die Formel, die der buddhistischen Auffassung vom Menschen zugrunde liegt.

Eine solche Interpretation des Individuums wirft die Frage auf nach der Identität zwischen den Wesen einer Wiedergeburtenreihe. Als sich der Nacktasket Kassapa erkundigte, ob es derselbe sei, der die Taten ausführt und ihre Folgen als Wiedergeburt empfindet, oder ob der Täter von dem späteren Empfinder verschieden ist, gab der Buddha ihm zur Antwort:

> *Indem man sagt: »Er handelt, er (selbst) genießt (die Frucht seines Handelns)«, gelangt man zu(r Einschätzung) des (Menschen) als ewig. Indem man sagt: »Ein anderer*

Der Buddha. Die nach vorn offene erhobene rechte Hand soll Zögernde ermutigen, sich furchtlos zu nähern. (Tibetischer Holzschnitt)

handelt, ein anderer genießt (die Frucht des Handelns)«, gelangt man zu(r Einschätzung) des (Menschen) als auflöslich. Diesen beiden Extremen nicht verfallend, hat der Vollendete in der Mitte die Lehre gezeigt: Aus der Voraussetzung Unwissenheit (entstehen) Tatabsichten ... (usw.).
(S 12, 17, 14 ff. II S. 20)

Da es keine unsterbliche Seele gibt, die sich als Kontinuum durch die Existenzen hindurchzieht, ist es nicht dieselbe Person, die die kammischen Samen der vergangenen Daseinsform als Früchte erntet. Es ist indes auch keine völlig andere, denn jede Existenzform ist von ihrer Präexistenz bedingt und geprägt. Zwischen Identität und Isoliertheit liegt die Wahrheit in der Mitte: In der konditionalen Abhängigkeit.

Trotz des Fehlens eines Substrates zwischen den Existenzformen einer Wiedergeburtenkette ist es möglich, sich seiner Vorexistenzen zu erinnern, freilich erst auf einer hohen Stufe der Vollendung. Gotama erkannte seine Präexistenzen bei der Erleuchtung:

> *Ich erinnerte mich an vielfältige Vorexistenzen, nämlich an eine Geburt, an zwei, drei, vier, fünf, zehn, zwanzig, fünfzig, hundert Geburten: Dort war ich, jenen Namen hatte ich, jener Familie gehörte ich an, das war meine Kaste, das mein Lebensunterhalt, solches Wohl und Leid habe ich erfahren, so war mein Lebensende; abgeschieden, trat ich dort (wieder) ins Leben: Dort war ich, jenen Namen hatte ich …* *(M 36 I S. 248)*

11. Die Aufhebung des Leidens

Da nach der »Wahrheit von der Leidensentstehung« die Gier (*taṇhā*) die Ursache des Leidens ist, liegt die Beendigung des Leidens in der Freiheit von Gier:

> *Dies, Mönche, ist die Edle Wahrheit von der Aufhebung des Leidens: Die restlose Aufhebung, Vernichtung, Aufgabe, Verwerfung, das Freigeben (und) Ablegen eben dieser Gier.*
> *(Mv 1, 6, 21 Vin I S. 10 = S 56, 11, 7 V S. 421)*

Andere Texte stellen als Ursache des saṃsārischen Leidens neben die Gier die Unwissenheit (*avijjā*) worunter Nichtkenntnis der buddhistischen Vier Wahrheiten verstanden wird. So heißt es:

> *Die immer wieder in ihn gehn,*
> *den Kreislauf von Geburt und Tod:*
> *Von diesem Sein ins andre Sein*
> *gehn die durch ihr Nichtwissen ein.* *(Snip 729)*

Wie die Vernichtung von Gier und Unwissenheit für die Erlösung wirksam wird, ergibt sich aus der Kamma-Lehre. Alle Taten oder Tatabsichten ziehen die ihnen qualitativ entsprechenden Folgen nach sich, ausgenommen jene, die nicht von Gier, Haß und Verblendung motiviert sind. Wer sich löst von Gier und Unwissenheit, dem steht Verlöschen (*nibbāna*) bevor.

12. Der Weg zur Leidensaufhebung

Lediglich ein paar fortgeschrittene Heilssucher sind allerdings imstande, Gier und Unwissenheit schon im gegenwärtigen Leben zu überwinden. Die meisten werden sich durch gute Taten stufenweise zu besseren Existenzformen emporarbeiten müssen. Endlich jedoch wird jeder, der sich darum bemüht, eine Daseinsform so hoher ethischer Möglichkeiten erreichen, daß er Gier und Unwissenheit in sich vernichten und dem Saṃsāra entrinnen kann. Daß alle, die Erlösung suchen, sie irgendwann erreichen, gilt im Buddhismus als sicher.

Nicht vor jedem Hörerkreis sprach Gotama über das höchste Erlösungsziel. Andersgläubige und schlichtere Laienbekenner pflegte er an ihre Pflichten gegenüber Familie und Gesellschaft zu erinnern und zu guten Taten anzuhalten, deren kammische Wirkung in Wiedergeburt in der Götterwelt besteht. Intelligenteren Laien und den Mönchen machte er dagegen klar, daß auch die beste Wiedergeburt noch im Bereich des Saṃsāra liegt. Endgültiges Ziel ist die Erlösung aus dem Saṃsāra: Nibbāna.

Die Vierte Wahrheit des Buddha gibt an, welche Verhaltensweisen zur Erlösung dienlich sind:

Dies, Mönche, ist die Edle Wahrheit von dem zur Leidensaufhebung führenden Wege, nämlich:
(1) Rechte Ansicht,
(2) Rechter Entschluß,
(3) Rechte Rede,

(4) Rechtes Verhalten,
(5) Rechte Lebensführung,
(6) Rechte Anstrengung,
(7) Rechte Achtsamkeit,
(8) Rechte Meditation.

(Mv 1, 6, 22 Vin I S. 10 = S 56, 11, 8 V S. 421)

Als »Gebote« kann man die acht Regeln nur mit Vorbehalt bezeichnen. Der Buddha belehrt, er ist ein Wegweiser zur Erlösung (Dhp 276), aber kein Prophet, der mit Strafen droht. Die Grundlage der buddhistischen Ethik ist das unpersönliche Kamma-Gesetz, das jedem die Frucht seines Tuns unausweichlich zukommen läßt und somit gutes Tun als »heilsam« (*kusala*) nahelegt. Keine der acht Regeln ist ritueller Art. Es gibt im Buddhismus weder Kultobservanzen noch numinos begründete Tabus.

In zahlreichen Suttas gab der Buddha zu den acht Regeln Erläuterungen.

(1) Rechte Ansicht (*sammā-diṭṭhi*) ist die Erkenntnis der buddhistischen Vier Wahrheiten (D 22, 21) und die Nichtbezweiflung, daß »eine Seele nicht mein (und) was entsteht … (und) vergeht nur Leiden ist« (S. 12, 15, 6). Jemand, der von der Nicht-Seelenhaftigkeit überzeugt ist, hat bereits einen großen Schritt zur Leidensüberwindung getan, denn was könnte den noch erschüttern, der weiß, daß kein Geschehen »ihn« betrifft?
Rechte Ansicht besteht ferner im Aufgeben der Vier Verkehrten Ansichten (*vipallāsa*). Als solche gelten: daß jemand im Unbeständigen Dauer sucht, Glück im Leidhaften, eine Seele in dem, was keine besitzt, und Schönheit in dem, was häßlich ist (A 4, 49, 1).

(2) Der rechte Entschluss (*sammā-saṅkappa*) unterteilt sich dreifach: in den zur Entsagung, den zum Wohlwollen und den zur Nichtschädigung von Lebewesen (D 22, 21).

(3) RECHTE REDE (*sammā-vācā*) ist solche, die nicht aus Lüge, Klatsch, Schmähung und Geschwätz besteht (D 22, 21). Worte sollen nicht über jedes Thema verschwendet werden:

> *Über das Gesehene, wobei dem Sprechenden die unheilsamen Geistesinhalte* (dhamma) *zunehmen und die heilsamen Geistesinhalte abnehmen, über derartiges Gesehene soll nicht gesprochen werden, so sage ich. Über das Gesehene aber, wobei dem Sprechenden die unheilsamen Geistesinhalte schwinden und die heilsamen Geistesinhalte zunehmen, über derartiges Gesehene soll gesprochen werden, so sage ich.* *(A 4, 183, 3 II S. 173)*

Der Wert der Sprache liegt vor allem darin, daß man durch sie Menschen zu heilsamem Tun bewegen kann.

(4) RECHTES VERHALTEN (*sammā-kammanta*) bedeutet Abstehen von Lebensberaubung, vom Nehmen ungegebener Dinge und von Ausschweifungen (D 22, 21). Wie ernst diese Weisungen genommen werden, zeigt das buddhistische Ordensstrafrecht (*pātimokkha*), das für ihre Mißachtung die schwerste, für nur vier Delikte angedrohte Ahndung verhängt, nämlich Ausstoßung aus dem Saṅgha.

Beim Mord an einem Menschen hat die Exkommunikation des Mönch-Täters zur Folge, daß er der weltlichen Gerichtsbarkeit anheimfällt und wie ein Laie abgeurteilt wird. Das Töten eines Tieres hingegen wird milde geahndet und ohne Unterschied, ob das Opfer eine Kuh oder eine Mücke war. Die Bemessung der Folgen wird dem Kamma überlassen, das die Tatabsichten (*saṇkhāra*) der beiden Fälle differenzieren wird. In tropischen Ländern, wo Moskitos, Fliegen, Blutegel und Ungeziefer einem Menschen sehr zusetzen können, verlangt die konsequente Einhaltung der Nichttötungsregel erhebliche Selbstkontrolle.

Stehlen ist bei einem Bhikkhu dann ein Grund zur Ausstoßung, wenn die Tat bei einem Laien zur Verurteilung führen würde. Auf kleinere Eigentumsdelikte steht eine Disziplinarstrafe.

Ausstoßung bedroht den Mönch ferner für Unkeuschheit. Der Laienbekenner wird hingegen nur angehalten, seine Lust, wenn er ihr schon nachgibt, nicht an Mädchen unter dem Schutz der Eltern und Verwandten, an verheirateten Frauen und an Prostituierten zu kühlen (M 41 I S. 286).

(5) RECHTE LEBENSFÜHRUNG (*sammā-ājīva*) heißt, einem Broterwerb nachzugehen, der anderen kein Leid verursacht:

> *Mönche, diese fünf (Arten von) Handel hat ein Laienbekenner nicht zu betreiben. Welche fünf? –: Handel mit Waffen, Handel mit Lebewesen, Handel mit Fleisch, Handel mit berauschenden Getränken, Handel mit Gift.*
>
> *(A 5, 177 III S. 208)*

Mit Rechter Lebensführung unvereinbare Handwerke sind: Schafschlächter, Schweineschlächter, Vogelfänger, Wildsteller, Jäger, Fischer, Räuber, Henker und Kerkermeister (M 51 I S. 343). Tätigkeiten dieser Art werden in buddhistischen Ländern meist von Muslims und Christen ausgeübt.

Werden die Berufe des Schlächters und Fleischhändlers auch disqualifiziert – die Folgerung, daß sich daraus für alle Bekenner das Gebot des Vegetarismus ableite, ist unzutreffend. Freilich wird es gern gesehen, wenn ein Heilssucher seinen Fleischgenuß aus Mitleid mit den Wesen vermindert oder einstellt, aber er kann sich dabei nicht auf eine Weisung des Buddha berufen. Nicht einmal dem Mönch, dem jemand Fleisch in die Almosenschale gefüllt hat, ist untersagt, es zu essen, ausgenommen er vermute oder habe erfahren, daß das Tier für ihn geschlachtet wurde (Mv 6, 31, 14).

Bemerkenswert sind Gotamas Äußerungen zur Rechten Lebensführung im Erwerbsleben. Äußerste Armut betrachtet er als Ursache von Diebstahl, Gewalttat und Mord (D 26, 14). Vier Dinge, so erklärte er, führen zum weltlichen Wohlbefinden: Berufliche Tüchtigkeit, Schutz des Eigentums vor Verlust, gute Gesellschaft und Lebenszuschnitt nach der Höhe des Einkommens (A 8, 54). Zur zweckmäßigen Einteilung der Einkünfte rät er, ein Viertel für den Lebensunterhalt, die Hälfte für geschäftliche Unternehmungen und das weitere Viertel für Rücklagen zu verwenden (D 31, 26).

(6) Rechte Anstrengung (*sammā-vāyāma*) wird definiert als Bemühung zur Abwehr unheilsamer und zur Erzeugung heilsamer Geistesinhalte (*dhamma*; D 22, 21). Ihre wichtigste Übung ist die »Bewachung der Sinnestore«, die zum reinen Beobachten erziehen soll:

> *Wenn ein Mönch mit dem Auge eine Form erblickt hat, so klammert er sich weder an die Gesamterscheinung noch an Einzelheiten. Da Verlangen oder Abneigung, böse und unheilsame Geistesregungen den überwältigen, der ohne Zügelung des Sehbewußtseins dahinlebt, ist er um dessen Zügelung bemüht …*
>
> *Wenn er mit dem Ohr einen Ton gehört, mit der Nase einen Duft gerochen, mit der Zunge einen Geschmack geschmeckt, mit dem Körper ein Tastobjekt gefühlt, mit dem Denken ein Denkobjekt aufgefaßt hat, so klammert er sich weder an die Gesamterscheinung noch an Einzelheiten (sondern bemüht sich um Zügelung dieser Eindrücke).*
>
> *(D 2, 64 I S. 70)*

Die Anweisung bedarf der Erläuterung.

Zweierlei ist bei jeder Sinneswahrnehmung zu unterscheiden: der Wahrnehmungseindruck und die emotionale Reaktion darauf. Der Versuch, die Eindrücke durch Abschaltung der Sinne fernzuhalten, ist aussichtslos, da alle Wesen zur Lebenserhaltung funktionierender Sinnesorgane bedürfen. Verhindern läßt sich aber, daß aus den Wahrnehmungen Sym- und Antipathie, Begehren und Haß erwachsen. Statt den Sinneseindrücken freies Spiel zu gewähren, hat man sie gedanklich zu neutralisieren. So gelingt es nach einiger Übung, Dinge sachlich wahrzunehmen, ohne Regungen wie Begierde oder Widerwillen aufkommen zu lassen, »Bewachung der Sinnestore« heißt, affektfrei, objektiv und gleichmütig festzustellen und emotionale Urteile durch wertfreie Beschreibungen zu ersetzen.

(7) RECHTE ACHTSAMKEIT (*sammā-sati*) oder BEWUSSTHEIT bedeutet, alle Verrichtungen und alle inneren Abläufe ins volle Licht des Bewußtseins zu heben. Ist das beim Körper gelungen, verfährt man analog bei den Sinnesempfindungen, dem Denken und den Denkobjekten. Zweck der Achtsamkeit ist es, den flatterhaften Geist unter Kontrolle zu bringen. Eine besondere Rolle spielt die Achtsamkeit im Rahmen der »Erweckung der Achtsamkeit« (*satipaṭṭhāna*), einer Meditationsübung, die in zwei Suttas des Pāli-Kanons (D 22 und M 10) beschrieben wird.

Schon die sechste und siebte Regel des Achtweges – »Rechte Anstrengung« und »Rechte Achtsamkeit« – geben Anweisungen, die zu den meditativen Praktiken zu rechnen sind. Speziell diesem Gegenstand gewidmet ist die letzte Regel des Weges:

(8) RECHTE MEDITATION (*sammā-samādhi*). Es fördert das Verständnis, die Meditations*techniken* von den Meditations*übungen* zu unterscheiden: Die Übungen setzen sich aus den Techniken zusammen. Jeder Meditationslehrer kann durch Kombination der Techniken neue Übungen zusammenstellen und behaupten, er habe den Boden des vom Buddha Gelehrten nicht verlassen.

Fünf Meditations*techniken,* eine davon mit vier Unterabteilungen, sind in den buddhistischen Quellen nachweisbar:

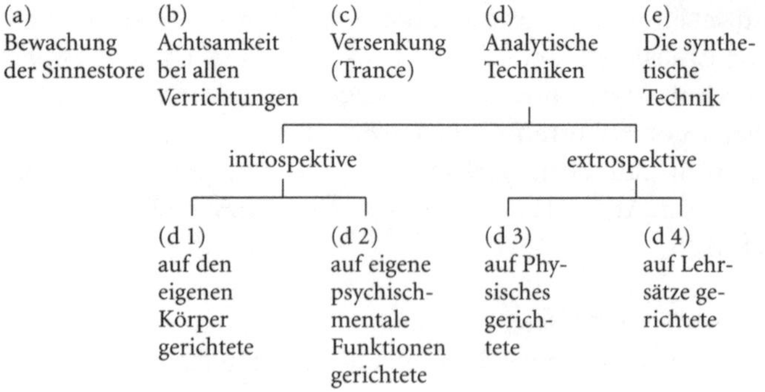

Von der (a) »Bewachung der Sinnestore«, die zum wertfreien Wahrnehmen erzieht, und von der (b) Achtsamkeit, d. h. Bewußtheit, war bereits die Rede.

(c) Bei der Versenkung oder Trance (*samādhi* im engeren Sinne oder *jhāna*) unterschied der Buddha vier Tiefenstufen, jedoch wurde die Zahl später auf acht erweitert. Daß diese Erweiterung vom Meister selbst stammt, ist unglaubhaft, da die Tiefenstufen sieben und acht identisch sind mit jenen Versenkungen, die Gotama vor der Erleuchtung bei dem Schulhaupt Āḷāra Kālāma betrieben und schließlich verworfen hatte.

Die acht Versenkungsstufen sind:

- Von Sinnesbegierden und Verlangen freies, achtsames Nachdenken und Überlegen mit dem Gefühl des Wohlbehagens;
- Aufhören des Nachdenkens, inneres Stillwerden und geistige Konzentration auf *einen* Gegenstand mit dem Gefühl des Wohlbehagens;
- Gleichmut, Andacht und Wissensklarheit;
- Versiegen jeglicher Glücks- und Leidgefühle und der Erinnerung an sie: Gleichmut und Andacht in höchster Reinheit;

– Aufhebung des Wahrnehmens von Formen und Gestalten: Erlebnis der Unendlichkeit des Raums;
– Erlebnis der Bewußtseinsunendlichkeit (d. h. Erfahrung, daß das Bewußtsein alles durchdringt);
– Erlebnis der Nichtsheit aller Dinge;
– Zustand des Weder-Wahrnehmens-noch-Nichtwahrnehmens (d. i. Tieftrance).

Indem der Meditierende Denken und Sinne von der Welt zurückzieht, bekommt er im Erlebnis der inneren Stille einen Vorgeschmack der Erlösung.

(d) Analytische Meditationstechniken sind solche, die auf Erkenntnis oder Durchschauung vorgefundener Dinge zielen, also der Bereicherung des Wissens dienen. Dabei ist zu unterscheiden, ob der Gegenstand der Meditation innerhalb oder außerhalb des Meditierenden liegt. Im ersteren Falle ist die Meditation intro-, im letzteren extrospektiv.

Introspektive Meditationen, oft Betrachtungen (*bhāvanā*) genannt, dienen der vertieften Erkenntnis der Vergänglichkeit und Nicht-Seelenhaftigkeit der empirischen Person und können sich (d 1) auf den eigenen Körper oder (d 2) die eigenen psychisch-mentalen Funktionen richten. Ihr Erlösungsnutzen besteht darin, daß sie die Identifikation des Individuums mit den Fünf Gruppen aufheben.

Bei den extrospektiven Meditationen, häufig als Kontemplationen (*anupassanā*) bezeichnet, gibt es gleichfalls zwei Untergruppen, je nachdem, ob der Gegenstand der Kontemplation (d 3) etwas Physisches oder (d 4) ein Lehrsatz ist. Geeignete physische Objekte sind z. B. ein Brocken Erde, eine Schale mit Wasser, eine Flamme, die Luft, der leere Raum, eine farbige runde Scheibe oder eine Leiche im Stadium des Zerfalls. Die Kontemplation von Lehrsätzen andererseits, die Vertrautheit mit den Reden des Buddha voraussetzt, soll Gelerntes in erschaute Wirklichkeit umsetzen. Themen können sein: die drei saṃsārischen Kennzeichen Vergänglichkeit,

Leidhaftigkeit und Nicht-Seele; das Konditionale Entstehen, das Reifen des Kamma, der Heilsweg usw.

Die Meditationstechniken der (c) Versenkung und (d) Analyse sind nicht ohne Gefahren. Ein Zuviel hat psychisches Ertrinken zur Folge, unvorsichtige Handhabung kann zu geistigem Dérangement führen. In den psychiatrischen Kliniken in Colombo, Rangun und Bangkok gibt es Patienten, die ihre geistige Gesundheit durch falsche Meditation eingebüßt haben. Die Freunde der Meditation sehen dies als Beweis für die Wirksamkeit der Meditation an, die bei richtiger Anwendung folglich heilsame Ergebnisse zeitigen müsse.

(e) Anders als die bisher beschriebenen Meditationstechniken, die nur dem Meditierenden nützen, wirkt die synthetische Technik nach außen und in die Gesellschaft hinein. Ihren Namen »Die vier Brahma-Weilungen« (*brahmavihāra*) hat diese Meditation nach dem Hindugott Brahma(n), der mit vier Gesichtern in alle Richtungen schauend dargestellt wird. Hat der Meditand in sich Güte (*mettā*) erzeugt, macht er seinen Geist »grenzenlos« und strahlt die Güte auf die Wesen in allen Weltgegenden. Später durchstrahlt er die Richtungen in gleicher Weise mit Mitleid (*karuṇā*), Mitfreude (*muditā*) und Gleichmut (*upekkhā*; D 13, 76 ff.). Die Ausstrahlungen üben einen handfest realen Einfluß aus: Vom Buddha wird, wie erwähnt, berichtet, er habe sogar einen gegen ihn anstürmenden Elefanten durch das Entgegenstrahlen von Güte besänftigt. Oft werden die Brahma-Weilungen von einer Gruppe gemeinschaftlich vollzogen, um den Effekt zu verstärken.

Zufolge einer Stelle des Aṅguttaranikāya (2, 3, 10) sind bei den Meditationen Beruhigungs- (*samatha*) und Einsichts- (*vipassanā*) Meditationen zu differenzieren. Man könnte annehmen, daß zur letzteren Gruppe die analytischen Techniken (d), zur ersteren alle aufs Innenleben wirkenden Techniken gehören, aber die Meditationsmeister Asiens ziehen die Trennlinie anders. In Ceylon kursiert die Meinung, Beruhigungsmeditationen seien jene, die sich auf statische (innere

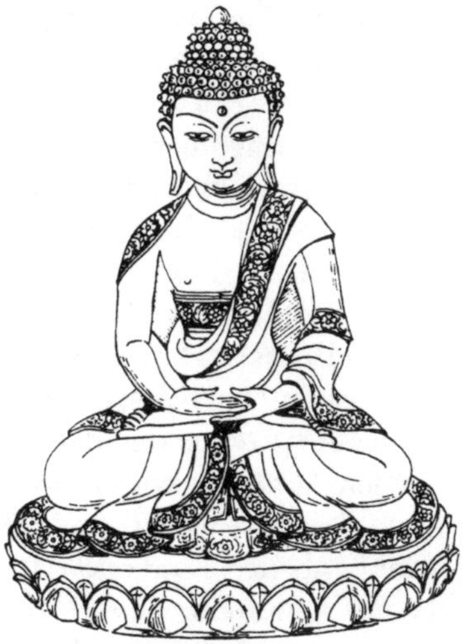

Gotama in Meditation (nach einer tibetischen Bronze, vermutlich 17. Jahrhundert)

oder äußere) Gegenstände richten, Einsichtsmeditationen dagegen hätten dynamische (innere oder äußere) Gegenstände und Vorgänge zum Thema. Demgegenüber behaupten burmesische Meditationsfachleute, zwischen Beruhigungs- und Einsichtsmeditationen bestehe kein thematischer, sondern ein methodischer Unterschied: Jede analytische Meditation könne auf beide Weisen geübt werden. Verwende man sie, um durch Einengung des Beobachtungsfeldes ablenkende Reize auszuschalten, bewirke sie Beruhigung und ertöte die Gier. Benutze man sie, um einen Gegenstand geistig zu durchdringen, erzeuge sie Durchschauung oder Einsicht und vernichte die Unwissenheit. – Keine der Auffassungen läßt sich durch die Pāli-Texte be- oder widerlegen.

Buddhistische Autoren betonen die Wichtigkeit des Achtweges für die Erlösung mit gutem Grund, denn für die Fußgänger zur Erlösung, also die Mehrheit, gibt es keinen anderen Weg. Die Pāli-Quellen berichten jedoch wiederholt von Menschen, die, ohne den Achtweg bewußt beschritten zu haben, nach einer einzigen Belehrung über den Dhamma das Heilsziel erreicht haben: Kammisch besonders gut Disponierte, deren geistiges Kaliber ausreichte, die Vernichtung der wiedergeburtlichen Triebkräfte allein durch Erkenntnis zu bewirken. Ausschlaggebend für die Erlösung ist die Ausrottung von Unwissenheit, Gier und Haß, nicht der Achtweg an sich, der lediglich ein Hilfsmittel zur Läuterung darstellt.

Zur Ergänzung des Achtweges, der die erlösungsförderlichen Verhaltensweisen aufführt, wurde schon früh in der Geschichte des Buddhismus eine Liste der zu vermeidenden, weil zu kammischem Abstieg führenden Handlungen verlangt. Der so entstandene Katalog besteht aus zehn Negativ-Regeln, deren erste fünf für alle Bekenner, Laien wie Mönche, bindend sind. Die Negativ-Regeln sechs bis zehn haben mehr disziplinären als ethischen Charakter und gelten nur für die Träger der gelben Robe:

(1) Vermeidung des Zerstörens von Leben,
(2) Abstehen vom Nehmen nicht gegebener Dinge,
(3) Enthaltung von unkeuschem Wandel,
(4) Vermeidung von Lüge,
(5) Enthaltung vom Genuß berauschender Getränke,
(6) Enthaltung vom Essen nach Mittag,
(7) Sich-Fernhalten von Tanz, Musik und Schaudarbietungen,
(8) Vermeidung von Blumenzierat, Parfüm, Schminke und Schmuck,
(9) Nichtbenutzung hoher und üppiger Betten,
(10) Nichtannahme von Gold und Silber.

Bei aller Wichtigkeit, die Gotama sittlicher Zucht (*sīla*) beimißt – höher noch wertet er die Güte (*mettā*) zu den Wesen. Sie wird als Wohlwollen ohne innere Bindung verstanden und hat den Zweck, aus dem eigenen Herzen den Haß zu entfernen. Sie dient der eigenen Läuterung und Erlösung.

> *Was es auch immer an (kammisch) grundlegenden Schätzen verdienstlicher Taten gibt, sie alle sind nicht ein Sechzehntel der Güte, der Erlösung des Denkens wert. Nachdem die Güte sie übertroffen hat, leuchtet sie und flammt und strahlt.*
>
> ...
>
> *Wenn mit wohlgesinntem Geist nur* einem *Wesen*
> *jemand Güte zeigt, entsteht ihm daraus Heil;*
> *wer mit mitleidvollem Denken* allen *Wesen (Güte zeigt),*
> *der Edle schafft sich reichliches Verdienst.*
>
> *(Itiv 27 S. 19 und 21)*

Das berühmteste buddhistische Dokument über die Güte ist das in Ceylon und Südostasien täglich tausendfach zitierte Mettāsutta. Es richtet sich zwar an die Mönche, gilt nicht minder aber für Laienbekenner. Das Original ist reimlos.

Das Sutta von der Güte (*Mettāsutta*)

1. So soll der handeln, der das Heil erstrebt,
nachdem die Stille Stätte[18] er erkannt:
Er sei energisch, aufrecht, unbeirrt,
(doch) sanft und ansprechbar, hat Stolz verbannt.
2. Genügsam (sei er), unschwer zu versorgen,[19]
bescheiden, nicht betriebsam, (ferner) klug,
er zügelt seine Sinne; bei Familien
ist er nicht anspruchsvoll, hat leicht genug.
3. Nicht gilt sein Trachten einem mindren Ziele,
das ihm von Weisen trüge Tadel ein:

18 Nibbāna. *Erkannt* heißt, als Ziel erkannt, noch nicht verwirklicht.

19 Der Vers ermahnt den Mönch zu Bescheidenheit beim Einholen der Almosenspeise.

Den Wesen *allen* werde Glück und Frieden,
sie *alle* mögen (vollauf) glücklich sein!

4. Was immer es da gibt an Lebewesen –
ob sie umherziehn mögen oder standfest,
(flach) ausgestreckt sind oder hochgestaltig,
klein oder mittel, schwächlich oder handfest,

5. vor Augen oder aber im Verborgnen,
(hier) in der Nähe oder fern daheim,
geboren oder erst noch im Entstehen –:
Die Wesen *alle* mögen glücklich sein!

6. Er sollte niemals einen Andern schmähn
und niemanden, wo immer auch, verachten;
aus Ärger und aus Feindlichkeit soll man
sich gegenseitig nicht nach Unheil trachten.

7. Gleich einer Mutter, die den eignen Sohn,
den einzigen, beschützt mit ihrem Leben,
soll gegenüber *allen* Wesen er
den Geist von Schranken frei zu machen streben.

8. Zur ganzen Welt soll Güte er entfalten
und seinen Geist von Schranken (ganz) befrein',
nach oben, unten und in flacher Richtung,
nicht eingeengt, von Haß und Feindschaft rein.

9. Ob stehend, gehend, sitzend oder liegend:
Wie immer er der Schlaffheit nicht verfällt
soll diese Geisteshaltung[20] er erzeugen:
Dies nennt man »Brahma-Weilung« in der Welt.

10. Indem er keiner Falschen Ansicht huldigt,
die Sīlas pflegt, und wenn Erkenntnis sein,
hat er die Gier nach Lüsten überwunden:
Er geht in keinen Mutterschoß mehr ein.

(Snip 1, 8 = Khp 9)

20 *Sati.* Gemeint ist das in Strophe 8 beschriebene Durchstrahlen der Himmelsrichtungen mit Güte: Die Meditation der Brahma-Weilung.

Güte (*mettā*) und Mitleid (*karuṇā, anukampā*) geben der Ethik die Lebenswärme, ohne sie ist jede Ethik steinern und kalt. Selbst wenn Räuber und Mörder einem Buddhamönch mit der Säge die Glieder abtrennten, würde dieser, wenn er darüber in Zorn geriete, die Weisung des Buddha nicht erfüllen. Auch in dieser Lage hätten sich die Mönche so zu üben:

> *Nicht soll unser Denken aus der Fassung geraten, und nicht wollen wir ein böses Wort äußern. Freundlich und mitleidvoll wollen wir weilen mit einem Denken voller Güte, ohne innere Abneigung. Nachdem wir jene Person mit einem Geiste voller Güte durchdrungen haben, wollen wir (in diesem Zustand) verweilen. Nachdem wir, damit beginnend, die ganze Welt mit einem Geiste voller Güte, mit entfaltetem, geweihtem, grenzenlosem, friedlichem, nicht bindendem (Geiste) durchdrungen haben, wollen wir (in diesem Zustand) verweilen.* *(M 21 I S. 129)*

Das buddhistische Ideal von Güte und Mitleid wirkte tief auf das Leben Altindiens ein, zumal in der Medizin. Der herkömmliche Standesbrauch empfahl den Ärzten, die Behandlung von unheilbar Kranken abzulehnen, da der Tod des Patienten ihrem Ruf schade. Es waren die buddhistischen Ärzte, die das Mitgefühl mit dem Schwerkranken über ihre Reputation stellten und zur Erfüllung des Mitleidsideals auch hoffnungslose Fälle übernahmen.

Eine Eigenart des Theravāda-Buddhismus ist es, daß jeder seine Erlösung selber verwirklichen muß und die Möglichkeit des Heilsbeistandes von außen, ausgenommen durch Belehrung über den Weg, verneint wird (Dhp 165). Der Buddha, verloschen und unerreichbar, kann nicht helfen und wäre, sogar wenn er noch lebte, außerstande, das Kammagesetz zugunsten eines Heilssuchers außer Kraft zu setzen. Dennoch spielt der Glaube (*saddhā*), genauer: das Glaubensvertrauen zum Buddha, auch im Theravāda eine Rolle. Nur ein Buddha ist imstande, die volle Wirklichkeit zu sehen und den Heilsweg bis zum Ziel zu überschauen. Ohne gläubiges Vertrauen auf die Richtigkeit der von ihm offenbarten Erkenntnisse würde kein Anfänger die Mühen des Heilsweges auf sich nehmen; ohne Glaubensvertrauen könnte deshalb keiner die Erlösung erreichen.

13. Das Heilsziel: Nibbāna

Wer durch Verwirklichung des Achtweges die Erleuchtung und Erlösung erlangt hat, wird damit zum Heiligen (*arahant*). Die Heiligkeit steht Männern und Frauen gleichermaßen offen, nicht dagegen die Buddhaschaft, die nur ein Mann erwerben kann (A 1, 15). Was den Buddha von einem Heiligen unterscheidet, ist weniger der Umfang als die Quelle seines Heilswissens. Der Heilige verdankt seine Leidensbefreiung der Unterweisung, der Ehrentitel »Buddha« bleibt demjenigen vorbehalten, der das Heil ohne Belehrung durch eigene Erkenntnis verwirklicht hat. Einen Buddha, der sein Heilswissen für sich behält, bezeichnen die Pāli-Bücher als Privat- oder Für-sich-Buddha (*paccekabuddha*), jenen, der den Dhamma verkündet, als Vollkommenen Buddha (*sammāsambuddha*).

An Aussagen über das Nibbāna, »Verlöschen«, herrscht im Pāli-Kanon kein Mangel; allerdings kommen Affirmationen vorwiegend in erbaulichen und dichterischen Passagen vor. Sie bezeichnen Nibbāna als Glück, Friede, Stille Stätte, Sicherheit, Zuflucht, Ziel, Reinheit, Wahrheit, Gesundheit, das Höchste, Ewige, Ungeschaffene, Unendliche, Gute und Beständige. Die Ausdrücke machen deutlich, daß Nibbāna als ein Positivum verstanden wird, jedoch sollte man poetische und von der Begeisterung eingegebene Äußerungen nicht auf die philosophische Goldwaage legen.

Die philosophischen Abschnitte des Kanons widersprechen den dichterischen keineswegs, bedienen sich aber negierender Ausdrucksweise, da das Verlöschen ja primär ein Freiwerden ist: die Vernichtung aller Faktoren, die an den Saṃsāra und sein Leiden binden. So definiert der Dīghanikāya das Nibbāna als Zerstörung der zur Wiedergeburt treibenden Gier (D 14, 3, 1), als Erlöstheit von den Drei Grundübeln Begehren, Haß und Verblendung (D 16, 4, 43), aus denen die wiedergeburtlich wirksamen Taten hervorgehen, und als Zur-Ruhe-Kommen der Tatabsichten (*saṅkhāra*; D 14, 3, 1), die die Urheber neuer Existenzformen sind. Nibbāna läßt sich nicht durch Taten (*kamma*) realisieren, ist nicht die Endstation des kammischen Weges, sondern liegt eben im Freiwerden von kammischen Zwängen. Es tritt ein, wenn Guthaben und Belastungen auf dem kammischen Konto sich aufheben und das Konto gelöscht ist. Während die wiedergeburtlichen Existenzformen »durch Tatabsichten erwirkt« (*saṅkhata*) sind, ist Nibbāna »durch Tatabsichten unerreichbar« (*asaṅkhata*). Eben darum ist es von Entstehen, Vergehen und Veränderung frei (A 3, 47).

Nibbāna bedeutet aber nicht allein das Aufgeben wertnegativer Qualitäten – auch die liebgewordenen Ideale hat ein Erlöster abzulegen: das Nibbānastreben und die Buddhalehre. Denn da Nibbāna als die Beendigung aller Gier nur eintreten kann, wenn es selbst kein Objekt der Gier ist, erweist sich das sehnsüchtige Denken an die Erlösung als Erlösungshindernis. Nibbāna läßt sich nur mit einer gelassenen inneren Einstellung, gewissermaßen absichtslos verwirklichen. Und da ferner alle geistigen Werte, sobald sie erlangt sind, zu festen Besitztümern werden, an denen das Herz des Besitzers hängt, ist auch die Buddhalehre im Nibbāna aufzugeben. Hat man den Leidensstrom überquert und das Ufer der Erlösung erreicht, ist die Lehre als Floß zum Heil nutzlos geworden (M 22 I S. 135).

Bei aller Verschiedenheit haben Nibbāna und empirische Person doch eines gemeinsam: Sie sind und haben beide keine Seele:

Unbeständig sind alle Persönlichkeitsbestandteile (saṅkhāra)[21]*, leidhaft, ohne Seele und (durch Tatabsichten) bedingt (saṅkhata).*
Und auch Nibbāna ist ein Begriff ohne Seele, das ist gewiß.
(Par 3, 1 Vin V S. 86 v. 1)

Je nachdem, ob der zur Erlösung Erloschene noch lebt oder gestorben ist, unterscheidet man Vortodliches und Nachtodliches Nibbāna. Im ersteren sind die an den Wiedergeburtenkreislauf bindenden Faktoren vernichtet, aber der Erlöste als Person existiert weiter; im letzteren ist der Erlöste auch als wahrnehmendes Wesen aufgehoben (Itiv 44 S. 38).

Der Erlöste im Vortodlichen Nibbāna ist in allem, das ihn betrifft, durch Gleichmut gekennzeichnet. Da er den Rest seines alten Kamma noch ab-leben muß, ist er physischer Anfälligkeit, Schmerzen und Unfällen nicht enthoben, diese beunruhigen ihn aber nicht mehr. In der Gewißheit, saṃsārischer Verkettung entronnen zu sein, lebt er dem Nachtodlichen Nibbāna entgegen.

Am Begriff des Nachtodlichen Nibbāna – oft *Pari-*, d. h. »Rundum«-Nibbāna genannt – wird deutlich, wie eng die buddhistische Erlösungsvorstellung und die Lehre von der Nicht-Seele zusammenhängen. Würde Gotama die Existenz einer Seele anerkennen, müßte diese als etwas Ewiges auch im Parinibbāna fortdauern und Parinibbāna wäre eine Art Paradies, in dem die erlöste Seele Ruhe findet. Da Gotama aber Seelenlosigkeit lehrt, wird Parinibbāna einfach im Zerfall der Fünf Gruppen (*khandha*) gesehen, welche die Person des Erlösten ausmachten. Von einem Erlösten gehen keine kam-

21 *Saṅkhāra* heißen die Fünf Gruppen (*khandha*) der Person, wenn betont wird, daß sie *saṅkhata* sind: kammisch geschaffen durch die Tatabsichten (*saṅkhāra*) der Vorexistenz. Als Bezeichnung der empirischen Person erinnert *saṅkhāra* – wörtlich »Zusammenmachung« – daran, daß die Person aus den Fünf Gruppen besteht.

mischen, neue Wiedergeburt bedingenden Impulse mehr aus. Wenn er stirbt, ist sein Tod endgültig, neue »Gruppen« entstehen nicht mehr, die Konditionalkette seiner Wiedergeburten reißt ab. Der gegen den Buddha erhobene Vorwurf, er sei ein Lehrer der Vernichtung (*venayika*) und propagiere die Zerstörung der Person, trifft daneben. Denn da er die empirische Person nicht als etwas Seelenhaftes auffaßt, kann von der Vernichtung einer »Person« im Parinibbāna keine Rede sein. Zu Recht verwahrt er sich gegen jene Kritik:

> *Was ich nicht bin, Mönche, was ich nicht sage, dessen beschuldigen mich ehrwürdige Samaṇas und Brahmanen fälschlicherweise. Früher und heute, Mönche, lehre ich nur eins: Das Leiden und des Leidens Aufhebung. (M 22 I S. 140)*

Überzeugungskräftig ist diese Verteidigung nur für denjenigen, der die Gleichung: Konditionalnexus = empirische Person = Leiden verstanden hat.

Die Pāli-Quellen versuchen, sowohl den inneren als auch den äußeren Zustand des Nachtodlich Erlösten ahnbar zu machen. Wie zu erwarten, tun sie dies durch Negationen.

Da mit der Auflösung der empirischen Person im Parinibbāna auch das apperzipierende Bewußtsein des Erlösten ein Ende findet, hat die Welt für ihn aufgehört zu existieren. Für ihn ist, wie der Buddha ausführt, Nibbāna

> *der Bereich, wo weder Erde noch Wasser, nicht Feuer noch Luft ist; nicht der Bereich der Unendlichkeit des Raums, nicht der Bereich der Unendlichkeit des Bewußtseins, nicht der Bereich der Nichtsheit noch der Bereich der Nichtwahrnehmung oder Wahrnehmung; nicht diese Welt noch eine jenseitige Welt, nicht beide: Sonne noch Mond. Dies, Mönche, nenne ich nicht Kommen und Gehen, nicht Zustand noch Verfall oder Entstehung; ohne Grundlage, Fortentwicklung und Bedingung ist es: Eben dies ist das Ende des Leidens.* *(Ud 8, 1 S. 80)*

Auf die Frage des Udāyi, wie dieser Zustand, dieses Nibbāna, in dem es doch kein Empfundenes mehr gibt, als Glück bezeichnet werden könne, erwidert der Mönch Sāriputta: »Gerade das ist ja das Glück, daß es dort kein Empfundenes mehr gibt!« (A 9, 34, 3 IV S. 415)

Die Beschreibung des Vollkommen Erlösten geht über die sprachlichen Ausdrucksmöglichkeiten hinaus. Weder kann man sagen, daß ein Vollendeter im Parinibbāna existiere, noch läßt sich sagen, er existiere nicht (D 15, 32). Die die empirische Person darstellenden Fünf Gruppen, die man im Auge haben könnte, wenn man von ihm spricht, sind abgetan und ohne Möglichkeit, je wieder zu entstehen (M 72 I S. 487 f.). Das beste Vergleichsbild für den Erlösten ist das des Feuers, von dem nach dem Verlöschen (*nibbāna*) niemand sagen kann, wohin es entschwunden ist:

Wie eine Flamme, ausgeweht vom Winde,
verweht ist und Begriffe nicht mehr passen,
so der von Geist und Leib befreite Weise:
Er ist nicht mehr begrifflich zu erfassen. (Snip 1074)

Weder die Sinne noch der Geist sind in der Lage, einen ins Parinibbāna Eingegangenen zu erkennen (S 35, 83), denn er ist unergründlich wie der große Ozean (S 44, 1) und jenseits aller Begreifbarkeit:

Kein Maß gibt's mehr für ihn, der hingeschieden,
es gibt kein Wort, mit dem man ihn begreift;
wenn alle Dinge völlig abgelegt sind,
sind auch Bezeichnungsweisen abgestreift. (Snip 1076)

Hauptschulen des vor-mahāyānischen Buddhismus

Angeblich hundert, wahrscheinlich aber weniger Jahre nach dem Parinibbāna des Buddha spaltete ein Reformbegehren in Fragen der Mönchsdisziplin die Urgemeinde in zwei Gruppen. Die Traditionalisten, die am Alten festhielten und zur Bekundung dessen das Zweite buddhistische Konzil einberiefen, gaben sich den Namen Theravādins, »Anhänger der alten Lehre«, während die Reformler, die behaupteten, in der Mehrheit zu sein, sich als Mahāsāṅghikas, »die Großgemeindler«, bezeichneten. Aus Theravāda und Mahāsāṅghika gingen im Laufe der Jahrhunderte 18 Interpretationsschulen hervor, von denen vier für die Entstehung des Mahāyāna-Buddhismus wichtig wurden. Diese werden im folgenden skizziert.

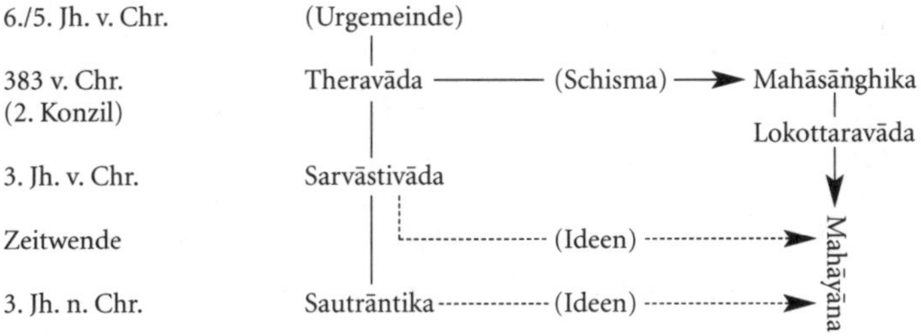

1. Schulen des Theravāda-Zweiges

a) Die Theravāda-Scholastik

Die Theravādins sind es, denen wir die Überlieferung des Pāli-Kanons verdanken. Ohne ihr treues Festhalten an der Tradition wüßten wir über den historischen Buddha und den Ursprung seiner Lehre sehr viel weniger.

Der Pāli-Kanon tradiert aber auch Texte, die vom Stil der frühen Suttas weit abweichen – das ganze Abhidhammapiṭaka gehört dazu, der »Korb der Scholastik«. Zudem sind in der

Pāli-Sprache noch *außerkanonische* Werke erhalten, und zwar Kommentare, Systematisierungen und Kompendien aus der Hand buddhistischer Gelehrter. Der bedeutendste dieser »Scholastiker«, wie man sie zusammenfassend nennt, ist der indische Mönch Buddhaghosa (*Stimme des Buddha*), der von etwa 410 bis 432 n. Chr. in Ceylon (Śrī Laṅkā) gewirkt hat. Sein Hauptwerk ist der Visuddhimagga, »Der Weg zur Läuterung«.

Der Buddha hatte die Wiedergeburt ohne Seele durch das »Entstehen in Abhängigkeit« (*paṭiccasamuppāda*), den »Konditionalnexus« erklärt. Die Scholastiker abstrahierten daraus eine dynamistische Weltauffassung. Das gesamte Dasein, der Mensch inbegriffen, ist ihr zufolge ein Prozeß, der von abstrakten Qualitäten, genannt »Dhammas« (Skt. *dharma*), gebildet wird. Dhammas entstehen aus anderen Dhammas als Voraussetzungen, kombinieren sich mit gleichzeitig vorhandenen Dhammas zu den Dhamma-Verbindungen, die die empirische Welt ausmachen, und vergehen alsbald, um den von ihnen selbst bedingten Dhammas Platz zu machen. Sie sind keine Attribute einer Substanz, sondern gruppieren sich ohne Substrat selber zu den Erscheinungen »Person« und »Welt«. Die Dhammas sind den Einzeltönen einer Melodie vergleichbar. Kein Ton existiert länger als den Sekundenbruchteil, den er zu hören ist, aber gerade dadurch können die Töne sich in rascher Folge ablösen und die Erscheinung einer Melodie hervorrufen. In den von den Dhammas dargestellten Phänomenen erschöpft sich die Wirklichkeit. Es gibt kein Sein, sondern nur ein Fließen.

Beim Menschen lassen sich Innerer und Äußerer Prozeß differenzieren. Der Innere Dhamma-Prozeß erklärt die im Menschen ablaufenden Lebensvorgänge, die Fluktuation unseres Bewußtseins und den ständigen Wechsel unserer Denkinhalte. Die Dhammas, die durch ihre Kombinationen das Denken ausmachen, sind von kürzester Dauer, die Schola-

Kopf eines meditierenden Buddha (nach einer thailändischen Skulptur vermutlich des 14. Jahrhunderts)

stiker berechnen sie auf Tausendstel eines Augenzuckens. Weil der Buddha unter dem Begriff »Welt« dasjenige versteht, was sich im Geist des Menschen als solche abzeichnet, erklärt der Dhamma-Prozeß auch die subjektive Welt, denn von dem Dhamma-Konglomerat, das unseren Geist darstellt, hängt es ab, wie die Welt für uns aussieht.

Der Äußere Dhamma-Prozeß gibt der Wiedergeburt ohne Seele eine theoretische Grundlage. Ein Dhamma-Prozeß wird in Gang gesetzt durch das Kamma und bildet aufgrund eben dieses alten Kamma ein bestimmtes Individuum. Wenn der Dhamma-Prozeß, der bislang den Franz ausmachte, bei dessen Tod zerfällt, bestimmt Franzens hinterlassenes Kamma, welche neuen Dhammas sich zu »seiner« neuen Existenz kombinieren – die dann vielleicht Fritz heißt. Franzens Kamma ordnet geeignete Dhammas zur Wiedergeburtsperson Fritz – ähnlich wie ein Magnet die auf einem Blatt Papier verstreuten Eisenspäne zu einem Muster zusammenzieht.

Wie kaum ein anderes Gedankenelement des Buddhismus ist die Interpretation der empirischen Person als Produkt kurzlebiger Dhammas geeignet, dem Menschen den Glauben an eine den Tod überdauernde Seele auszutreiben. Zwar beziehen sich die Ausdrücke »Leiden«, »Kamma« und »Erlösung« auf ein Subjekt, aber dieses ist nur ein empirisches: eine momentane Dhamma-Verbindung, nichts Wesenhaftes. Buddhaghosa illustriert dies mit Strophen, die er angeblich zitiert, wahrscheinlich aber selbst verfaßt hat:

Nur Leid gibt's, doch keinen Leider,
keinen Täter gibt's, doch die Tat,
Verlöschen gibt's, keinen Verloschnen,
keinen Geher gibt's, doch den Pfad. (Vism 16, 90 II S. 513)

Nicht gibt's einen Täter des Kamma
und keinen, an dem es reift:
Es bewegen sich reine Dhammas –
so (weiß, wer es) richtig begreift. (Vism 19, 20 II S. 602)

Einige Scholastiker haben nicht der Versuchung widerstanden, die Dhammas, die uns und die Welt ausmachen, zählen zu wollen. Das Ergebnis ist ebenso wertlos wie die Dhamma-Listen, in denen aus anderen Zusammenhängen herausgelöste Begriffsgruppen zusammengetragen wurden. Von Bedeutung ist jedoch die Unterteilung der Dhammas in Bedingte (*saṅkhata*) und Nichtbedingte (*asaṅkhata*). Die Bedingten Dhammas sind die Daseinsfaktoren, die durch ihre Fluktuation das Leben und die Welt, aber auch das Leiden (*dukkha*) darstellen. Der *eine* Nichtbedingte Dhamma ist das Nibbāna. Er ist, wie die Beifügung *asaṅkhata* ausdrückt, nicht entstanden aufgrund kammischer Ursachen, sondern existiert seit je und auch in die Zukunft hinein.

Es ist ungewiß, ob die Scholastiker sich darüber klar waren, daß sie dem Nibbāna durch Gleichsetzung mit dem einen Nichtbedingten Dhamma eine neue Interpretation gaben. Denn dem Buddha zufolge ist Nibbāna, »Verlöschen«, der Zustand, der nach der Vernichtung von Gier und Unwissenheit in dem Erlösten *eintritt*. Als Nichtbedingter Dhamma hingegen wird Nibbāna zu einem ewigen Etwas, zu dem der Erlöste *Zugang findet*. Man erkennt, wie die Dhamma-Theorie den mahāyānischen Nirvāṇa-Begriff vorbereitet.

b) Die Sarvāstivādins

Die Sarvāstivāda-Schule, im 3. Jahrhundert v. Chr. entstanden, besaß einen eigenen Schriftenkanon in Sanskrit, von dem in der Originalsprache wenig, in Übersetzungen etwas mehr erhalten geblieben ist. Das wichtigste Sarvāstivāda-Buch ist der in den fünfziger Jahren des 20. Jahrhunderts in Sanskritfassung wiederentdeckte Abhidharmakośa (*Thesaurus der Scholastik*) des Vasubandhu (316–396).

Wie die Scholastiker des Theravāda erklären die Sarvāstivādins die Wiedergeburt ohne Seele durch die Theorie von den (Skt.) Dharmas, verstehen die Dharmas aber anders. Auch nach ihrer Auffassung sind die Bedingten (Skt. *saṃskṛta*) Dharmas nur kurz wirksam; sie entstehen jedoch nicht, sondern existieren seit jeher: Sie wechseln lediglich von der Latenz zur Aktivität über. Der Vorgang erinnert an eine Filmvorführung. Die Bilder auf dem Zelluloidstreifen sind zwar beständig – aktiv aber werden sie erst im Augenblick der Projektion, wenn sie sich zwischen Lichtquelle und Objektiv befinden. Die Folge von Aktivitätsmomenten verschiedener Bilder macht das aus, was man als lebendige Handlung sieht.

Die Sarvāstivādins selbst erklären die Funktion der Bedingten Dharmas am Beispiel eines Steins auf dem Berggipfel.

Lange Zeit liegt der Stein dort oben inaktiv. Eines Tages gerät er ins Fallen, wird aktiv und wirksam, bis er im Tal zur Ruhe kommt und neuerlich in Inaktivität und Unwirksamkeit zurücksinkt. Der Stein auf dem Berg ist ein Dharma der Zukunft, beim Fall ist er ein Dharma der Gegenwart, nach dem Zur-Ruhe-Kommen ein Dharma der Vergangenheit. In dem Stein – wie in den Dharmas – sind die drei Zeiten Vergangenheit, Gegenwart und Zukunft koexistent. »*Alles* (das je war und sein wird) *ist*« (*sarvam asti*), das ist der Kernsatz der Sarvāstivādins, der ihrer Schule den Namen gab.

Von den Theravāda-Scholastikern abweichend erklärten die Sarvāstivādins auch das Nirvāṇa, das bei ihnen aus *drei* Nichtbedingten (*asaṃskṛta*) Dharmas besteht.

c) Die Sautrāntikas

Die Sautrāntikas, deren Schule sich im 2. Jahrhundert n. Chr., also in mahāyānischer Zeit herausbildete, tragen ihren Namen, weil sie den Abhidharma-Teil des Sanskrit-Kanons ablehnten und sich ausschließlich auf dessen Sūtra-Teil (*sūtrānta*) beriefen. Gleich den Theravādins glaubten sie, daß die Bedingten Dharmas nur so lange existieren, wie sie wirksam sind, nahmen hinter der Dharma-Fluktuation aber als Grundlage (*āśraya*) ein zeitloses, als Kontinuum (*santāna* oder *santati*) fungierendes Verbindungsbewußtsein (*pratisandhivijñāna*) an. Ihm prägen sich die Tatabsichten (*saṃskāra*) als karmische Eindrücke (*vāsanā*) auf und verursachen zu gegebener Zeit die Dharma-Kombination, die die nächste Wiedergeburtsexistenz bildet.

Mit der Annahme eines statischen Bewußtseins lieferten die Sautrāntikas die Zentralidee für den Idealismus der (mahāyānischen) Vijñānavāda-Schule.

2. Schulen des Mahāsāṅghika-Zweiges

a) Die Mahāsāṅghikas

Bei den »Großgemeindlern«, die sich nach dem Zweiten Konzil von den Theravādins getrennt hatten, nahmen philosophische Überlegungen weniger Raum ein als religiöse. Einflußreich wurden sie vor allem als soteriologische Neuerer. Dem theravādischen Leitbild des Heiligen (*arahat*) stellten sie das des Bodhisattva entgegen, der sein eigenes Verlöschen aufschiebt, um sich aus Mitleid vorrangig der Heilshilfe für andere zu widmen. Die Anerkennung des Erlösungsbeistandes von außen war der Grund dafür, daß die neue Form von Buddhismus, die vom 1. Jahrhundert v. Chr. an ins Leben trat, ein Mahāyāna, ein »*Großes* Fahrzeug« für *viele* Menschen wurde.

b) Die Lokottaravādins

Die Lokottaravādins, ins 4. oder 3. Jahrhundert v. Chr. anzusetzen, waren Doketiker. Der einst in der Welt aktive, jetzt verloschene historische Buddha Gautama (P: Gotama) sei lediglich eine Projektion des Transzendenten Buddha gewesen, eine aus Geist geschaffene Gestalt (*manomaya rūpa*), dazu bestimmt, den Menschen in der Welt den Weg zur Erlösung zu zeigen. Seinem wahren Wesen nach sei der Buddha überweltlich (*lokottara*) und zeitlos.

Die Lokottaravādins besaßen einen Textkanon in einem mit Dialektformen durchsetzten, dem sogenannten Gemischten Sanskrit. Ein Buch davon ist erhalten geblieben, das Mahāvastu, »Das große Werk«. Seine ältesten Teile könnten aus dem 2. Jahrhundert v. Chr. stammen.

Lumbinī (in Nepāl), der Geburtsplatz des Buddha. Der im 20. Jahrhundert auf alten Fundamenten errichtete Tempel enthielt im Hauptraum ein abgewetztes Steinrelief, das Siddhatthas Geburt aus der rechten Hüfte seiner Mutter darstellt, die sich am Ast eines (Sāla-)Baumes festhält. Nach der Geburt sollen Mutter und Kind in dem Teich im Vordergrund gebadet worden sein. Die Säule ließ im 3. Jahrhundert v. Chr. der Kaiser Asoka aufstellen; durch sie wurde Lumbinī 1896 wiederentdeckt.
Der kleine Tempel, der Buddha-Mutter gewidmet, ist 1997 abgerissen worden, da man darunter »Reliquien« vermutete. Gefunden wurde nichts außer einem Stein ohne Inschrift, der angeblich die genaue Stelle von Siddhatthas Geburt markiert.

Die Asoka-Säule von Lumbinī, 6,40 m hoch. Der Längsriß rührt von einem Blitzschlag. Die Inschrift lautet: Zwanzig Jahre nach seiner Krönung kam König Devānapiya Piyadasi (= Asoka) hierher und bezeugte seine Verehrung, weil der Buddha, der Weise aus dem Sakya-Geschlecht, hier geboren worden ist. Er ließ ein Steinrelief und eine Steinsäule errichten, um anzuzeigen, daß hier der Erhabene geboren wurde. Das Dorf Lumbinī befreite er von Steuern und (setzte) seine Naturalabgaben (von dem üblichen Viertel) auf ein Achtel (herab).
Der chinesische Pilger Xuanzang, der Lumbinī im 7. Jahrhundert besuchte, fand das Kapitell der Säule in Form eines Pferdes abgebrochen auf dem Boden liegend, die Ortschaft Lumbinī verlassen.
Die Regierung von Nepāl hat 1970 für den Ausbau von Lumbinī einen Plan ausarbeiten lassen, der den Ort als Pilgerplatz attraktiver machen soll. Bisher sind ein kleines Museum, eine Bibliothek, vier Klöster und drei Pilgerherbergen entstanden.

Mahābodhi-Tempel und Bodhi-Baum in Bodh Gayā. Der 55 m hohe Tempel stammt im Kern aus dem 1. Jahrhundert n. Chr. Im 5. Jahrhundert ließ ein Gupta-Herrscher den Turm errichten, im 8. Jahrhundert wurde der Tempel vergrößert, im 13. Jahrhundert von islamischen Truppen beschädigt, aber sofort wieder repariert, im 14. Jahrhundert durch die Ecktürme ergänzt und im 19. und 20. Jahrhundert restauriert. Der Assatha-Baum (links am Tempel) wird von frommen Pilgern als der Baum verehrt, unter dem der Buddha die Erleuchtung (bodhi) gewann. Tatsache ist jedoch, daß der Originalbaum zerstört wurde. Der jetzige Baum ist ein Enkel des ursprünglichen Baums, nämlich ein Ableger des Sprosses vom Urbaum, den der Kaiser Asoka im 3. Jahrhundert v. Chr. dem König von Ceylon überbringen ließ und der heute noch in der alten Königsstadt Anurādhapura grünt.

Bodh Gayā ist nicht nur Buddhisten, sondern auch Hindus heilig, denn im 8. Jahrhundert erklärten die Hindus den Buddha zur Neunten Inkarnation des Gottes Viṣṇu. Der Tempel und der Baum der Erleuchtung stehen heute unter gemeinsamer hinduistisch-buddhistischer Verwaltung.
Unter dem Bodhi-Baum-Abkömmling treffen sich Hindus und Buddhisten, um des großen Lehrers zu gedenken.

Sārnāth (Isipatana) bei Benares, der Ort der ersten Lehrrede des Buddha und der Gründung des Mönchsordens. Der 33 m hohe Dhamekh-Stūpa, in seiner heutigen Form im 5. Jahrhundert n. Chr. fertiggestellt, enthält als Kern einen kleinen Ziegel-Stūpa der Asoka-Zeit und bezeichnet die Stelle von Gotamas Predigt an die Fünf Asketen, die dann seine ersten Anhänger wurden.
Von dem einst 60 m hohen Mūlagandhakūṭī-Tempel, der den Ort der ersten Regenzeithütte des Buddha markiert und den Xuanzang im 7. Jahrhundert beschrieb, sind nur die Grundmauern erhalten, ebenso von sieben Klöstern, deren ältestes aus dem 2. Jahrhundert v. Chr., deren jüngstes aus dem 12. Jahrhundert n. Chr. stammt. Vom 13. Jahrhundert ab geriet Sārnāth in Verfall.
Den Tempel im Hintergrund hat 1931 die Mahābodhi Society errichtet.

Der »Geiergipfel« bei Rājagaha. Rājagaha, die Hauptstadt des Königreichs Magadha, dessen Herrscher ein Anhänger des Buddha wurde, war aus strategischen Gründen inmitten von Bergen angelegt und demzufolge im indischen Sommer stickig-heiß, im Monsun feucht-dumpfig. Gotama bevorzugte deshalb als Aufenthaltsstätte den Geiergipfel. Zahlreiche Predigten hat er hier gehalten.

Vom Geiergipfel am Chattha-Berg schweift der Blick hinunter in das heute unbewohnte Tal von Rājagaha. Von der einstigen Stadt ist nichts geblieben.
Der Aufstieg zum Geiergipfel beginnt an den Überbleibseln des Klosters, das Jīvaka, der Leibarzt des Königs Bimbisāra von Magadha und auf königliches Geheiß Betreuungsarzt für den Saṅgha, dem Buddha zum Geschenk gemacht hat. Weiter oben auf dem Pfad, vielleicht auf dem Wegabschnitt im Bild, passiert man die Stelle, wo Devadatta vergeblich versuchte, den Meister durch Hinabrollen eines Felsbrockens ums Leben zu bringen.
Auf der Felsplattform vor einer Höhle des Vebhāra-Berges (rechts oben im Bildhintergrund) versammelte sich kurz nach dem Tode des Buddha das Erste Konzil.

Der Parinibbāna-Stūpa zu Kusināra (heute: Kasia). Mit 80 Jahren trat der Buddha an dieser Stelle ins Nachtodliche Verlöschen ein.
Die Klosterruinen datieren aus dem 1. bis 12. Jahrhundert. Im 4. Jahrhundert scheint der Komplex durch Feuer zeitweilig zerstört gewesen zu sein: Die chinesischen Reisenden Faxian (5. Jahrhundert) und Xuanzang (7. Jahrhundert) fanden ihn aufgegeben; später belebte er sich wieder. Der heutige Stūpa und die Andachtshalle, die einen liegenden Buddha birgt, sind über Ruinen der Guptazeit errichtete Rekonstruktionen des 20. Jahrhunderts.

Anderthalb Kilometer östlich des Parinibbāna-Stūpa von Kusināra bezeichnet der Aṅgāra-Stūpa den Ort der Einäscherung des Buddha. Hier fand auch die Verteilung der Reliquien statt. Schatzsucher haben den oberen Teil des Stūpa zum Einsturz gebracht.
Im Vordergrund eine animistische Kultstätte der Gegenwart.

MAHĀYĀNA – DER BUDDHISMUS DER ERLÖSUNGSHILFE VON AUSSEN[22]

Hīnayāna und Mahāyāna, Unterschiede und Gemeinsamkeiten

Als Mahāyāna, als »Großes Fahrzeug« über den Ozean des Leidens, bezeichnet sich eine Form von Buddhismus, die rund 400 Jahre nach dem Tode des Buddha, d. h. im 1. Jahrhundert v. Chr., in Indien in Erscheinung trat. Stolz darauf, neue und leichtere Wege zum Heil aufzuzeigen und mehr Menschen die Erlösung zu ermöglichen als der ältere Buddhismus, tituliert das Mahāyāna diesen abschätzig als Hīnayāna, »Kleines Fahrzeug« (und schuf damit die einzige zusammenfassende Bezeichnung der vor-mahāyānischen Schulen). Das Hīnayāna sei lediglich der Anfangsteil der Verkündigung des Buddha; nur einen Bruchteil der Lehrdarlegung des Meisters hätten seine einstigen Hörer, unkonzentriert, wie sie gewesen seien, ins Gedächtnis aufnehmen können (SP 3 S. 47). Umgekehrt betrachten die Hīnayānins das Mahāyāna als eine Entstellung dessen, was der Buddha gelehrt hat.

Geht man den Verschiedenheiten zwischen Hīna- und Mahāyāna-Buddhismus im einzelnen nach, dann zeigt sich, daß »typisch mahāyānisch« anmutende Lehrelemente schon im Pāli-Kanon keimhaft nachweisbar sind. Neu indes ist der Akzent, den sie im Mahāyāna erhalten – neu ist der Geist, der das Mahāyāna durchweht und die Zweite Drehung des Dhar-

---

22 Von diesem Kapitel an werden alle indischen Namen und Begriffe in Sanskrit angegeben.

ma-Rades in Gang setzt. Die markantesten Unterschiede zwischen dem Kleinen und dem Großen Fahrzeug sind folgende acht:

(1) In bezug auf die Wirklichkeit der Welt vertritt das Hīnayāna einen psychologischen Realismus, das Mahāyāna einen Idealismus. Das Hīnayāna hält das Leiden für real, das Mahāyāna für Schein (den allerdings nur der Weise als Schein erkennt).

(2) Während das Hīnayāna ein »Ding an sich« hinter den Erscheinungen bestreitet, lehrt das Mahāyāna ein Absolutes. Dieses ist nicht jenseitig, sondern allen empirischen Wesen und Dingen inhärent: Es ist die Leerheit (*śūnyatā*).
Als Konsequenz dieser Auffassung betrachtet das Mahāyāna die Wesen aller Daseinsformen als mit dem Absoluten identisch und essentiell erlöst.

(3) Im Hīnayāna gilt Gautama als Mensch und Lehrer, allenfalls als Übermensch. Im Mahāyāna wird er als Projektion des Transzendenten Buddha interpretiert; seine irdische Gestalt sei ein Scheinleib.

(4) Während im Hīnayāna die Erlösung durch eigene Kraft erwirkt werden muß, hält das Mahāyāna Erlösungsbeistand durch andere für möglich. Es ergänzt die frühbuddhistische Eigenerlösung durch die Methode der Fremderlösung.

(5) Die strenge Kausalität des hīnayānischen Karman-(P: Kamma-)Gesetzes, demgemäß jeder sich bessere Wiedergeburt selbst zu erarbeiten hat, wird im Mahāyāna durchbrochen durch die Vorstellung, daß karmisches Verdienst sich auf andere Personen übertragen lasse.[23]

(6) Die hīnayānischen Schulen sehen das Heilsziel darin, das eigene Erlöschen, Nirvāṇa (P: *nibbāna*), zu verwirklichen. Die Mehrheit der Mahāyānins hat sich das Zwischenziel der Bodhisattvaschaft gesetzt, um *alle* Wesen zur Erlösung zu führen. Die eigene Leidensbefreiung ist für sie sekundär.

(7) Nirvāṇa, im Hīnayāna als Vernichtung von Gier, Haß und Verblendung und Befreiung vom karmisch-saṃsārischen Zwang definiert, wird im Mahāyāna als Bewußtwerden der eigenen wesenhaften Leerheit = Absolutheit = Erlöstheit verstanden. Der Hīnayānin muß sich Nirvāṇa schaffen, der Mahāyānin *ist* bereits erlöst, muß sich dieser Tatsache aber erlebnishaft bewußt werden.

(8) Hīna- und Mahāyāna haben unterschiedliche Grundeinstellungen zum Dasein. Das Hīnayāna will die Welt und ihr Leiden überwinden: durch Analyse ihrer Mechanik und Nutzung der Erkenntnisse für das karmische Verhalten. Das Mahāyāna will ihr helfen: Es erzieht seine Bekenner zum Einsatz für andere und erlaubt ihnen Zuflucht zu transzendenten Wesen. Das hīnayānische Rationaldenken wird im Mahāyāna von der Erfahrung des Numinosen überlagert. Der nüchternen Haltung des Hīnayāna steht die Gefühlswärme des Mahāyāna, der Schlußfolgerung das Paradoxon, der Vernunft die Weisheit gegenüber.

Aus diesen Gegensätzen resultiert für die beiden Lehrrichtungen ein Unterschied im Daseinsgefühl, der leichter zu empfinden als zu beschreiben ist. Faszinieren beim Hīnayāna dessen Immanenzdenken und sein Vertrauen auf die eigenen

---

23 In diesem Punkt differieren Hīna- und Mahāyāna allerdings nur in den Texten. Der theravādische Volksbuddhismus Ceylons und Südostasiens hat die Übertragung (P: *pattidāna*, »Weitergabe«) karmischen Verdienstes seit jeher anerkannt, meist mit der Absicht, einem lieben Verstorbenen heilsames Karman (P: *kamma*) »nachzusenden«.

ethischen Fähigkeiten, so beim Mahāyāna die Farbigkeit seiner spirituellen Welt und das tröstliche Wissen, im Absoluten erlöst zu sein. Der Hīnayānin ist wie ein energischer Mann, der, vom langen Wege zwar müde, aber durch einen Wegweiser zu raschem Schritt angespornt, unter heller Sonne einem fernen Ziel zustrebt. Der Mahāyānin gleicht einem reifen Manne, der sich ohne Hast in der Geborgenheit eines geräumigen Hauses bewegt, dem dunkel-bunte Porträts an den Wänden warme Atmosphäre geben. Wer sich dem ersteren Manne anschließen will, wird zu wackerem Mitschreiten aufgefordert werden. Der ältere Mann hingegen wird bitten, sich zu Hause und am Ziel zu fühlen, wird einladen zu einem Gespräch über die Aufgabe des Menschseins – und zu einer Tasse Tee.

Aus den Verschiedenheiten zwischen dem Kleinen und dem Großen Fahrzeug und den Disputen ihrer Anhänger könnte jemand folgern, Hīna- und Mahāyānins hätten in Zank gelebt. Das stimmt jedoch keineswegs. Die Bhikṣus (P: *bhikkhu*) beider Fahrzeuge wohnten in gemeinsamen Klöstern und folgten denselben monastischen Regeln. Solch friedliches Miteinander entspricht nicht nur der vom Buddha geforderten Toleranz, sondern resultiert auch aus seinem Pragmatismus, dem zufolge jede Lehre gutzuheißen ist, die karmisch unheilsame Taten mindert und zu heilsamen Taten anregt. Keine der beiden Mönchsfraktionen hat jemals bestritten, daß die Lehre des anderen Fahrzeugs diese Bedingung erfüllt. Nach dem Verhalten, das sie bei ihren Bekennern begründet, ist auch die andere Lehre »richtig«.

Westliches Denken, auf Abgrenzung und scharfe Konturen bedacht, fragt zuerst nach den Unterschieden, östliches Denken nach dem Gemeinsamen: Welche Züge sind es, die Hīna- und Mahāyāna verbinden? – Den aufgeführten acht Unterschieden stehen die folgenden sechs Gemeinsamkeiten gegenüber:

(1) Das gläubige Vertrauen in die Wegweisung des Buddha, sei er als irdischer Lehrer, als Übermensch oder als transzendentes Wesen verstanden.

(2) Die Anerkennung von Wiedergeburt und Karman bei gleichzeitiger Leugnung einer den Tod überdauernden Seele.

(3) Die Ersetzung des Substanzbegriffs durch das Prinzip der Konditionalität und dementsprechend die Auffassung der Person und der Erscheinungswelt als ständiges Fließen.

(4) Der Mittlere Weg, nämlich (in der Wiedergeburtslehre:) weder derselbe noch ein anderer wird wiedergeboren; (in der Ontologie:) weder Ewigkeit noch Vernichtung der Welt; (in der Ethik:) weder Genußmensch noch Asket.

(5) Die Überzeugung, daß die Erlösung vom saṃsārischen Zwang durch die Vernichtung von Gier, Haß und Verblendung und durch Erleuchtung oder Weisheit zu gewinnen ist.

(6) Das Heilsziel des Nirvāṇa, des »Verlöschens« der stets mit Leiden verbundenen empirischen Person.

Nicht nur verbinden diese sechs Punkte die buddhistischen Schulen miteinander, sie differenzieren sie auch vom Hinduismus und den anderen Religionen des indischen Subkontinents.

Die Literatur des Mahāyāna-Buddhismus

Die im Pāli-Kanon überlieferten Lehrreden (P: *sutta*) des Buddha haben normale Sprechlänge und füllen im Druck selten mehr als zwanzig Seiten. Die mahāyānischen Sūtras dagegen, von anonymen Autoren in Reinem oder Gemischtem Sanskrit verfaßt, sind Hunderte von Seiten stark.

Werden die hīnayānischen Suttas ihres Inhaltes wegen geschätzt, so besitzen die Mahāyānasūtras daneben noch einen »magischen« Wert. Jede Wahrheit (*satya*), ungeachtet ihres inhaltlichen Gewichts, ist wirkkräftig[24]. Wie wirkgewaltig muß ein Buch sein, das die ganze Wahrheit der Buddhalehre enthält! Infolge dieser Anschauung behaupten einige mahāyānische Bücher, das Werk schütze denjenigen, der es geistig beherrscht, gegen Angriffe, heile seine Krankheiten und erfülle seine Wünsche. Man mag die magische Verwendung der Sūtras als Aberglauben abtun; immerhin steckt dahinter die Überzeugung, daß die Wahrheit als Prinzip obsiegen wird.

Nach inneren Kriterien sind bei den Mahāyānasūtras zwei Typen zu erkennen: Philosophische Sūtras und devotionale. Die philosophischen Sūtras befassen sich vorwiegend mit dem Absoluten, d. h. der Leerheit, die als Letzte Realität in Buddhas, Wesen und Dingen geahnt wird. Ihr Ursprungsgebiet läßt sich auf den indischen Unionsstaat Āndhra Pradesh, genauer auf die Gegenden um Nāgārjunakoṇḍa (heute vom Krishna-Stausee überschwemmt) und Amarāvatī lokalisieren. Die devotionalen Sūtras andererseits haben ihre Lebensmitte in der Buddhologie und der Bodhisattva-Lehre und fordern

24 Der Glaube an die Wirksamkeit der Wahrheit zur Abwehr von Gefahren und Erreichung von Wünschen ist vorbuddhistischen Ursprungs, hat sich aber bei allen buddhistischen Schulen eingebürgert. Bei der »Betätigung der Wahrheit« (*satyakriyā*, P.: *saccakiriyā*) kann die Wahrheit auch ein Glaubenssatz sein, z. B.: »Der Buddha ist ein wertvolles Juwel – *durch diese Wahrheit* werde Heil!«

vom Bekenner Frömmigkeit und altruistischen Einsatz. Sie entstanden zumeist im nordindischen Raum. Verfaßt wurden die Sūtras zwischen dem 1. Jahrhundert v. Chr. und dem 6. Jahrhundert n. Chr. Das Mindestalter eines jeden Werks ergibt sich aus dem Datum seiner Übertragung ins Chinesische.

Aus der einstigen Fülle von indischen Mahāyāna-Werken ist nur ein Teil in der Originalsprache Sanskrit erhalten geblieben. Vieles ist bei der Brandschatzung buddhistischer Klöster durch die Hūṇas (6. Jahrhundert), weit mehr noch durch die nach Indien vordringenden Muslims (12./13. Jh.) zugrunde gegangen. Zum Glück waren zahlreiche Mahāyāna-Werke vor der Zerstörung des Originals schon ins Chinesische (ab dem 2. Jahrhundert) und/oder Tibetische (ab dem 8. Jahrhundert) übertragen worden und haben in diesen Sprachen außerhalb Indiens überlebt.

Die folgende Liste enthält die Mahāyānasūtras, die in Sanskrit erhalten und in Druckausgaben greifbar sind:

Daśabhūmika (= Daśabhūmīśvara)[25]
Gaṇḍavyūha[25]
Guṇakāraṇḍavyūha
Kāraṇḍavyūha
Karuṇāpuṇḍarīka
Kāśyapaparivarta[26]
Lalitavistara
Laṅkāvatāra
Prajñāpāramitā
Rāṣṭrapālaparipṛcchā[26]
Saddharmapuṇḍarīka
Śālistamba
Samādhirāja (= Candrapradīpa)
Sukhāvatīvyūha[26]
Suvarṇaprabhāsa
Ugraparipṛcchā[26]

25 Diese Sūtras sind Teile des ansonsten in Skt. verlorenen, aber chinesisch und tibetisch konservierten Avataṃsakasūtra, das aus zahlreichen Einzelwerken besteht.

26 Diese vier sind die einzigen in Skt. erhaltenen Bücher der Sūtrensammlung Ratnakūṭa, die chinesisch und tibetisch tradiert ist.

Das Prajñāpāramitāsūtra setzt sich aus rund 40 Büchern oder Einzelsūtras zusammen, von denen die folgenden in Sanskrit vorliegen:

Adhyardhaśatikā (Fragment)
Aṣṭadaśasāhasrikā
Aṣṭasāhasrikā
Hṛdaya (in 2 Rezensionen)
Kauśikā
Mañjuśrīparivarta (= Saptaśatikā)
Pañcaviṃṣatisāhasrikā
Ratnaguṇasamcayagāthā (= Verszusammenfassung der Aṣṭasāhasrikā)
Śatasāhasrikā
Suvikrāntavikrāmīpariprcchā (= Sārdhadvisāhasrikā)
Svalpākṣara
Vajracchedikā (= Triśatikā).

Die Aṣṭasāhasrikā (*Weisheitsvollkommenheit in achttausend Zeilen*), im 1. Jahrhundert v. Chr. entstanden, ist das älteste Mahāyānasūtra überhaupt und das Kernbuch der Prajñāpāramitā-Literatur, aus dem alle anderen Werke dieser Gruppe abgeleitet sind. Manche Mahāyāna-Mönche verehrten die Prajñāpāramitā-Bücher höher als den Buddha, denn die Vollkommenheit (*pāramitā*) der Weisheit (*prajñā*) ist die Voraussetzung und der Inhalt der Buddhaschaft.

R. F. Gombrich hat die (überzeugende) Hypothese vorgetragen, das Mahāyāna verdanke seine Entstehung weitgehend dem Umstand, daß im 1. Jahrhundert v. Chr. – wahrscheinlich durch das Verfügbarwerden besseren Beschreibmaterials – die Kunst des Schreibens in Indien einen Aufschwung genommen hatte. In den Jahrhunderten zuvor existierten buddhistische Texte lediglich als memorierte Kompendien in den Köpfen von Mönchen. Was nicht zum Kanon gehörte, war zur Vergessenheit verurteilt, weil der Saṅgha es nicht auswendig lernte und nicht weitertradierte. Mit dem Populärwerden des Schreibens wurde das anders. Jeder konnte jetzt seine Auslegungen und Erkenntnisse niederschreiben oder niederschreiben lassen und als Buch in Umlauf setzen; keine Orthodoxie war imstande, die schriftlich zirkulierenden neuen Ideen an der Verbreitung zu hindern. Das Mahāyāna machte von dem neuen Verbreitungsmedium Gebrauch und trat von Beginn an mit geschriebenen Sūtras in Erscheinung.

Einige davon wurden später zu Basistexten philosophischer Schulen. Nāgārjunas Madhyamaka-Schule beruft sich auf das Prajñāpāramitāsūtra; Asaṅgas und Vasubandhus Vijñānavāda-Schule auf die Sūtras Sandhinirmocana, Avataṃsaka und Laṅkāvatāra. Aus beiden Schulen gingen bedeutende Denker hervor.

Die Werke dieser Mönchsphilosophen, die sogenannten Śāstras, »Lehrbücher«, bilden als Autorenschriften innerhalb der Mahāyāna-Literatur eine eigene Abteilung. Die Sūtras machen philosophische Aussagen mit autoritativem Charakter, die Śāstras liefern Argumente dazu, widerlegen Einwände und gießen, mit unterschiedlicher Sachtreue, die Inhalte der Sūtras in memorierbare Verse (*kārikā*). Śāstras entstanden zwischen dem 2. und 10. Jahrhundert n. Chr.

Die Grundlehren des Mahāyāna

Der Theravāda-Buddhismus stammt aus *einer* denkerischen Quelle und ist ein geschlossenes System, aus dem sich kein Teil herauslösen läßt. Man bekennt ihn komplett oder gar nicht.

Das Mahāyāna ist anders geartet. Es bündelt philosophische und religiöse Bestandteile verschiedener Herkunft und verschiedenen Alters, von denen man einige annehmen, andere ablehnen kann, ohne daß dies die Aussicht auf Erlösung mindert. Eben darum, weil es mehrere Heilswege zur Auswahl anbietet und viele Menschen zur Leidfreiheit führt, ist es ein *Mahā*yāna, ein »*Großes* Fahrzeug« über den Ozean des Leidens.

Drei Bestandteile machen das Mahāyāna aus:

(1) Die Philosophie der Leerheit = Soheit;
(2) die Lehre von der Transzendenz des Buddha und seinen Drei Leibern;
(3) der Glaube an das Mitleid und die Hilfsbereitschaft von Bodhisattvas.

Jedem der drei Bestandteile entspricht ein Erlösungsweg.

1. Die Philosophie der Leerheit (Die Weisheitsschule)

Die Upaniṣaden, die Gautama als Erlösungssucher bei Uddaka Rāmaputta kennengelernt hatte, unterstellen im Kreislauf der Wiedergeburt (*saṃsāra*) eine Seele (*ātman*), die die physische Person überlebt und nach deren Tod in die ihr vom Karmagesetz zugewiesene neue Inkarnation überwandert. Die Seele zieht sich durch die wechselnden Existenzformen hindurch wie ein Draht durch die Pfosten eines Zauns. Sie ist der Träger und Erleider der Wiedergeburt.

Der Buddha schien sich selbst zu widersprechen, als er Wiedergeburt und Karman anerkannte, eine den Tod überdauernde Seele aber bestritt. In Wahrheit jedoch gab es keinen solchen Widerspruch, denn er ersetzte die Seelenwanderung durch einen Konditionismus: Existenz Nr. 1 *bedingt* als »ihre« Wiedergeburt die Existenz Nr. 2, ohne daß etwas Substanzielles in die neue Daseinsform hinüberwechselt. In den Fünf Gruppen (*skandha*), die die empirische Person ausmachen, ist keine Seele (*ātman*) enthalten. Die Wesen sind ohne Seele (P: *anatta*, Skt: *nirātmya*): Sie sind leer (*śūnya*).

Das gleiche gilt für die unbelebte Welt, die Welt der Dinge. Auch in ihr ist nichts beständig. Die Dinge sind Phänomene aus fluktuierenden Daseinsfaktoren (*dharma*). Sie besitzen keinen dauerhaften Kern, sondern sind ohne Eigennatur (*asvabhāva*), das heißt leer (*śūnya*). Tabellarisch dargestellt:

Empirische Person	Dingwelt
seelenlos (*nirātmya*) oder leer (*śūnya*)	ohne Eigennatur (*asvabhāva*) oder leer (*śūnya*)

Bis zu diesem Punkt gehen Theravāda- und Mahāyāna-Buddhismus konform. »Weil die Welt von einer Seele leer ist und leer von allem, das zu einer Seele gehört, darum heißt es ›leer ist die Welt‹«, erklärt der Buddha im Pāli-Kanon (S 35, 85). Das Adjektiv »leer« bedeutet im Buddhismus »ohne Seele und Eigennatur« und ist stets abwertend gemeint.

Die (von dem britischen Indologen E. Conze so benannte) »Weisheitsschule«, basierend auf den Prajñāpāramitāsūtras (ab dem 1. Jahrhundert v. Chr.), griff den Gedanken auf, gab ihm aber andere sprachliche Gestalt. Anstelle des Adjektivs »leer« (*śūnya*) verwendete sie das Substantiv »Leerheit« (*śūnyatā*), denn es liegt nahe, von dem, was leer ist, zu sagen, seine Natur sei Leerheit. Leerheit sind zuvorderst die Fünf Gruppen (*skandha*), aus denen die empirische Person besteht:

... Der Körper ist Leerheit und ebendiese Leerheit Körper; Leerheit ist nicht vom Körper getrennt, der Körper ist nicht von Leerheit getrennt. Was Körper ist, ist Leerheit, was Leerheit ist, ist Körper. So auch (verhält es sich mit den anderen vier Persönlichkeitsbestandteilen, nämlich:) Empfindung, Wahrnehmung, Geistesregungen (und) Bewußtsein. *(HṛS 3)*

Leerheit sind des weiteren die Daseinsfaktoren (*dharma*, Pl.), deren fluktuierendes Hintereinander das Leben und die Dinge ausmacht:

... Alle Daseinsfaktoren sind durch Leerheit gekennzeichnet, sie sind weder entstanden noch aufgehoben, weder unrein noch rein, weder unvollkommen noch vollkommen.
(HṛS 4)

Was immer karmisch bedingt und entstanden (*saṃskṛta*) ist, das ist Leerheit.

Das Mahāyāna bleibt bei dieser Aussage nicht stehen. Leerheit ist ihm zufolge auch das Nichtentstandene, karmisch Nichtbedingte (*asaṃskṛta*), das Nirvāṇa:

Der Erhabene: »Tief«, Subhuti, das ist ein Beiwort der Leerheit, des Kennzeichenlosen, durch Wünschen nicht Erlangbaren, nicht durch (karmisch wirksame) Tatabsichten Zustandegekommenen, nicht (aus Bedingungen) Entstandenen, des Ungeborenen, Nichtgewordenen (abhāva) *und Leidenschaftsfreien, (das heißt:) des Nirvāṇa, des Hinaustretens (aus dem Saṃsāra).*
Subhūti: Ist es ein Beiwort nur dieser (aufgezählten) oder aller Dinge (dharma)*?*
Der Erhabene: Es ist ein Beiwort aller Dinge.
(AP 18 S. 170)

In der Leerheit erkennt der Mahāyānin das allen und allem Gemeinsame. In ihr sind alle Trennungen aufgehoben und alle Vielheiten annulliert, in ihr sind Saṃsāra und Nirvāṇa identisch. Die innere Einheit alles Daseienden in der Leerheit ist die Kernaussage der Prajñāpāramitā-Bücher:

<table>
<tr><td>Empirische Person</td><td>Dingwelt</td><td>Nirvāṇa</td></tr>
<tr><td colspan="2">entstanden (saṃskṛta)</td><td>unentstanden (asaṃskṛta)</td></tr>
<tr><td colspan="3">L e e r h e i t</td></tr>
</table>

Die Leerheit allen Daseins als philosophische Prämisse des Mahāyāna führt zu weitreichenden Folgerungen.

a) Die Leerheit ist das Absolute

Die Äußerung des historischen Buddha, »alles ist leer« (d. h. ohne *ātman* = Seele) erhält in den Prajñāpāramitā-Büchern die Form »alles ist Leer*heit*«[27]. Der Bedeutungssprung ist erheblich, denn die adjektivische Ausdrucksweise »leer« (*śūnya*) kennzeichnet jedes Objekt isoliert für sich, das Substantiv »Leerheit« (*śūnyatā*) hingegen impliziert die Leerheit als zwischen den Objekten bestehende Identität. »Alles ist leer« ist eine analytische, »alles ist Leerheit« eine synthetische Aussage. Die Feststellung, daß *alles* Leerheit ist, definiert die Leerheit zudem als letzte Wirklichkeit, als das Absolute (*tattva*).

27 »Leerheit« ist die einzige den Sinn treffende Übersetzung des Sanskrit-Terminus *śūnyatā*. »Leere« ist ein Begriff des Raums, der die Unbesetztheit eines Ortes ausdrückt. »Nichts« wäre eine nihilistische Totalnegation, die der Buddha nicht vertritt.

अ

Originelle Darstellung fand das subtraktivisch definierte Absolute des Mahāyāna im 4./5. Jahrhundert in der »Prajñāpāramitā in einem Buchstaben«. Der Buchstabe ist a, hier wiedergegeben in indischer Devanāgarī-Schrift. Durch das Alpha privativum werden in der Sanskrit-Sprache affirmative Begriffe, die nach Auffassung des Mahāyāna nur Unwesenhaftes bezeichnen, in Negationen umgemünzt. Indem das Präfix a- die vordergründigen Erscheinungen verneint, wird es selbst zum Symbol der Leerheit, des Absoluten.

Das Absolute = Leerheit ist schwer zu beschreiben, denn es ist ohne Kennzeichen (*animitta*) und sprachlich nicht faßbar (*anabhilāpya*). Am ehesten ist es subtraktivisch anzudeuten: als Das ohne Vielheit (*niṣprapañca*) und als Nichtzweiheit (*advaya*).

Aber auch positive Namen des Absoluten = Leerheit sind in den Sūtras in Gebrauch. Das Absolute ist die Wirklichkeit (*bhūtatā*), Soheit (*tathatā*) und Gesetzlichkeit (*dharmatā*) der Welt und die Buddhaheit (*buddhatā*), Buddhanatur (*buddhasvabhāva*) und der Dharmaleib (*dharmakāya*) der Buddhas.

Die positiven Synonyme könnten dazu verleiten, das Absolute (*tattva*), obwohl Leerheit, doch als ein Seiendes zu interpretieren. Die Prajñāpāramitāsūtras machen deutlich, daß diese Auffassung abzulehnen ist. Das Absolute, d. h. die Soheit, das Nirvāṇa, ist ungeworden oder ein Nichtseiendes (*abhāva*; AP 12 S. 135). Es ist weder (wie das *brahman* der Upaniṣaden) der Urgrund, aus dem alles sich entfaltet hat, noch ein Gut, das man erwerben oder ein Glaubensartikel, den man bekennen kann. Das Absolute = Leerheit ist die in allem vorhandene, alles-umgreifende Gegebenheit, die durch Weisheit und Meditation ganzheitlich erlebt werden muß. Zugleich ist sie eine pädagogische Medizin, die zum Loslassen des Unwesentlichen und zur inneren Sicherheit führt. Wer seine geistige Heimat in der Leerheit findet, ist in ihr geborgen.

b) Alle Wesen sind Buddhawesen und erlöst

Wenn die allen Wesen eigene Leerheit zugleich Buddhaheit (*buddhatā*) ist, dann besitzt jeder in sich bereits Buddhanatur und Erlösung. Nur ihre Unwissenheit (*avidyā*) macht die Menschen glauben, die Erlösung sei ein fernes Ziel. Im Augenblick der Einsicht wird jedem deutlich, daß das saṃsārische Leiden nur das Unwesentliche an uns trifft. Dem Absoluten, der Leerheit, der Buddhaschaft und Erlösung braucht niemand nachzulaufen; er muß sie in sich selbst entdecken.

c) In der Leerheit sind alle Wesen identisch

Alle Wesen sind Leerheit, und da diese unteilbar ist, sind sie miteinander identisch. Die Leerheit = das Absolute in mir, ist die Leerheit = das Absolute auch in Dir – die Sūtras sprechen von der »Gleichheit des anderen mit einem selber« (*parātmasamatā*). Aus dem Identitätserlebnis rührt die Gefühlswärme, die den Mahāyāna-Buddhismus kennzeichnet.

d) Die Ambivalenz der Leerheit und die Doppelte Wahrheit

Wenn in den Prajñāpāramitā-Büchern einerseits die Rede ist von der Leerheit = Nicht-Seele = Vergänglichkeit der empirischen Person, es andererseits aber heißt, die Leerheit sei das Absolute = Erlöstheit in allen Wesen, so wird daraus deutlich, daß der Begriff Leerheit doppelwertig ist. Der Weltmensch empfindet die Leerheit als Quelle des Leidens, denn die Leerheit der Person ist der Grund ihres Unterworfenseins unter Krankheit und Alter, Tod und Wiedergeburt. Anders sieht sie der Weise. Er begreift, daß die Leerheit = Nichtexistenz einer ewigen, d.h. unaufhebbaren Seele *(ātman)*, die Aufhebung der leidhaften individuellen Existenz ermöglicht, ja daß sie für den Menschen, der sein Karman ab-gelebt hat, das erlösende Nirvāṇa *ist.*

Die Unmöglichkeit, bei den Alltagsgeschäften in philosophischer Ausdrucksweise zu reden, zwingt dazu, die Sprache den Umständen anzupassen. Der Buddhismus kennt deshalb eine Doppelte oder Zweistufige Wahrheit (*satyadvaya*). Die Umgangssprache, die die Verschiedenheit der Objekte betont und von ihnen spricht, als seien sie unbezweifelbare Realitäten, ist die »verhüllte Wahrheit« (*samvṛtti satya*), die Sprache der Alltagsvernunft. Über ihr steht die »Wahrheit im höchsten Sinne« (*paramārtha satya*), die die Ununterschiedenheit alles Daseienden im Absoluten zum Thema hat. Der Wechsel des Standpunktes, das Springen von der einen zur anderen Sprachebene, führt in den Prajñāpāramitāsūtras zu zahlreichen paradoxen Äußerungen. Die Aussagen der einen Ebene besagen oft das Gegenteil der Aussagen der anderen, stehen aber nicht im Widerspruch zu ihnen. Es bedarf der Weisheit, beide Wahrheiten ganzheitlich als die *eine* Wirklichkeit zu begreifen.

e) Der Buddha hat nichts gelehrt

Wiederholt stellt der Buddha der Mahāyānasūtras fest, er habe nichts gelehrt, keinerlei Lehre (*dharma*) offenbart und den Wesen nichts mitgeteilt. Die Angesprochenen quittieren die Äußerung zumeist mit Unverständnis. Dennoch ist sie sinnvoll. Die Leerheit, die das Thema des Mahāyāna ist, ist als ein Nichtseiendes (*asat*) keine Lehre. Sie ist eine Naturgegebenheit, die auch den bestimmt, der von ihr nichts weiß.

f) Die Erkenntnis der Leerheit befreit

Da es die Unwissenheit (*avidyā*) ist, die den Menschen an der Erkenntnis seiner Leerheit = Erlöstheit hindert, ist die Erkenntnis das Instrument der Erlösung. Intellektuelles Verstehen allein reicht allerdings nicht aus, das Absolute zu umfassen und die Gegensätze zu überbrücken. Hierzu fähig ist nur die »Weisheit (*prajñā*), die hinübergegangen ist (*pā-*

ramitā)« über die Alltagsvernunft: Die Transzendente Weisheit, wie sie im Prajñāpāramitāsūtra offenbart ist.

2. Der Transzendente Buddha und seine Drei Leiber

Als – nach der Ausrechnung der älteren Indologie im Jahre 483 v. Chr. – der Scheiterhaufen zusammenbrach, in dessen Flammenglut der Leichnam des Buddha verbrannt worden war, begann die Erinnerung an den Toten sich von den historischen Fakten zu lösen. Wäre ein normaler Erdenbewohner imstande gewesen, die in der Lehre aufgezeigten Wahrheiten zu erkennen? Hätte ein *Mensch* so vielen Wesen Erlösung bringen können? Mußte Gautama nicht vielmehr ein Übermensch sein? – Es waren die zum Mahāsāṅghika-Zweig gehörigen Lokottaravādins, die diese Auffassung vom Wesen des Buddha sanktionierten. Im Mahāvastu, einer umfangreichen Buddha-»Biographie«, in der Gautama als Wunder wirkender Heros erscheint, gaben sie ihr literarischen Ausdruck.

Ein zweites Werk, Lalitavistara betitelt, aus der Sarvāstivāda-Schule hervorgegangen, aber vom Mahāyāna ausgestaltet, führt die Transzendierung weiter und interpretiert das Leben Gautamas als ein Spiel (*lalita*) des überirdischen Buddha. Der Lalitavistara steht am Übergang vom Hīna- zum Mahāyāna.

In dem im 1. Jahrhundert n. Chr. entstandenen, älteres Material enthaltenden Saddharmapuṇḍarīkasūtra, dem »Lotos des Guten Gesetzes«, begegnet uns der Buddha schließlich in der Auffassung, die definitiv das Mahāyāna kennzeichnet: als universaler Retter und Heilsbringer.

Wie eine Wolke, … die sich über der Welt erhoben hat
und, alles bedeckend, die Erde einhüllt, (5)
wie diese große Wolke, mit Wasser gefüllt und von Blitzen umkränzt, ihren Donner erschallen läßt und alle Wesen erfreut, (6)

wie sie (dann) eine gewaltige Wassermenge losläßt (und), sich ringsum ergießend, diese Erde erfrischt, (8)
– ebenso erscheint auch der Buddha in der Welt wie eine Wolke, und nachdem er, der Herr der Welt, erschienen ist, offenbart er den Lebewesen den Rechten Wandel. (16)
Und so verkündet der Große Seher, der in der (ganzen) die Götter einschließenden Welt verehrt wird: »Der Vollendete bin ich, der Beste der Menschen, der Sieger, in der Welt erschienen wie eine Wolke. (17)
Alle Wesen werde ich erfrischen, deren Glieder verdorren (und) die sich an das Dreifache Sein (in den Drei Weltsphären) klammern. Die durch das Leid dahinwelken, die will ich ins Glück führen; ihnen werde ich die Wünsche (erfüllen) und Ruhe (nirvṛti) *geben. (18)*
Höret mich, ihr Scharen von Göttern und Menschen, kommet herbei, um mich zu sehen! Der Vollendete bin ich, der Erhabene, der Höchste; zur Rettung (der Wesen) bin ich hier in der Welt geboren.« (19) *(SP 5 S. 83 f.)*

Als transzendentes Wesen ist der Buddha Herr über Raum und Zeit. Er sagt von sich selbst:

Unausdenkbare tausend Millionen von Weltzeitaltern, deren Dauer niemals ergründet werden kann, ist es her, daß ich zuerst die Erleuchtung erlangt habe; ständig lege ich (seitdem) die Lehre dar. (1)
Ich ergreife (mit der Lehre) zahlreiche Bodhisattvas und versetze sie in buddhaartige Erkenntnis. Viele Millionen Myriaden Wesen lasse ich während vieler Millionen Weltzeitalter (zur Erleuchtung) heranreifen. (2)
Ich spiegele den Bereich des Nirvāṇa vor. Als Mittel zum Zwecke der (sittlichen) Zucht erzähle ich den Wesen (davon). Ich bin jedoch zu dieser Zeit nicht erloschen: Ich bin hier (in der Welt und) offenbare die Lehre. (3)
Wenn sie (die Menschen) mich als vollkommen erloschen

(parinirvṛta) *betrachten, bringen sie den Reliquien vielfältige Verehrung dar. Sie sehen mich nicht, (und deshalb) entwickeln sie Verlangen (nach mir). Dadurch wird ihr Geist aufrichtig. (5)*
Wenn die Wesen aufrichtig sind, sanftmütig, nachsichtig und frei von Begierden, dann veranstalte ich eine Versammlung der Jünger und zeige mich (ihnen) auf dem Geiergipfel(-Berge). (6)
Und dann spreche ich so zu ihnen: »Nicht bin ich hier (für diese Welt) erloschen, Mönche. Das (scheinbare Verlöschen) war ein geschickter Kunstgriff von mir (die Wesen innerlich aufzurichten). Wieder und wieder erstehe ich in der Welt der Lebewesen.« (7) *(SP 15 S. 192 f.)*

Erdenleben und Nirvāṇa des Buddha sind demnach nur Vorspiegelungen: Gaukelwerke, die der zeitlose und transzendente Buddha auf die Erde projiziert hat, um der Menschheit einen Tugendwandel vor Augen zu führen und sie auf den Weg der Erlösung zu bringen.

In der Darlegung der Lehre ist der Buddha absolut unparteiisch:

Mit einer (und derselben) Stimme verkündige ich (allen) die Lehre, indem ich stets die Erleuchtung als das Endziel herausstelle. Denn diese ist (für alle) gleich, Parteilichkeit gibt es (bei mir) nicht, (für mich) gibt es weder Zu- noch Abneigung. (21)
Ich erfrische diese ganze Welt wie eine Wolke, die gleichmäßig Wasser ausgießt. Dieselbe Erleuchtung ist für Edelgeborene und Niedrige, für Schlechte wie auch für Tugendhafte. (24) *(SP 5 S. 87 f.)*

Von seiten des Buddha ist zwar niemand von der Lehrverkündigung ausgeschlossen, aber er ist nicht jedem sichtbar. Ob man den Buddha erschaut oder nicht, hängt ab von den eigenen Taten (*karman*). Von den Menschen, die unheilsames Karman auf sich geladen haben, sagt er:

> *Durch viele Millionen Weltzeitalter hören sie, wenn sie geboren sind, nicht meinen Namen, (ebensowenig den) der (anderen) Vollendeten, noch den der Lehrer (oder) den meiner (Mönchs-) Schar. So beschaffen ist die Frucht der bösen Tat. (15)*
> *Wenn aber sanftmütige und nachsichtige Wesen hier in dieser Menschenwelt entstehen, dann sehen sie mich, sobald sie entstanden sind, aufgrund ihrer guten Tat, wie ich die Lehre offenbare. (16)* (*SP 15 S. 194*)

Gute Taten (*karman*) oder Tatabsichten (*saṃskāra*) öffnen dem Menschen das Auge für den Buddha und das Ohr für seine Lehre.

So weit war stets nur von *einem* Buddha die Rede. Ist Gautama demnach der einzige Buddha, der in der Welt erschienen ist? – Schon der historische Buddha hatte diese Frage verneint, denn er fühlte sich nicht als Schöpfer einer neuen Lehre, sondern als Wiederentdecker eines alten, von früheren Buddhas gewandelten Pfades (S 12, 65). Das Hīnayāna nennt (D 14, 1, 4) sechs Vorgänger des historischen Buddha, von denen drei, nämlich (P:) Vipassī, Sikhī und Vessabhū, einem vergangenen, die drei weiteren – Kakusandha, Koṇāgamana und Kassapa – dem gegenwärtigen Weltzeitalter angehören. In der Zukunft wird (lt. D 26, 25) noch der Buddha Metteyya (Skt: Maitreya) erwartet – wir leben in einer »günstigen Weltperiode« (P: *bhaddakappa*). Das späte Hīnayāna kennt 25 Buddhas mit Namen, aber es war dem Mahāyāna vorbehalten, die Zahl ins Unendliche auszuweiten: Nach seiner Überzeugung gibt es Buddhas wie Sandkörner am Ufer des Ganges. Sie erscheinen in jeder Weltgegend und jedem Zeitalter, um den Wesen das Buddha-Fahrzeug (*buddhayāna* = *mahāyāna*) zu zeigen, das zur All-Wissenheit führt (SP 2 S. 28).

Die Drei-Leiber-Lehre

Es war unumgänglich, daß die verschiedenen Auffassungen von der Natur des Buddha – als historische Person, als Himmelswesen und als Universal-Buddha – irgendwann harmonisiert werden mußten. Den ersten Entwurf einer Drei-Leiber-Lehre lieferte das Laṅkāvatārasūtra (3. Jahrhundert n. Chr.), die endgültige Form wurde im 4. Jahrhundert von den Vijñānavādins entwickelt. Demnach stehen über den irdisch-grobstofflichen Buddhas solche überirdisch-feinstofflicher Natur. Über diesen wiederum rangiert das »Dharmaprinzip«. Das Drei-Leiber-System unterstellt die innere Einheit der drei Aspekte.

a) Der Dharmakāya und Urbuddha

Der Dharmakāya, »Leib der Wahrheit«, ist der Wesenskern der Buddhas, ihre Buddhaheit (*buddhatā*) und Buddhanatur (*buddhasvabhāva*) und der Mutterschoß der Vollendeten (*tathāgatagarbha*). Er ist allen Buddhas gemeinsam.[28] Während es unzählige Irdische Buddhas gab und geben wird, während es zahlreiche Transzendente Buddhas gibt, existiert durch alle Zeiten nur *ein* Dharmakāya.

Der Versuch, den Dharmakāya mit Worten zu umreißen, ist von vornherein zum Scheitern verurteilt. Der Dharmakāya ist ohne Kennzeichen, die seine Beschreibung möglich machen würden, ja er ist nicht einmal durch Negationen anzudeuten. Dieses Verfahren nämlich müßte ihn zu etwas in den Gegensatz stellen und ihn als Pol einer Bipolarität auffassen. Der Dharmakāya ist jedoch die Absolute Wirklichkeit und Buddhaheit, neben der keine andere Wirklichkeit existiert.

---

28 Jedenfalls in der voll entwickelten Drei-Leiber-Lehre. Die Frühform dieser Lehre (in VP 26) nimmt für jeden Buddha einen eigenen Dharmakāya an.

Der Urbuddha Vairocana (nach einer koreanischen Plastik des 7./8. Jahrhunderts). Der Zeigefinger der rechten Hand symbolisiert das Eine Absolute, das von der Vielheit (der Finger der linken Hand) umschlossen ist. Vairocana wird heute nur noch in Ostasien als Ādibuddha verehrt.

Der Urbuddha Vajrasattva hält den Vajra in der angehobenen Rechten, die Glocke in der aufliegenden Linken. Der Vajra symbolisiert das Absolute, die Glocke die Vergänglichkeit, denn unbeständig ist die Welt wie ein Glockenton. (Tibetischer Holzschnitt)

Den Stellen der Mahāyānasūtras, die den Dharmakāya als etwa Abstraktes, als ein Neutrum auffassen, stehen allerdings andere gegenüber, die ihn personal verstehen und ihm Tugenden beilegen, vor allem die des Mitleids. So bezeichnet das Laṇkāvatārasūtra den Dharmakāya als Gesetz-Buddha (*dharma[tā]-buddha*), als Buddha des Wissens eines Vollendeten (*tathāgatajñāna-buddha*) oder als Grundvollendeten (*mūlatathāgata*). Spät-mahāyānische Schulen verehren den Dharmakāya als den Urbuddha (*ādibuddha*).

Die Personifizierung des Dharmakāya als Urbuddha erfolgte im 6. oder 7. Jahrhundert und unterlag raschen historischen Wandlungen. Zuerst war es Vairocana (*Der Sonnenglei-*

che), der als der Urbuddha verehrt wurde, später rückte Vajrasattva (*Dessen Natur der Vajra ist*) = Vajradhara (*Der den Vajra hält*), zuletzt Samantabhadra (*Der ringsum Segensreiche*) in die Funktion des Urbuddha ein. Die Personifizierung des Dharmakāya bot die Möglichkeit, das Buddhaprinzip in Skulptur und Malerei künstlerisch darzustellen und ihm einen Kult zu widmen.

Ist der von Akzidentien freie Dharmakāya auch nur Erleuchteten einsichtig, so haben doch auch weniger perfekte Wesen die Möglichkeit, ihn zu erleben. Je nach dem Grade ihrer Vollkommenheit erschauen sie ihn in feinstofflicher Erscheinungsform als Sambhogakāya oder in grobstofflicher Sichtbarwerdung als Nirmāṇakāya.

b) Sambhogakāya und das Maṇḍala der Transzendenten Buddhas

Unter der bisher nicht befriedigend gedeuteten Bezeichnung Sambhogakāya, »Leib der Wonne«, faßt das Mahāyāna die Transzendenten Buddhas zusammen, die als himmlische Buddhas erscheinen. Transzendent heißt, daß sie nicht mit den Sinnesorganen wahrzunehmen, sondern nur spirituell erfahrbar sind. Da dies voraussetzt, daß man geistige Kräfte entwickelt hat, werden sie nicht dem gewöhnlichen Weltmenschen, sondern nur dem fortgeschrittenen Bodhisattva sichtbar, der sie als strahlende Wesenheiten erschaut. Viele Mahāyāna-Bekenner verstehen sie als Wesen, die Wiedergeburt in einem Zwischenparadies gewähren können.

Denn manche der Transzendenten Buddhas sind Hüter von Buddhafeldern *(buddhakṣetra)* oder Paradiesen, in denen der Gläubige, der dort geboren ist, ungestört von Verlockungen die Qualitäten entwickeln kann, die zur endgültigen Erlösung nötig sind. Das leichtest erreichbare Zwischenparadies ist das im Westen gelegene Reine Land Sukhāvatī (*Das Glückvolle*) des Buddha Amitābha *(Von unermeßlichem Glanz)* oder, wie er auch heißt, Amitāyus (*Von unendlicher Lebensdauer*). In einem vergangenen Leben soll er sich durch Gelübde verpflichtet haben, alle Wesen, die einst seiner als Buddha gedenken werden, in seinem Paradies zur Wiedergeburt zu führen. Weitere Transzendente Buddhas sind Akṣobhya (*Der Unerschütterliche*), Ratnasambhava (*Der mit dem Juwel Geborene*) und Amoghasiddhi (*Der von unfehlbarer Zaubermacht*). Die Sūtras erwähnen Dutzende von Transzendenten Buddhas, während sie der Theorie nach sogar so zahlreich sind wie Sandkörner am Ganges.

Über die Vergangenheit dieser Buddhas sind die Meinungen geteilt. Zuweilen werden sie als ewige Wesenheiten angesehen, die stets existiert haben und nie die Stufenleiter zur Erlösung erklimmen mußten. Im buddhistischen System folgerichtiger ist aber die Auffassung, daß sich auch die Transzendenten Buddhas zur Buddhaschaft emporgearbeitet haben. Die präexistentiellen Lebensläufe einiger Transzendenter Buddhas sind in den Sūtras beschrieben.

Die Plazierung des Transzendenten Buddha Amitābha (= Amitāyus) in der Weltgegend der untergehenden Sonne und des Transzendenten Buddha Akṣobhya im Sonnenaufgang (SP 7 S. 119) hatte zur Folge, daß auch die anderen Sambhogakāya-Buddhas einer Richtung zugeordnet wurden. Die Raumverteilung unterlag mehrfacher Wandlung; in der letztgültigen Anordnung wird Ratnasambhava in den Süden und Amoghasiddhi in den Norden plaziert. Das System läßt sich graphisch in Form einer Kompaßrose als Maṇḍala (wörtlich: Kreis) darstellen (siehe Seite 158). Im alten Indien pflegte man den Osten nach oben zu legen; heute ist es nach tibetischem Brauch üblich, das System nach Westen auszurichten.

Obwohl auch andere Transzendente Buddhas Zwischenparadiese verwalten, sind in der religiösen Praxis des Mahāyāna wichtig nur das Buddhafeld Sukhāvatī des Amitābha im Westen und, weit zurückfallend, das Buddhafeld Abhirati (*Freude*) des Akṣobhya im Osten.

Der Transzendente Buddha Amitābha, jap.: Amida (nach einer japanischen Skulptur des 13. Jahrhunderts). Die rechte Hand ist in Schutzgewährungsgeste erhoben, die linke in Wunschgewährungsgeste gesenkt. Die eingewinkelten Zeigefinger deuten den Rest von Selbstbemühung an, der von dem Gläubigen verlangt wird, damit er die Erlösung erreicht.

An der Erlösung der Weltwesen wirken die Transzendenten Buddhas auf dreierlei Weise mit. Erstens sind sie die Lehrer der Bodhisattvas. Von Zeit zu Zeit versammeln sie Jünger und Bodhisattvas um sich, um ihnen die Identität von Saṃsāra und Nirvāṇa darzulegen. Zweitens sind sie die Herren von Zwischenparadiesen, in denen der Gläubige, wird er dort

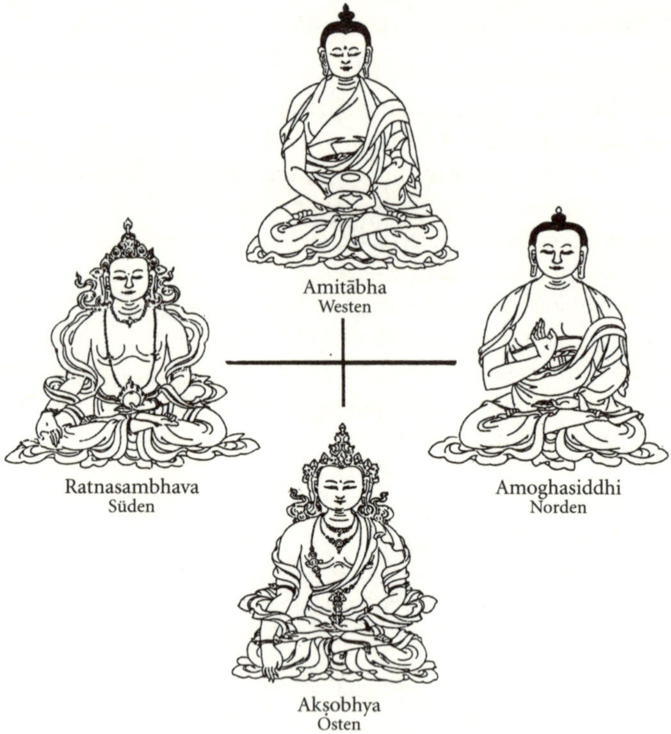

geboren, zur Erlösungsfähigkeit heranreift. Und drittens sind sie die spirituellen Väter der Nirmāṇakāya- oder Irdischen Buddhas, die sie durch ihre Meditation (*dhyāna*) in die Welt projizieren.[29]

29 Die ältere Sekundärliteratur bezeichnet die Transzendenten Buddhas deshalb oft als *Dhyānibuddhas*, Meditierende Buddhas. In den Sanskrit-Texten ist dieser Ausdruck nicht belegt.

c) Nirmāṇakāya, die Irdischen Buddhas

Zum Nirmāṇakāya gehören die Buddhas, die wie der historische Buddha Gautama in menschlich-physischer Gestalt in der Welt auftreten. Nirmāṇa, »manifeste Wesenheiten«, heißen sie ihrer grobstofflichen Natur wegen. Nach anderer Interpretation bedeutet *nirmāṇa*: »(Magische) Schöpfung« und drückt aus, daß die Irdischen Buddhas im Mahāyāna als Projektionen Transzendenter Buddhas gelten.

Als Personen von Fleisch und Blut sind die Nirmāṇakāya-Buddhas dem Elend des Alterns, der Krankheit und des Todes ebenso unterworfen wie gewöhnliche Weltwesen. Sie haben diesen aber außer der Erleuchtung und der Freiheit von Gier, Haß und Wahn 32 körperliche Merkmale voraus, darunter das Himmlische Auge und das Himmlische Gehör, mit denen sie Verborgenes wahrnehmen können. Wiedergeburt steht ihnen nicht mehr bevor.

Aufgabe der Irdischen Buddhas ist es, der Welt den Dharma, die Wahrheit zu offenbaren. Sie sind Lehrer, Wegweiser zum Heil ohne die Macht, dem Heilssucher den Weg zur Erlösung zu verkürzen. Da sie im Pariṇirvāna als Individuen für immer verlöschen, ist das Beten zu ihnen nutzlos, abgesehen davon, daß es heilsame innere Stimmung erzeugt.

Das Maṇḍala der Sambhogakāya-Buddhas (Seite 158) hatte den vier Weltgegenden je einen Transzendenten Buddha zugeordnet. Entsprechend ließen sich bei der Zuordnung von Irdischen Buddhas zu den vier Transzendenten gleichfalls nur vier unterbringen. Man wählte dafür Kanakamuni, Kāśyapa und den historischen Gautama, d. h. die letzten drei vergangenen Irdischen Buddhas unseres Weltzeitalters, sowie als vierten den Maitreya, den Buddha der Zukunft, der zur Zeit noch als Bodhisattva auf seinen Erdenauftritt wartet. Die Zuordnungen ergaben für die Drei-Leiber-Lehre das folgende System:

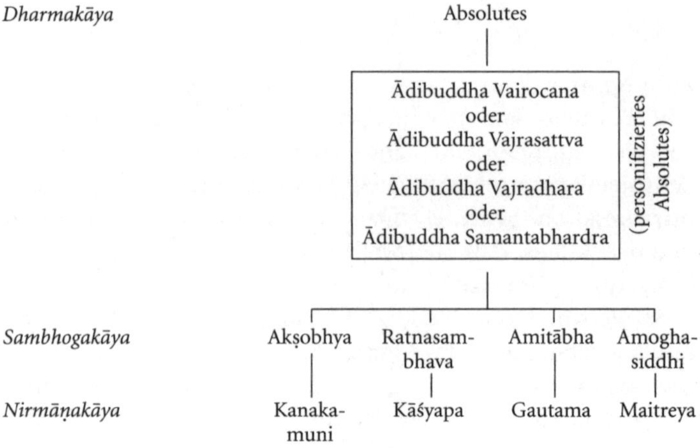

3. Bodhisattvas – Heilshelfer und Retter in der Not

Ziel des Hīnayānin ist es, ein Heiliger (*arhat*) zu werden, die Mahāyānins dagegen sehen als ihr Leitbild den Bodhisattva an. Der Wechsel des Ideals galt als so kennzeichnend, daß das Mahāyāna sich in seiner Anfangszeit selbst als »Bodhisattva-Fahrzeug« (*bodhisattvayāna*) bezeichnete, um sich vom Hīnayāna abzuheben. Die ältesten dem Bodhisattva und seinem Weg gewidmeten Texte enthält das Ratnakūṭasūtra (*Der Juwelenhaufen*), ein Buch, das nur in chinesischer Übersetzung vollständig vorliegt.

»Bodhisattvas« sind im Sprachgebrauch des Mahāyāna-Buddhismus Wesen (*sattva*), die sich um Erleuchtung (*bodhi*) bemühen oder sie bereits erreicht haben, ihr eigenes endgültiges Verlöschen aber so lange aufschieben, bis *alle* Wesen erlöst sind. Sie leben ausschließlich für andere. Ihr Verhalten ist geleitet vom Mitleid (*karuṇā*), dem Wunsch, ohne Eigennutzen andere glücklich zu machen.

Wie sich für Bodhisattvas keine andere Handlung geziemt als die für Andere, das wird im edlen Dharmasaṅgītisūtra ausführlich dargelegt. Welche Tat auch immer die Bodhisattvas (tun, sei es) mit dem Körper, der Stimme (oder) dem Denken, das alles verrichten sie im Hinblick auf die Wesen, beherrscht vom Großen Mitleid; (das alles) hat zur Ursache die Verwirklichung des Wohles der Wesen, ist hervorgegangen aus dem heißen Wunsche nach dem Wohl und Glück aller Wesen. *(Śs 5 S. 66)*

Der Bodhisattva ist überzeugt, daß zwischen ihm und den anderen Wesensidentität (*sattvasamatā*) besteht.

Während die Irdischen Buddhas in der Welt erscheinen zum Darlegen der Lehre, aber keine direkte Erlösungshilfe leisten können, greifen die Bodhisattvas aktiv ins Leben ein. Gewillt, sich das Leid der Welt auf die eigenen Schultern zu laden, gelobt der Bodhisattva:

Ich nehme die Last des Leidens auf mich, ich bin (dazu) entschlossen, ich ertrage es. Und warum? –: Unbedingt muß ich allen Wesen die (Leidens-)Last abnehmen. Die Veranlassung (zu diesem Entschluß) ist nicht, daß ich Lust daran hätte. (Vielmehr) habe ich das Flehen aller Wesen um Rettung (gehört). Alle Wesen muß ich zur Erlösung führen, die ganze Welt muß ich retten. Ich bin entschlossen, in jedem einzelnen Elendszustand ungezählte Zehnmillionen von Weltzeitaltern zu verweilen. Es ist ja fürwahr besser, daß ich allein mit Leiden (beschwert) sei, als daß alle diese Wesen in Elendswelten gerieten.

(Śs 16 S. 148)

Im gleichen Maße, wie der Bodhisattva die Leiden der Welt freiwillig auf sich nimmt, opfert er seine materiellen und karmischen Güter, wenn er dadurch ein Wesen an das Heilsziel heranführen kann:

Meine Körper (in allen Wiedergeburten) sowie die Güter und alles Wohl, zu dem ich in den Drei Zeiten (Vergangenheit, Gegenwart und Zukunft) gelangt bin (bzw. gelangen werde), gebe ich hier bedenkenlos hin für die Wohlfahrt aller Wesen. (3, 10)
Nirvāṇa ist das Aufgeben von allem, und Nirvāṇa ist das Ziel meines Denkens. Wenn ich alles aufzugeben habe, ist es besser, wenn es den Wesen gegeben wird. (3, 11)
So viele (Wesen) in allen Weltgegenden unter Krankheiten des Körpers oder des Geistes leiden, sie (alle) mögen durch mein (karmisches) Verdienst Ozeane von Glück und Freude erlangen. (10, 2)
Welches Leid es auch immer (gibt) in der Welt, dieses möge in mir *zur Reife kommen. Durch alles Wohl der Bodhisattvas möge die Welt glücklich werden. (10,56)*
(Bca SS. 17; 131; 138)

Die (vom 1. Jahrhundert v. Chr. ab literarisch belegbare) Anschauung, daß karmisches Verdienst (*puṇya*) sich auf andere Personen übertragen lasse, ist typisch mahāyānisch, färbt aber später auf den hīnayānischen Volksbuddhismus ab.

Läuft der Bodhisattva nicht Gefahr, durch das Verschenken (*pariṇāmanā*) karmischen Verdienstes von der erreichten Erlösungsstufe zurückzufallen? – Die Antwort ist nein, denn das Vergeben guten Karmans an Bedürftige ist eine heilsame Tat, die dem Geber zugleich karmisches Verdienst einträgt. Solange er ohne Selbstinteresse und aus Mitleid handelt, füllt sich des Bodhisattva karmisches Guthabenkonto stets wieder auf.

Doch gibt es auch Grenzen der Selbstlosigkeit. Gegenüber den erbaulichen Erzählungen einiger Sūtras, die schildern, wie die Bodhisattvas ihr Leben hingeben, um ein einziges Wesen vor dem wiedergeburtlichen Abstieg zu bewahren, meint Śāntideva (Śs 2 v. 5 S. 23), ein Bodhisattva müsse ein Wohltäter für alle sein und dürfe darum Leib und Leben nicht einem geringen Zweck aufopfern. Die Prajñāpāramitā-Texte betonen, der Bodhisattva habe sein Mitleid durch Weisheit (*prajñā*) zu kontrollieren.

Wie soll der Bodhisattva sich verhalten, wenn jemand von ihm Hilfe durch eine ethisch bedenkliche Tat erwartet? Soll er die Hilfe verweigern oder die Verfehlung auf sich nehmen? – Das Upāyakauśalyasūtra, von Śāntideva zitiert, bejaht die zweite Alternative:

> *Wenn ein Bodhisattva (in) einem Wesen die Wurzel des Verdienstes entstehen läßt derart, daß er (selbst dabei) ins Unglück geriete (und) hunderttausend Weltzeitalter in der Hölle gekocht würde, dann hat der Bodhisattva das Unglück, das höllische Leiden geduldig auf sich zu nehmen (und) nicht das Heil des einen Wesens preiszugeben.*
>
> *(Śs 8 S. 93)*

Da diese Einstellung zur Rechtfertigung von ethischen Verstößen mißbraucht werden kann, wird sie nicht von allen geteilt. Sie macht indes deutlich, um wieviel höher als formale Ethik der Buddhismus das Ideal des Mitleids stellt.

Vom 1. Jahrhundert n. Chr. ab werden in den mahāyānischen Quellen zwei Klassen von Bodhisattvas unterschieden: Irdische und Transzendente. Irdische Bodhisattvas sind Menschen wie Millionen andere, als Bodhisattvas nur kenntlich an ihrem allumfassenden Mitleid und ihrer Entschlossenheit, sich vorrangig für die Erlösung anderer einzusetzen. Ohne Murren, geduldig und opferfreudig nehmen sie die Wiedergeburt in Kauf, denn sie ermöglicht ihnen, den leidenden Wesen nahe zu bleiben.

Transzendente Bodhisattvas sind solche, die durch Verwirklichung von Sechs Vollkommenheiten (*pāramitā*) die erlösende Weisheit (*prajñā*) und damit die Heiligkeit erreicht haben. Sie verzichten jedoch darauf, zum Lebensende ins Nachtodliche, Statische oder *Pari*-Nirvāṇa einzugehen, was sie verlöschen lassen und für die Welt unwirksam machen würde, sondern nehmen statt dessen das »Nirvāṇa ohne Stillstand« oder »Aktive Nirvāṇa« an, aus dem heraus sie weiterhin für die Weltwesen tätig sein können. So agieren sie zwar noch im Bereiche des Saṃsāra, besitzen aber Souveränität über ihn – die saṃsārischen Zwänge prallen an ihnen ab. Von grobstofflichen Akzidentien frei, sind sie nur noch spirituell, nicht mehr mit den Sinnesorganen wahrzunehmen, ausgenommen, wenn sie in Erscheinung treten *wollen*. Der Fachausdruck der Texte für sie ist »Großes Wesen« (*mahāsattva*). Die buddhistische Kunst stellt sie mit Schmuck und fünfzackiger Krone dar, um ihre Erhabenheit zum Ausdruck zu bringen.

An Möglichkeiten zum Heilswirken sind die Transzendenten Bodhisattvas den Irdischen weit überlegen. Da sie nicht mehr wie diese den Naturgesetzen unterworfen sind, können sie ihr Leben nach freiem Willen verlängern, ihre Gestalt verändern, ihre Existenzform wechseln oder an mehreren Stellen zugleich auftreten, je nachdem wie es für den zu leistenden Beistand am günstigsten ist:

In einem Augenblick zeigen die weisen Bodhisattvas sich in den Gestalten aller Wesen und den Stimmen und Lauten, die sie von sich geben.
Sie werden (nach Bedarf) alt und krank (oder) zeigen sich als tot; so spielen sie, damit die Wesen (zur Erleuchtung) heranreifen, (diese) Scheinwirklichkeit (māyādharma).
Wohlüberlegt werden sie Hetären, um die Männer an sich zu ziehen. Nachdem sie sie mit dem Haken der Begierde herangelockt haben, errichten sie (in ihnen) das Buddhawissen.
Und immer (wieder) werden sie, um den Wesen Gutes zu tun, Dorfleute, Karawanenführer, Priester, Hauptminister und Minister. (*Śs 18 SS. 172 und 173*)

*Der Transzendente Bodhisattva Avalokiteśvara, zweiarmig als Padmapāṇi (*Lotoshalter; *nach einer nepālischen Bronze des 13./14. Jahrhunderts). Schmuck und Krone kennzeichnen ihn als Souverän über die Naturgesetze. Die rechte Hand ist in der Geste der Wunschgewährung gesenkt, die linke hält den (vom Arm verdeckten) Stengel des Lotos.*

Unter den rund fünfzig Transzendenten Bodhisattvas der Sūtras sind einige nach Aussehen, Eigenschaften und Funktion näher beschrieben und werden von den Mahāyānins besonders verehrt.

An Bedeutung über allen anderen steht der Bodhisattva Avalokiteśvara (*Der Herr, der [gnädig] herabblickt*), Padmapāṇi (*Der den Lotos in der Hand hält*) oder Lokeśvara (*Herr der Welt*). Von ihm sind 130 Erscheinungsformen bekannt, die sich ikonographisch durch die Zahl der Arme, ihre Attribute

Der Transzendente Bodhisattva Avalokiteśvara in vierarmiger Form (nach einer tibetischen Bronze, vermutlich des 17. Jahrhunderts). Das zusammengelegte innere Händepaar birgt das in dem Mantra Oṃ. Mani padme. Hūṃ *erwähnte Juwel, die äußeren Hände halten den 108perligen Rosenkranz und den Lotos.*

und ihre Körperhaltung unterscheiden. Oft trägt er im Kopfschmuck ein kleines Abbild des Transzendenten Buddha Amitābha, denn vielen Mahāyānins gilt er als Amitābhas geistige Schöpfung.

Avalokiteśvaras hervorstechende Eigenschaft ist sein grenzenloses Mitleid. Bis in die tiefste Hölle steigt er hinab, um Wesen aus dem Leid hinauszuführen. Angerufen wird er durch das Mantra *Oṃ. Mani padme. Hūṃ.* – »Om. Juwel im Lotos! Hūṃ.« – das sich entweder auf das Absolute bezieht, das in allem enthalten ist, oder auf das Juwel, das (der vierarmige) Avalokiteśvara in dem zusammengelegten inneren Händepaar hält.

Oṃ. Mani padme. Hūṃ *(in tibetischer Schrift) – das Mantra des Avalokiteśvara.*

Mañjuśrī (*Der von lieblicher Schönheit*) oder Mañjughośa (*Der mit lieblicher Stimme*) heißt der Transzendente Bodhisattva, dessen Aufgabe die Zerstörung der Unwissenheit und Erweckung des Wissen ist. Die Symbole seines Wirkens sind ein flammendes Schwert und das Buch der Transzendenten Weisheit. Er ist der Herr der Weisheit und der Wissenschaften, er verleiht Erkenntnis und Gedächtnis. Gelehrte und Studenten verehren ihn als Schutzpatron.

Ein Vernichter des Bösen und der Dämonen ist der Bodhisattva Vajrapāṇi (*Der den Vajra in der Hand hält*). Versuchungen, die dem Gläubigen den Weg zum Heil verstellen, verbrennt er mit dem Blitzzepter (*vajra*) zu Asche.

Kṣitigarbha (*Dessen Mutterschoß die Erde ist*) gilt als der Bodhisattva, der in der unterirdischen Welt und den Höllen tätig ist. Ständig ist er bemüht, den Wesen dort die Abgeltung ihres unheilsamen Karman erträglicher zu machen.

Der Bodhisattva Mahāsthāmaprāpta (*Der große Kraft erworben hat*) ist es, der in den Menschen die Erkenntnis der Erlösungsbedürftigkeit reifen läßt. In Ostasien wird er oft mit Avalokiteśvara zu Seiten des Transzendenten Buddha Amitābha abgebildet. Avalokiteśvara symbolisiert dann das Mitleid, Mahāsthāmaprāpta die Weisheit des Amitābha.

Der Transzendente Bodhisattva Mañjuśrī (nach einem tibetischen Rollbild). Mit dem Schwert, das zugleich Fackel ist, zerstört er die Unwissenheit und bringt Erkenntnis. Das Palmblattbuch auf dem Lotos ist die Prajñāpāramitā.

Als Schützer derer, die die Buddhalehre predigen, wird der Bodhisattva Samantabhadra (*Der ringsum Segensreiche*) verehrt.

Maitreya (*Der Gütige*) heißt der zur Zeit noch als Bodhisattva im Tuṣita-Himmel wartende Buddha der Zukunft, der dereinst auf unserer Erde den Dharma neu verkünden und im vollen Glanz wieder herstellen wird. In einer kleinen Flasche hält er das Elixier der Todlosigkeit (= Nirvāṇa) bereit. Seinetwegen betreiben einige (theravādische) Burmesen und (mahāyānische) Tibeter Alchemie. Sie suchen das Elixier, das ihr gegenwärtiges Leben bis zum Kommen Maitreyas (P: Metteyya) verlängert und ihnen ermöglicht, seinen Weltauftritt als Buddha bewußt mitzuerleben. Aufgeklärte Buddhisten mißbilligen solche Praktiken.

Das Denken der Bodhisattvas bewegt sich auf zwei Ebenen. In ihrem grenzenlosen Mitleid setzen sie sich ein für die Wesen und beweisen somit, daß sie diese für erlösungsbedürftig halten. Zugleich aber sind sie sich bewußt, daß die Wesen nur erscheinungshafte Gegebenheiten sind: Nach der Wahrheit im Höchsten Sinne gibt es niemanden, der zu erlösen wäre. Ein Bodhisattva muß den Gedanken hegen:

> *Alle Wesen (im empirischen Sinne) sollen von mir in den Nachtodlichen Nirvāṇa-Bereich zum vollkommenen Erlöschen geführt werden. Und doch ist, nachdem Wesen zum vollkommenen Erlöschen geführt worden sind, kein Wesen (im absoluten Sinne) vollkommen erloschen.*
>
> *(VP 17 a S. 47 ≈ VP 3)*

Daß die Leiden, die der Bodhisattva zugunsten anderer auf sich nimmt, nichts Reales sind, mindert die Dankbarkeit des Gläubigen in keiner Weise. Für ihn, der als Unerlöster die Erfahrungswelt für wirklich hält, ist das Leiden wirkliches Leiden, und der Bodhisattva, der es ihm abnimmt, verdient seinen Dank.

Die mahāyānischen Erlösungswege und das Nirvāṇa

Mag das Leben im Moment heiter, eine Sache unverlierbar scheinen, das Geliebte wird ebenso vergehen wie der Liebende; Abschied, Tod und Trauer sind unumgänglich. Das Fehlen einer dauerhaften Entität, die Leerheit (*śūnyatā*) aller Wesen und Dinge ist die Ursache von Vergänglichkeit und Leiden (*duḥkha*).

Gleichwohl ist die Leerheit zugleich Erlösung, was die meisten Menschen allerdings nicht einsehen. Das Strampeln um Dasein und Wohlsein beschäftigt sie so ausschließlich, daß sie zur Erkenntnis ihrer Erlöstheit in der Leerheit außerstande sind. Es geht ihnen wie dem Reisenden, der in der Ferne im Hause eines Freundes übernachtete. Fürsorglich knotete der Freund dem Schlafenden als Notreserve einen Edelstein in den Gewandsaum. Trotzdem geriet der Reisende auf der weiteren Fahrt ins Darben. Er konnte von dem Juwel keinen Gebrauch machen: Sein Freund hatte versäumt, ihm von dem versteckten Schatz Kenntnis zu geben (SP 8 S. 134).

Unwissenheit (*avidyā, ajñāna*) und Gier (*tṛṣṇā*) gelten auch im Mahāyāna als die Triebkräfte, die nach dem Tode zu neuer Existenzform und neuem Leiden führen:

> *(Die Wesen) … hängen im Netz der Gier, sind gebunden von der Fessel der Unwissenheit, eingespannt von der Gier nach Werden, zur Vernichtung bestimmt, in den Käfig des Leidens geworfen, dem Gefängnis (des Weltlebens) zugeneigt.* *(Śs 16 S. 148)*

Während das Hīnayāna nur den Heilsweg der Selbstzucht kennt, lehrt das Mahāyāna daneben die Erlösung durch Weisheit, durch den Glauben an Transzendente Buddhas, durch die Hilfe der Bodhisattvas und durch Kult. Der frühbuddhistischen Methode der Selbsterlösung tritt im Mahāyāna die Erlösung mit Hilfe von außen zur Seite.

1. Der Weg der Eigenerlösung durch Selbstdisziplin

Der Erlösungsweg der Selbstdisziplin entspricht dem Achtfachen Wege des frühen Buddhismus:

(1) Rechte Ansicht,
(2) Rechter Entschluß,
(3) Rechte Rede,
(4) Rechtes Verhalten,
(5) Rechte Lebensführung,
(6) Rechte Anstrengung,
(7) Rechte Achtsamkeit,
(8) Rechte Sammlung.

Da jedem die Wiedergeburt bevorsteht, zu der er durch sein Tun (*karman*) in der Gegenwart den Grund legt, hat er die Chance des Aufstiegs selbst in der Hand. Irgendwann wird er eine Daseinsform mit so günstigen Anlagen erreichen, daß er Unwissenheit und Gier zum Versiegen bringt und die Erlösung von der Wiedergeburt verwirklicht.

Die Mahāyāna-Schulen anerkennen den Achtweg allerdings mit Vorbehalt. Nur besonders Begabte, so erklären sie, können ihm folgen, für alle übrigen sei er zu steil. Und er sei ein Weg für Egoisten, denen es nur um die eigene Erlösung geht und die sich dem Leid anderer verschließen; eine Ethik sei aber erst dann vollwertig, wenn sie sich auch für die Mitwesen einsetzt. Zudem tadeln sie die Zweckbewußtheit, mit welcher der Achtweg oft verfolgt wird; echte sittliche Zucht frage nicht nach karmischem Lohn:

> *Eine Gabe sollte nicht von einem Bodhisattva gegeben werden, der (mit dem Geben) einen Zweck verfolgt. Wer (aber) eine Gabe zweckfrei gibt, dessen Masse an Verdienst ist nicht leicht zu messen.* (*VP 4 S. 29*)

Absichtslosigkeit, d. h. Freisein von der Begierde nach karmischem Verdienst, ist die Voraussetzung der Erlösung, die ja eben in Gierlosigkeit besteht.

Die philosophischen Schulen des Mahāyāna greifen in ihrer Kritik am Achtweg noch tiefer. Da das Leid dem Bereich des Scheinhaften angehört und die Wesen, ohne es zu wissen, seit jeher im Absoluten erlöst sind, müsse die Erlösung durch Aufhebung der Unwissenheit und Erkenntnis des Absoluten erwirkt werden; sie sei nicht möglich allein durch ethisches Tun. Die Regeln des Achtweges werden deshalb interpretiert als Schlüsselworte für acht erlösende *Erkenntnisse:*

(1) *Rechte Ansicht* ist Einblick in den Dharmakāya des Vollendeten;
(2) *Rechter Entschluß* ist das Zur-Ruhe-Bringen aller Einbildungen;
(3) *Rechte Rede* ist die Erkenntnis, daß die Sprache vor den Dharmas verstummt;
(4) *Rechtes Verhalten* ist das Unterlassen jeglicher (auf karmisches Verdienst gerichteten) Taten;
(5) *Rechtes Leben* ist die Einsicht, daß alle Dharmas ohne Entstehen und Vergehen sind (also zeitlos existieren, wie es die Sarvāstivāda-Schule lehrt);
(6) *Rechte Anstrengung* heißt, in der Erkenntnis, daß kein (Nichtbedingter = Erlösungs-)Dharma aus Taten hervorgeht, auf den Einsatz von Energie und Methode (zur Heilserreichung) zu verzichten (d. h. absichtslos zu werden);
(7) *Rechte Achtsamkeit* bedeutet, das Nachgrübeln über Sein und Nichtsein aufzugeben;
(8) *Rechte Sammlung* heißt, durch Nichtergreifen von Dharmas (hier: Vorstellungen) von Meinungen frei zu sein.

»Wenn man es so auf rechte Weise ansieht«, schreibt Bhāvaviveka in seinem Śāstra Karatalaratna (*Das Juwel in der*

Handfläche; S. 98), »dann praktiziert man den Achtfachen Weg«.

2. Der Weg der Weisheit

Unter Wissen (*jñāna*) versteht das Mahāyāna die Kenntnis der Lehrinhalte, wie sie in den Büchern des Hīnayāna dargestellt und auch vom Mahāyāna anerkannt werden. Ihr Kernstück ist die Nichtexistenz einer Seele (*ātman*) in den Fünf Gruppen (*skandha*), die die empirische Person ausmachen, und die Wiedergeburt ohne Seelenwanderung, die von den Scholastikern durch die Theorie von den Dharmas untermauert wird.

Zwei Arten von Dharmas, Daseinsfaktoren, gibt es dieser Theorie zufolge: Nichtbedingte und Bedingte. Die Nichtbedingten (*asaṃskṛta*) sind von nichts abhängig, karmisch unbeeinflußbar und frei von Vergänglichkeit. Sie bilden das Nirvāṇa.

Größer ist die Gruppe der Bedingten (*saṃskṛta*), konditional entstandenen Dharmas, die durch ihre Kombinationen die Welt und die empirische Person bilden. Sie sind – andernfalls könnten sie ihre Rolle im Daseinsprozeß gar nicht spielen – transitorisch und ohne Substrat. Es gibt keinen Dharma-Träger, sondern nur die Dharma-Fluktuation.

Der Mensch ist wie eine Melodie. Kein Ton oder Akkord besitzt Dauer: Es ist das Hintereinander von Tönen, das die Melodie ausmacht. Und wie mit einer Dissonanz in der Melodie keineswegs die Musik aufhört, ebensowenig muß die Konditionalkette Bedingter Dharmas mit dem Tode eines Wesens enden. Sie setzt sich in den meisten Fällen über dessen Tod hinaus fort. Der Tod ist selbst nur ein Dharma der Kette – wie die Dissonanz ein Element der Melodie.

Der Vergleich macht noch ein Weiteres deutlich. Die Zuhörer werden nämlich von der Melodie nur so lange betört, wie sie sie als beseelte Klangeinheit verstehen. Werden sie sich der einzelnen Töne bewußt, ist der Zauber für sie zerstört. Ebenso lassen sich die Menschen von der Welt nur so lange beeindrucken, wie sie sie für wesenhaft halten. Durchschauen sie sich selbst und die Welt als von Bedingten Dharmas hervorgerufene leere Phänomene, geht ihnen auf, daß sie sich unausdenkliche Zeiten von etwas Scheinhaftem haben nasführen und ängstigen lassen. Es ist diese Erkenntnis, die vom Wissen zur Weisheit führt:

> *Durch das Wahrnehmen aller Dharmas … wird das todlose Nirvāṇa erkannt.* (SP 5, 64 S. 95)

Während Wissen (*jñāna*) sich im Endlichen bewegt und auf den Saṃsāra beschränkt ist, reicht Weisheit (*prajñā*) darüber hinaus ins Un-Endliche und Wesenhafte. Sie hat die Leerheit = Wirklichkeit = Buddhaheit zum Inhalt und läßt sich, grenzenlos wie sie ist, mit dem Verstand nicht verwirklichen: Denken hat zur Weisheit keinen Zugang (AP 8 S. 98). Wissen ist eine Sache des Intellekts; es stellt sich in Begriffen dar und enthält Urteile über falsch und richtig, für und wider, also Ausschließungen, so daß es nur Bruchstücke der Wirklichkeit erfassen kann. Weisheit aber ist ein Gegensätze transzendierendes Einswerden mit der Wirklichkeit *alles* Daseienden, etwas Erlebnishaftes, das nach Abwerfen rationaler Beschränkungen, aller Ansichten und Lehren erfahren wird. Sie wird als »All-Wissenheit« (*sarvajñatā*) definiert und steht im Mahāyāna synonym für »Erleuchtung« (*bodhi*).

Die Transzendente Weisheit bildet vor allem das Thema des Prajñāpāramitāsūtra. Da die Werke dieses Sūtra die Wirklichkeit gesamtheitlich erfassen wollen, oszilliert ihre Sprache zwischen Bejahung und Verneinung. Die Bejahungen beziehen sich auf den Erfahrungsbereich, denn die Dinge, die wir wahrnehmen, sind für uns empirisch existent – seien sie auch leer und vergänglich. Die Verneinungen beziehen sich auf dieselben Dinge, denn nach der Wahrheit im höchsten Sinne sind sie Schein (*māyā*) – auch wenn sie als Leerheit identisch sind mit dem Absoluten. Es bedarf der Weisheit, um sich in der Paradoxität zurechtzufinden. Weisheit ist der Schlüssel zur Leerheit, und ohne die Leerheit wäre die Weisheit inhaltslos und nicht existent.

Je nachdem auf welcher geistigen Ebene jemand steht, erlebt er die Leerheit negativ oder positiv. Der Weltling erfährt sie als Quelle des Leidens, denn die Leerheit der Dinge ist der Grund ihrer Unbeständigkeit. Anders der Weise. Indem er durchschaut, daß alles Existierende ein Produkt fluktuierender Dharmas ist, erkennt er die Leerheit als die Einzige Wirklichkeit in allen Erscheinungen. Zugleich erlebt er sie als mit der Soheit der Welt und der Buddhaheit der Buddhas identisch: In der Leerheit durchschaut er die Wesen und Buddhas als eins und erlöst. Zwischen einem Buddha und einem Weltmenschen, so geht ihm auf, besteht kein wesenhafter Unterschied. Ein Buddha lediglich ist sich seiner Buddhaheit bewußt – er *weiß*, daß er ein Buddha ist. Im Weltling dagegen ist die Buddhanatur unter Unwissenheit verschüttet. In Unkenntnis seiner Buddhaheit hält er sich für unerlöst.

Die Weisheitserkenntnis der Leerheit verändert die Haltung des Menschen von Grund auf. Nicht nur durchschaut er das saṃsārische Leiden als Schein und Traum – auch Buddhaschaft und Nirvāṇa haben für ihn den Wert verloren. Sie sind illusionäre Ideale, nützlich nur für den, der nichts von seiner wesenhaften Erlöstheit weiß. So erklärt der Mönch Subhūti den Göttern:

> Subhūti: *Wie eine Illusion* (māyā) *sind die Wesen, wie ein Traum. Denn Illusion und Wesen sind eins, nicht zweierlei; Traum und Wesen sind eins, nicht zweierlei. Alle Dharmas sind wie eine Illusion, wie ein Traum. Sogar der In-den-Strom-Eingetretene, der Einmalwiederkehrer, der Nichtwiederkehrer, der Heilige, der Für-sich-Buddha, der*

Vollkommene Buddha[30], *(sie alle sind) wie eine Illusion, wie ein Traum.*
Die Götter: *Auch der Vollkommene Buddha, Edler Subhūti, ist, wie du sagst, wie eine Illusion, wie ein Traum?*
Subhūti: *Sogar Nirvāṇa ist wie eine Illusion, wie ein Traum, so sage ich; wieviel mehr jeder andere Dharma!*
Die Götter: *Auch Nirvāṇa, Edler Subhūti, ist, wie du sagst, wie eine Illusion, wie ein Traum?*
Subhūti: *Sogar wenn es noch einen höheren Dharma gäbe als Nirvāṇa, auch von ihm würde ich sagen, er ist wie eine Illusion, wie ein Traum. Denn Illusion und Nirvāṇa sind eins, nicht zweierlei.* *(AP 2 S. 20)*

Der Zusammenhang zwischen Weisheit und Erlösung ist leicht einzusehen. Als Ursachen des Leidens hatte der Buddha Gier (*tṛṣṇā*) und Unwissenheit (*avidyā*) erkannt. Gier verkümmert, wenn das Begehrte als leeres Phänomen aus Dharmas durchschaut wird; Unwissenheit weicht, wenn sich Erkenntnis des Absoluten = Leerheit einstellt. Hat jemand Gier und Unwissenheit aufgehoben, steht ihm keine Wiedergeburt mehr bevor.

3. Der Weg des Glaubens

In die Welt können die Transzendenten Buddhas nicht eingreifen, aber auf der Sambhogakāya-Ebene in ihren Buddha-

30 *In den Strom eingetreten* ist, wer nicht mehr unterhalb der menschlichen Ebene wiedergeboren werden kann. Dem *Einmalwiederkehrer* steht bis zum Nirvāṇa nur noch eine Wiedergeburt als Mensch, dem *Nichtwiederkehrer* eine in der Himmelswelt bevor. Der *Heilige* ist von Wiedergeburt frei und wird noch in diesem Leben Nirvāṇa erreichen. Über diesen »Vier Edlen Personen«, die ihren Heilsrang der Belehrung verdanken, stehen die zwei Arten von Buddhas. Ein *Für-sich-Buddha* oder *Privat-Buddha* ist derjenige, der die Erleuchtung selbst gefunden hat, die Lehre aber nicht verkündet. Der *Vollkommene Buddha* ist darüber hinaus auch ein Lehrer.

feldern oder -paradiesen sind sie Herrscher. Nicht nur halten sie dort gelegentlich Versammlungen ab, um sich fortgeschrittenen Erlösungssuchern zu zeigen, sie lassen auch Sterbende dort zur Wiedergeburt gelangen. Es ist der Glaube (*śraddhā*) des Verstorbenen, der ihn ins Zwischenparadies eines Transzendenten Buddha leitet. Was heilsame Taten (*karman*) nicht vermögen, nämlich den Beistand eines Transzendenten Buddha herbeizuziehen: Der Glaube ist dazu imstande.

Das Wort »Glaube« übersetzt den Sanskrit-Ausdruck *śraddhā* nur unzulänglich. *Śraddhā* bezeichnet ein inniges Glaubensvertrauen und hat starke Tendenz zur *bhakti*, zur »liebenden Hingabe«, ein Begriff, den die späteren Texte der Glaubensschule oft verwenden.

Den Bekennern dieses Weges gilt der Glaube als die Kerntugend, die unfehlbar zur Wiedergeburt in einem Buddhaparadies führt:

> *Der Glaube ist Führer, Mutter, Erzeuger, Schützer, Mehrer aller Tugenden, Zerstreuer des Zweifels, Retter aus der Flut der Wiedergeburten. Der Glaube ist der Wegweiser zur sicheren Stadt (des Buddhaparadieses).*
>
> ...
>
> *Der Glaube schafft Gefallen an der Entsagung, der Glaube schafft Freude an der Lehre der Sieger (d. h. Buddhas), der Glaube schafft Auszeichnung in der Erkenntnis der Tugenden; er führt in Richtung auf das Buddhaziel.*
>
> *(Śs 1 S. 4 f.)*

Hauptsächlich ist es der Transzendente Buddha Amitābha oder Amitāyus, auf den sich die Śraddhā richtet. In einer fernen Vorexistenz soll er als Mönch Dharmākara den Entschluß gefaßt haben, ein Buddha zu werden, vorausgesetzt, daß es ihm gelingen werde, durch sein karmisches Verdienst ein Reines Buddhaparadies – Sukhāvatī, »das Glückvolle« genannt – aufzurichten. In 46 Vorsätzen oder Gelübden (*praṇidhāna*) vor dem Buddha Lokeśvararāja, die im Längeren Sukhāvatīvyūhasūtra wiedergegeben werden, legte er darauf fest, zu welchen Taten für die Wesen er sich verpflichtet. Als die wichtigsten Gelübde Dharmākaras = Amitābhas gelten (in der Sanskritfassung des Sūtra, die von der chinesischen abweicht) Nr. 18 und 19, welche die Methoden für das Zur-Hilfe-Rufen Amitābhas im Augenblick des Todes und für die Wiedergeburt in seinem Paradies angeben:

> *(18) Wenn, o Herr, nachdem ich (dereinst) Erleuchtung erlangt habe, Wesen in anderen Weltsystemen durch das Hören meines Namens ein Denken an höchste, vollkommene Erleuchtung entwickeln und klaren Geistes meiner gedenken, – wenn ich nicht in deren Todesmoment, nachdem ich, umgeben von einer Schar von Mönchen, zu ihnen gegangen bin, als der Verehrte vor ihnen stehen sollte, um ihren Geist vor Angst zu bewahren, – nicht möge ich dann zur höchsten, vollkommenen Erleuchtung gelangen.*
>
> *(19) Wenn, o Herr, nachdem ich (dereinst) Erleuchtung erlangt habe, Wesen in unermeßlichen, zahllosen Buddhaländern durch das Hören meines Namens ihr Denken auf Wiedergeburt dort in (meinem) Buddhaland (Sukhāvatī) richten und die Wurzeln des (karmischen) Verdienstes entsprechend zur Reife bringen sollten, – wenn sie nicht dort in (meinem) Buddhaland wiederentstehen sollten, und hätten sie auch nur zehnmal das Denken (auf mich und mein Buddhaparadies) gerichtet, – nicht möge ich dann zur höchsten, vollkommenen Erleuchtung gelangen.*
>
> *(SvL 8 S. 227)*

Entlastet von unheilsamem Karman und frei von Leiden (SvL 18) reift der im Paradies Sukhāvatī wiedergeborene Gläubige zur Weisheit (38) und zum Nirvāṇa (24) heran.

Außer im Westparadies Sukhāvatī des Amitābha kann der Gläubige auch im Ostparadies Abhirati des Buddha Akṣobhya

Der Transzendente Buddha Amitāyus ist eine Form des Amitābha und Herr des westlichen Buddhafeldes Sukhāvatī. Das Gefäß enthält den Nektar der Todlosigkeit (amṛta) = *Nirvāṇa.*

wiedergeboren werden. Ein weiteres Paradies wird in ferner Zukunft der Buddha Maitreya (*Der Gütige*) auf unserer Erde aufrichten, der zur Zeit noch als Bodhisattva im Tuṣita-Himmel auf seinen Erdenauftritt wartet. Ist dereinst die Zeit seiner Buddhaschaft gekommen, wird er als Sohn des Brahmanen Subrahman in der Stadt Ketumatī geboren werden und unter einem Nāga-Baum (Mesua ferrea) die Erleuchtung zum Buddha erlangen. Er wird dem Rad der Lehre auf Erden einen neuen Anstoß geben und 60 000 Jahre in der Welt bleiben, bevor er ins Parinirvāṇa eintritt.

Bei den Buddhafeldern oder -paradiesen lassen sich zwei Typen erkennen. Der eine Typus ist ohne Sammelbezeichnung, zum zweiten rechnen die »Reinen Länder«. Die regulären Paradiese liegen innerhalb unseres Universums und ent-

Maitreya als Bodhisattva im Tuṣita-Himmel (nach einer Skulptur des 9./10. Jahrhunderts aus Viṣṇupur). Die Campa-Blüte zu seiner Linken und der Stūpa im hochgesteckten Haar ermöglichen die Identifizierung.

Eine Zukunftsvision: Maitreya als Buddha (nach einer tibetischen Bronze). Daumen und Zeigefinger der erhobenen Rechten deuten das Rad der Lehre an, das Maitreya dereinst auf Erden neu in Gang setzen wird.

sprechen etwa dem Muster der Erde, sind aber frei von Übelwollen und Gewalttat. Die Reinen Länder andererseits sind transzendent, strahlend und herrlich.

So einladend das Buddhaparadies in den Texten auch beschrieben wird, kein Sūtra erklärt und kein kundiger Gläubiger betrachtet es als endgültiges Heilsziel. Es ist lediglich eine Zwischenstation auf dem Wege zur Erlösung, denn auch bei der Glaubensschule wird Nirvāṇa durch Weisheit und Gierlosigkeit erlangt. Um diese Qualitäten ohne Störung zu entwickeln, bietet die Wiedergeburt im Zwischenparadies eines Transzendenten Buddha die beste Voraussetzung.

4. Der Bodhisattvaweg – passiv und aktiv

Für den Erlösungsweg der Selbstdisziplin bedarf es der Ausdauer, für den Weisheitsweg analytischer Intelligenz, für den Glaubensweg des gläubigen Vertrauens, alles Eigenschaften, die nicht jeder besitzt. Wem jene Heilswege zu schwierig sind, der mag sich hilfesuchend den Bodhisattvas anvertrauen. Deren Mitleid (*karuṇā*), so betonen die Texte, ist ohne Grenzen, also schließt es auch die Wesen geringer Erlösungsbegabung ein.

Um den Beistand eines Bodhisattva zu gewinnen, genügt es, ihn darum zu bitten; niemals verweigert ein Bodhisattva seine helfende Hand. Größere Eingreifmöglichkeiten als die mitmenschlichen Bodhisattvas haben freilich die Transzendenten Bodhisattvas, die »Großen Wesen«. Über die saṃsārische Welt und die Naturgesetze erhoben, können sie in jeder geeigneten Form sofort und überall erscheinen, um handfest aktiv zu werden.

Ungeheure Beliebtheit als Heilshelfer genießt der Transzendente Bodhisattva Avalokiteśvara. Er schützt vor Räubern und Schiffbruch, löscht Feuersbrünste, entwaffnet Feinde, leitet durch gefährliche Wüsten, verscheucht wilde Tiere und macht Schlangen giftlos. Ebensogut kann er zum Nirvāṇa führen:

> *Hört, ihr Söhne aus edler Familie. Das Große Wesen, der Bodhisattva Avalokiteśvara, ist eine Leuchte für die Blinden, ein Schirm für die von Sonnenglut Verbrannten, ein Fluß für die Verdurstenden; er schafft denen, die in Furcht und Schrecken sind, Sicherheit; er ist ein Arzt für die von Krankheit Gequälten; unglücklichen Wesen ist er Mutter und Vater; den in die Hölle Gestürzten weist er das Nirvāṇa. Glücklich sind die Wesen in der Welt, die seines Namens gedenken: Sie entrinnen als erste dem saṃsārischen Leiden.* (Kv 1, 16 S. 282)

Schon das Hören seines Namens befreit:

So viele hunderttausend Millionen und Milliarden Wesen hier (in der Welt) Leiden ertragen: wenn sie den Namen des Großen Wesens, des Bodhisattva Avalokiteśvara, hören, werden sie alle dadurch von der Masse des Leidens befreit.
(SP 24 S. 250)

Bei Bodhisattvas Erlösungsbeistand zu suchen ist eine leichte Heilsmethode, führt aber zu moralischer Verpflichtung. Denn wäre es nicht Egoismus und Undank, die Dienste der Bodhisattvas anzunehmen, ohne bei der Befreiung der übrigen Weltwesen mitwirken zu wollen? *Selbst* ein Bodhisattva werden, *selbst* leidenden Wesen beistehen, das ist die rechte Weise, den Bodhisattvas für die Heilshilfe zu danken! Erlöstwerden ist zwar das endgültige Ziel, Erlösen aber das vordringliche und edlere.

Was gäbe es für eine bessere Schuldbegleichung bei (unseren) wahren Freunden (den Bodhisattvas), die (uns) unermeßlichen Beistand geleistet haben, als Dienst für die Wesen? (119)
Wenn man (etwas) getan hat für diejenigen, deretwegen (die Bodhisattvas) ihren Körper zerfleischen und in die Tiefste Hölle (avīci) *eintreten, dann, wahrlich, hat man Gutes getan. Darum muß man auch großen Übeltätern alle Wohltat erweisen. (120)*
Um deretwillen sogar meine Herren (die Bodhisattvas) freiwillig rücksichtslos gegen sich selbst sind, wie könnte ich gegenüber (meinen) Herren (und) allen diesen (von ihnen Geförderten) Stolz (zeigen) und nicht vielmehr ihr Diener sein? (121) *(Bca 6 S. 58)*

Der Bodhisattva-Weg, im passiven Teil so leicht zu gehen, ist im aktiven Teil der schwerste Heilsweg, den der Buddhismus

Der Transzendente Bodhisattva Avalokiteśvara mit elf Köpfen und tausend Armen (nach einem tibetischen Holzschnitt). Die Legende erklärt, beim Anblick des Leidens in den Höllen sei ihm vor Entsetzen der Kopf in zehn Stücke zersprungen. Der Transzendente Buddha Amitābha, sein spiritueller Vater, habe darauf jedes der Bruchstücke in einen vollständigen Kopf verwandelt und ein Abbild seines eigenen obenauf gesetzt.
Jede der 1000 Hände hat auf der Handfläche ein Auge, so daß der Bodhisattva ständig alle Winkel der Erde beobachten und auf Anruf zur Hilfe herbeieilen kann. Das zentrale Händepaar hält das Juwel, das alle Wünsche erfüllt. Weitere Hände tragen Lotos (= Reinheit), Krug mit Trank der Todlosigkeit (= Nirvāṇa), Rad der Lehre und Rosenkranz. Ansonsten sind die Hände in der Wunschgewährungsgeste nach außen geöffnet.

anbietet. Das Bodhisattva-Gelübde abzulegen und sich voll der Hilfe für andere zu widmen, erfordert äußerste Selbstlosigkeit. Was immer der Bodhisattva denkt und tut, ist vom Mitleid (*karuṇā*) bestimmt:

> *Der Bodhisattva braucht sich nicht in allzu vielen Tugenden zu schulen. Einer Tugend (aber) hat der Bodhisattva sich hinzugeben, sie hat er hochzuhalten, (denn) dadurch werden alle Buddhatugenden offenbar. Welche ist diese eine Tugend? –: Es ist das Große Mitleid.* (*Śs 16 S. 151*)

Bodhisattva werden können nicht nur Mönche, sondern auch Laienbekenner, und zwar Männer und Frauen. Die Laufbahn hat den ältesten Texten zufolge sechs, nach jüngeren Werken zehn Stufen (*bhūmi*), auf deren jeder der Bodhisattva eine der sogenannten Tugendvollkommenheiten (*pāramitā*) entwickelt. Auf der siebten Stufe wird er ein Transzendenter, auf der zehnten ein Himmlischer Bodhisattva.

Am Anfang des Zehnstufigen Bodhisattva-Weges, aber noch nicht als Teil von ihm, steht das »auf Erleuchtung gerichtete Denken« (*bodhicitta*). Jemand mag sich mit der Lehre des Buddha gern beschäftigen und sie verbreiten: Erst wenn er Bodhicitta entwickelt und die Bodhisattvaschaft anstrebt, wird er ein Erlösungshelfer. Das Bodhicitta ist der Antrieb, die Bodhisattva-Laufbahn aufzunehmen.

Die Zehn Stufen der Bodhisattva-Laufbahn sind in den Texten nicht ganz konform beschrieben. Der folgende Abriß ist ein harmonisierter Auszug des Hauptsächlichen aus dem Daśabhūmikasūtra und der Bodhisattvabhūmi.

(1) Die Freudige (*pramuditā*). – Der Gläubige legt das Gelübde ab, sich als Bodhisattva ganz für andere einzusetzen und das eigene Verlöschen aufzuschieben. Auch nach dem Tode wird er Gutes wirken können, denn das Bodhisattva-Gelübde ist eine karmische Kraft und sichert ihm Wiedergeburt in ei-

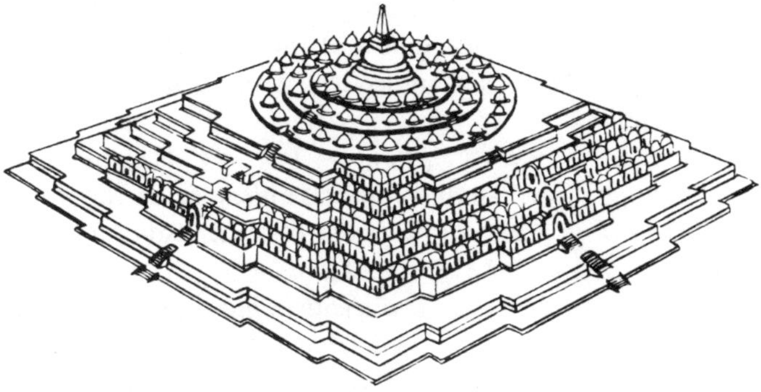

Der im 9. Jahrhundert auf der Insel Java (Indonesien) von der mahāyānischen Śailendra-Dynastie errichtete Stūpa Borobodur ist eine Darstellung des zehnstufigen Bodhisattva-Weges in Maṇḍala-Form. Die flache untere Plattform symbolisiert das Bodhicitta, die mit der breiten Umwandelungsplattform beginnenden sechs weiteren quadratischen Etagen bedeuten die sechs Stufen des Irdischen Bodhisattva. Die vier Stufen der Transzendenten Bodhisattvaschaft, auf denen der Bodhisattva saṃsārischen Bindungen nicht mehr unterliegt, sind durch die runden Plattformen und den Abschlußstūpa dargestellt. Dieser barg in einer unzugänglichen Zelle ursprünglich wohl eine Skulptur des Urbuddha – falls er nicht leer war und die Leerheit = Erlöstheit symbolisierte. Indem man die Treppen zur oberen Plattform hinaufsteigt, durchläuft man sinnbildlich die Bodhisattva-Laufbahn.
Bei einer Seitenlänge von 123 m im Quadrat erhebt sich die Anlage 42 m hoch. Sie liegt 40 km nordwestlich von Jogjakarta.
(Zwecks Verdeutlichung der Etagen wurde in der Zeichnung ein Teil der Pavillons weggelassen.)

ner Existenzform, die ihm weiteren Einsatz für andere erlaubt. Voll Freude über den begonnenen Weg pflegt der junge Bodhisattva besonders die Tugendvollkommenheit der Gebewilligkeit (*dāna*).

(2) Die Makellose (*vimalā*). – Er vollendet seine Selbstzucht (*śīla*).

(3) Die Strahlende (*prabhākārī*). – Der Bodhisattva erlangt Einsicht in die Vergänglichkeit und entwickelt Geduld (*kṣānti*) im Ertragen von Widernissen und im Einsatz für die Erlösung der Welt.
(4) Die Flammende (*arciṣmatī*). – Wie mit Flammen verbrennt er den Rest falscher Vorstellungen. Er entfaltet Willensstärke (*vīrya*), um den Kampf für die Erlösung aller Wesen zu bestehen.
(5) Die äußerst schwer zu Erobernde (*sudurjayā*). – Der Bodhisattva vervollkommnet sich in Meditation (*dhyāna*), um die wahre Natur des Daseins intuitiv erfassen zu können.
(6) Die (der Weisheit) Zugewandte (*abhimukhī*). – Dem Bodhisattva geht die Einsicht in das Konditionale Entstehen auf. Seine Weisheit (*prajñā*) = All-Wissenheit (*sarvajñatā*) vollendet sich, indem er die Leerheit aller Wesen und Dinge durchschaut und zugleich als das Absolute erkennt. Während seine Weisheit ihm sagt, daß er selbst nur ein Scheinwesen ist, das in einer bloß erscheinungshaften Welt Phantome aus illusionärem Leiden herauszuführen sucht, sagt ihm sein Mitleid, daß er dennoch in seinem Einsatz für die sich leiden glaubenden Wesen nicht nachlassen darf.

Von der sechsten Stufe aus, auf der er Weisheit (= Erleuchtung) erlangt und zum Heiligen wird, wäre es dem Bodhisattva möglich, beim Tode ins Statische (*pratiṣṭhita*) Nirvāṇa einzugehen, also endgültig zu verlöschen. Er wäre jedoch kein Bodhisattva, wenn er hiervon Gebrauch machte. Aus Mitleid mit den Wesen tritt er lediglich ins Aktive (*apratiṣṭhita*) Nirvāṇa ein, das ihn allen saṃsārischen Zwängen enthebt, ihn aber freiwillig in der Welt verbleiben läßt, damit er den Wesen weiter helfen kann.
(7) Die Weitreichende (*dūraṅgamā*). – Der Bodhisattva tritt in eine andere Seinsweise über. Er wird zum *Transzendenten* Bodhisattva, der den Naturgesetzen nicht mehr unterliegt und nicht mehr an einen physischen Körper gebunden ist. Entsprechend dem Erlösungsbeistand, den er leisten will,

kann er sich jegliche Erscheinungsform beilegen, wenn nötig, mehrere gleichzeitig. Zudem ist er im Besitz der richtigen Methode (*upāya*), d. h., er kennt den jeweils angemessenen Kunstgriff, ein Wesen auf den Erlösungsweg zu leiten.
(8) Die Unbewegte (*acalā*). – Der Bodhisattva gewinnt die Fähigkeit, sein Karma-Verdienst auf unerlöste Wesen zu übertragen (*praṇidhāna*).
(9) Die mit frommem Denken Versehene (*sādhumatī*). – Mit Kraft (*bala*) treibt er die Erlösung aller Wesen voran. Ein Bodhisattva der neunten Stufe ist Avalokiteśvara.
(10) Wolke der Lehre (*dharmamegha*). – Der Bodhisattva hat alles Wissen (*jñāna*) verwirklicht. Sein Leib beginnt zu strahlen und erhellt das Universum. Inmitten der Bodhisattvas der zehn Himmelsrichtungen sitzt er im Tuṣita-Himmel auf einem Lotos. Nur noch eines letzten Existenzwechsels bedarf es für ihn, um ein Buddha zu werden. Bodhisattvas des zehnten Vollendungsgrades sind Maitreya und Mañjuśrī.

Die Sechs bzw. Zehn Vollkommenheiten (*pāramitā*), wie die Tugenden des Bodhisattva genannt werden, spielen auch außerhalb der Bodhisattva-Laufbahn eine Rolle und seien deshalb nochmals aufgeführt. Es sind:

Gebefreudigkeit (dāna),
Zucht (śīla),
Geduld (kṣānti),
Willensstärke (vīrya),
Meditation (dhyāna) und
Weisheit (prajñā).

Diese Sechs Vollkommenheiten, heißt es (AP 22 S. 197), sind die wahren Freunde des Bodhisattva und die Ursache seiner All-Wissenheit. Die weiteren vier Vollkommenheiten sind:

(richtige) Methode (upāya),
Vorsatz (praṇidhāna),
Kraft (bala) und
Wissen (jñāna).

Sie wurden erst später hinzugefügt, um die im 3. Jahrhundert n. Chr. von sechs auf zehn Stufen erweiterte Bodhisattva-Laufbahn auch im ergänzten Teil mit Tugendvollkommenheiten zu versehen. Gewisse Seltsamkeiten der Reihenfolge – z. B. daß Weisheit vor dem Wissen erworben werde – erklären sich aus diesem historischen Zustandekommen.

5. Der Weg des Kults

Da es leichter ist, die Buddhas zu verehren als nach ihren Weisungen zu leben, schließt der Mahāyāna-Buddhismus auch Ritual und Kult in sein System ein – weniger als Empfehlung denn als Zugeständnis an die Massen. Der Kultweg ist der anspruchsloseste buddhistische Heilsweg – falls er ein Weg zur Erlösung ist, was viele bestreiten. Leugnen läßt er sich nicht; sowohl schriftliche Zeugnisse als auch die Praxis buddhistischer Länder beweisen seine Existenz.

Der Pāli-Kanon (D 16, 5, 11–12) setzt den Erlösungswert der Stūpaverehrung relativ bescheiden an: Vor dem Stūpa eines Monarchen, eines Buddha oder eines Heiligen Andacht zu üben schaffe Glück und Segen und führe zu einer Wiedergeburt in himmlischer Sphäre. Anders das Mahāyāna. Das Saddharmapuṇḍarīkasūtra (2, 78–98) erklärt die Reliquienverehrung, das Errichten von Stūpas, die Herstellung von Buddhabildern, das Darbringen von Blumen und Räucherwerk sowie das Musizieren an Andachtsstätten als Weg zur Erleuchtung. Und es fährt fort:

Diejenigen, die bei einem Stūpa (ihre) Verehrung (durch Aneinanderlegen der Handflächen) bezeugt haben, (ent-

weder in) vollkommener (Weise) oder (nur) mittels einer Hand, (und diejenigen, die) den aufrechten Kopf und den Körper ein einzigesmal einen Augenblick niedergebeugt haben, (95)
– (ferner diejenigen, die) bei jenen Reliquienbehältern (= Stūpas) ein einzigesmal »Ehre dem Buddha« gesagt haben (und) sei es auch nur mit zerstreutem Denken, – sie alle haben die höchste Erleuchtung (agrabodhi) *erlangt. (96)*
(SP 2, 95 f. S. 37)

Die geistige Haltung spielt demnach beim Kultweg keine Rolle; sogar »mit zerstreutem Denken« vollzogen ist das Ritual wirksam.

Eine breite Kluft trennt diese Auffassung von den anderen buddhistischen Erlösungswegen, die stets die Notwendigkeit richtiger Einstellung betonen.

6. Das Heilsziel: Nirvāṇa

Für die Anhänger des Glaubens- und des Bodhisattva-Weges ist das Nirvāṇa in den Hintergrund gerückt. Sie haben sich Zwischenziele gesetzt: die Wiedergeburt in einem Buddhaparadies bzw. die Erlösung der anderen Wesen. Das eigene endgültige Verlöschen bleibt indes auch für sie das Endziel.

Hīnayānische und mahāyānische Nirvāṇa-Auffassung sind nicht deckungsgleich. Für den Hīnayānin ist Nirvāṇa (P.: *nibbāna*) der Zustand, der in dem Erlösten nach der Vernichtung von Gier, Haß und Verblendung *eintritt.* Nirvāṇa ist das Hinausfinden aus dem Käfig der Wiedergeburt – ein Freiwerden, das am besten in subtraktiver Ausdrucksweise beschrieben wird.

Die Mahāyānins hingegen verstehen das Nirvāṇa vom Standpunkt der Dharma-Theorie. Nach dieser von den hīnayānischen Scholastikern ausgearbeiteten Lehre, die vom Mahāyāna übernommen wurde, gibt es zwei Arten von Dharmas oder »Daseinsfaktoren«: Einerseits die Bedingten (*saṃskṛta*), die durch ihre Fluktuation die Welt bilden, und – andererseits – den oder die Nichtbedingten Dharma(s), die das Nirvāṇa darstellen. Durch das Attribut »nichtbedingt« (*asaṃskṛta*) oder »nicht durch Karman zustande gekommen« ist das Nirvāṇa als eine dauerhafte, seit je vorhandene Entität definiert. Nirvāṇa kann demnach nicht entstehen oder eintreten, sondern ist etwas Vorgegebenes, das der Erlöste bei der Erkenntnis seiner Leerheit = Absolutes in sich entdeckt. Er besaß es schon immer, konnte von dem ihm unbewußten Schatz aber keinen Gebrauch machen. Nirvāṇa, mahāyānisch betrachtet, ist ein Gewahrwerden.

Was den Erlösten vom Weltling unterscheidet, ist seine Haltung zum Dasein. Der Weltling glaubt, der Erlösung fern zu sein, hält das saṃsārische Geschehen für wesentlich und empfindet es als Leiden. Der Erlöste hingegen lebt im Bewußtsein seiner essentiellen Leerheit = Erlöstheit und durchschaut das Leiden als Zusammenspiel von Dharmas und Schein. Er ist »heimgekehrt« in den in sich ruhenden Mittelpunkt des rotierenden saṃsārischen Rades. Die Vier Kennzeichen des Nirvāṇa sind: Dauerhaftigkeit (des Absoluten), Glück (im Gefühl der Identität mit ihm), Freiheit (vom Saṃsāra) und Reinheit (von Begierden). Ein zweiter Unterschied zwischen hīna- und mahāyānischem Nirvāṇa betrifft die Unterteilung der Erlösung in zwei Bereiche. Das Hīnayāna differenziert Vortodliches und Nachtodliches Nirvāṇa, das Mahāyāna Aktives und Statisches.

»Ohne Stillstand« (*apratiṣṭhita*) oder »aktiv« heißt im Mahāyāna der altruistische Nirvāṇa-Zustand, in welchem der Erlöste die Heiligkeit erreicht hat, sein endgültiges (Statisches) Nirvāṇa jedoch aufschiebt, um als Transzendenter Bodhisattva in der saṃsārischen Welt tätig zu bleiben. Ein Aktiv-Erlöster handelt, ohne durch sein Tun in den Saṃsāra verstrickt zu werden. Die Naturgesetze binden ihn nicht mehr, keine Heilstat ist ihm unmöglich.

Im Statischen (*pratiṣṭhita*) Nirvāṇa, das mit dem Nachtodlichen des Hīnayāna gleichzusetzen ist, hat der Erlöste im Tod seine Individualität abgeworfen. Er hat alles abgetan, was nicht reines Absolutes ist. Da Individualbegriffe auf ihn nicht mehr zutreffen, ist es ausgeschlossen, über »ihn« etwas zu sagen. Vom Statisch-Erlösten reden heißt über das Absolute sprechen. Über das Absolute Worte machen aber gleicht dem Bemühen, einen Duft mit den Händen einfangen zu wollen.

Philosophische Schulen des Mahāyāna

Die Lehren der mahāyānischen Philosophen sind aus den Sūtras abgeleitet, die dadurch erläutert und systematisiert wurden. Neuschöpfer sind die Mahāyāna-Philosophen erst in zweiter Linie gewesen; vor allem waren sie Deuter und Konsolidierer vorhandener Ideen. Ihre Hauptleistung liegt in der neuen Vision, unter der sie die Gedanken alter Texte zu profilierten Systemen zusammengefaßt haben.

Die alles überragenden Denksysteme des Mahāyāna sind Madhyamaka und Vijñānavāda. Das erstere System bedient sich philosophischer, das letztere psychologischer Methode.

1. Das Madhyamaka-System (Śūnyatāvāda)

Denker und Śāstras

Das Prajñāpāramitāsūtra (1. Jahrhundert v. Chr.), der Kerntext der Weisheitsschule, hatte mit der Gleichung Leerheit = Absolutes = Nirvāṇa = Buddhaheit den Grundgedanken des Mahāyāna geliefert. Es war Nāgārjuna, der im 2. Jahrhundert n. Chr. die Leerheitsphilosophie dieses Sūtra mit den Lehren des frühen Buddhismus kombinierte und das System durch logische Schlüsse zu untermauern versuchte. Sein Denkstil und seine Methode des Argumentierens haben das buddhistische Philosophieren bis zum Aussterben des Dharma in Indien stark mitbestimmt.

Über die Person Nāgārjunas ist wenig überliefert. Er wurde Anfang des 2. Jahrhunderts n. Chr. in Mittelindien (Vidarbha) in einer brahmanischen Familie geboren und schon als Jugendlicher zum Mönch ordiniert. Unter dem Lehrer Rāhulabhadra soll er an der Klosteruniversität Nālandā studiert und es dort bis zum Rektor und Abt gebracht haben. Später habe er einige Zeit in Amarāvatī gelebt. In vorgerücktem Alter zog er sich in die Landschaft seiner Jugend in Zentralindien

Zur Andeutung seines buddhaähnlichen Ranges wird Nāgārjuna mit der Schädelerhebung eines Buddha dargestellt. Hinter ihm züngeln Schlangen (nāga) *hoch – eine Anspielung auf seinen Namen »Schlangen-Arjuna«.*

zurück, wo er am Krishna-Fluß auf dem Brahma-Berg – später Nāgārjunakoṇda genannt – ein Kloster gründete. Hier sei er auch gestorben.

Von den unter dem Namen Nāgārjunas laufenden zahlreichen Werken sind nach den Forschungen des dänischen Indo- und Tibetologen Ch. Lindtner 13 echt; fünf davon sind in Sanskrit fast oder ganz komplett erhalten, die übrigen liegen in chinesischer und/oder tibetischer Übersetzung vor. Nach Nāgārjuna haben auch andere Denker Lehrbücher, Leitfäden oder Abrisse (*śāstra*) zum Madhyamaka verfaßt. Zu nennen sind Āryadeva (2. Jahrhundert), ein aus Ceylon stammender direkter Schüler des Nāgārjuna, ferner die Mönche Buddhapālita (5. Jahrhundert), Bhāvaviveka (6./7. Jahrhundert), Candrakīrti (6./7. Jahrhundert), Śāntideva (695–ca. 730), Śāntarakṣita (750–802) und Kamalaśīla (8./9. Jahrhundert).

Die beiden zuletzt Erwähnten haben bei der Einführung des Buddhismus nach Tibet eine bedeutende Rolle gespielt. Śāntarakṣita ordinierte die ersten Tibeter als buddhistische Mönche, Kamalaśīla verhalf dem Buddhismus indischer Prägung in Tibet zum Sieg. In einer öffentlichen Disputation, zu der die tibetische Regierung indische und chinesische Mönche eingeladen hatte und die 792 n. Chr. im Kloster Samye (südöstlich von Lhasa) stattfand, obsiegte Kamalaśīla über die Chinesen. Die Verlierer hatten Tibet zu verlassen, und das Madhyamaka-System wurde im Lande des Schnees die offizielle Philosophie.

Lehren

Seit drei Jahrzehnten ist die Erforschung Nāgārjunas ernsthaft im Gange: durch indische, amerikanische, britische, deutsche und dänische Indo- und Tibetologen. Vom Madhyamakaśāstra, dem Hauptwerk des Philosophen, gibt es inzwischen sechs Sanskrit-Editionen, vier Übersetzungen ins Englische und drei ins Deutsche. Keine der Übersetzungen kann als perfekt oder auch nur durchweg verständlich gelten.

Das Madhyamakaśāstra, »Lehrbuch der Mittleren Lehre«, besteht aus 448 Merkstrophen (*kārikā*) in 27 Kapiteln. Die Lehren des hīnayānischen Sanskritkanons und des Prajñāpāramitāsūtra, die das Gedankenmaterial zu dem Buch liefern, waren Nāgārjunas Hörern zwar weitgehend vertraut, erschienen ihnen aber in Nāgārjunas philosophischer Verschmelzung wieder originell und frisch. Daß seine Beweisführung oft nur auf Analogien und Gleichnissen beruhte und die Deduktionen zum Teil falsch[31] waren, fiel daneben kaum auf. Wer die logischen Mängel überhaupt bemerkte, mochte sie für einen pädagogischen Kunstgriff halten, bei dem es weniger auf den Inhalt als auf die Heilsstimulation des Zuhörers ankomme.

---

31 Zum Beispiel Mś 3, 2: »Das Auge sieht sich nicht selbst. Wenn es sich selbst nicht sieht, wie kann es andere (Dinge) sehen?«

Im folgenden soll Nāgārjuna durch 90 ausgewählte Merkverse seines Madhyamakaśāstra selbst sprechen. Da das Buch keinen systematischen Aufbau besitzt, ist es zulässig, seine Strophen nach Themen zu ordnen. Dabei wird deutlich, daß Nāgārjuna einige mahāyānische Lehren, darunter die von den Bodhisattvas als Heilshelfern, links liegen läßt (vgl. Mś 24, 32) und immer wieder auf den historischen Buddha Gautama Bezug nimmt. Er möchte nicht als Weiterentwickler, sondern als Interpret der originalen Buddhalehre verstanden werden.

Das Thema des Madhyamakaśāstra ist in einem Satz zu umreißen: Die Wiedergeburt ohne Seele. Der Buddha hatte die Annahme einer Seele (*ātman*) im Sinne einer den Tod überdauernden, sich wieder inkarnierenden Entität als Irrtum erklärt, die vom Karman gelenkte Wiedergeburt aber anerkannt. Der Seelenglaube, so hatte er gezeigt, entspringt einem Denken, das allem Daseienden ein Substrat unterstellt und bei dem es nur Sein oder Nichtsein geben kann. Wo andere eine Substanz behaupten, erkannte Gautama einen Konditionismus. Leben ist zwischen Sein und Nichtsein die Mitte, nämlich ein ständiges Werden.

Diese »Mittlere Lehre« will Nāgārjuna darstellen. Die Vorspannverse zum Madhyamakaśāstra machen das deutlich:

Kein Vergehen, kein Entstehen;
keine Vernichtung, keine Ewigkeit;
keine Identität, keine Andersheit;
kein Kommen, kein Gehen.
Vor ihm, der (zwischen diesen Extremen) das Konditionale Entstehen (als Mittleren Weg) und das Zurruhekommen der Vielheitswelt als das Heil (= Nirvāṇa) aufgezeigt hat – vor ihm, dem Vollkommenen Buddha, dem besten (aller) Lehrer, verneige ich mich.

Es gibt »kein Vergehen, kein Entstehen«, weil nichts in der Welt Seele (*ātman*) oder Eigennatur (*svabhāvatā*) besitzt, so daß man vom Vergehen oder Entstehen eines *Seienden* sprechen könnte. »Keine Vernichtung, keine Ewigkeit« heißt, der Buddha vertritt als Seelenverneiner weder (wie die Materialisten) die Vernichtung des Wesens im Tode noch (wie die Upaniṣaden-Lehrer) die Ewigkeit des Wesens infolge der Ewigkeit der Seele. Seine Auffassung liegt zwischen diesen Extremen: aufhebbare Wiedergeburt durch das Entstehen in Abhängigkeit (*pratītya-samutpāda*). »Keine Identität, keine Andersheit« bedeutet, der Wiedergeborene ist wegen des Fehlens eines Seelenkontinuums weder mit seiner Präexistenz identisch noch ein anderer. Die Wahrheit liegt dazwischen: Er ist von der Präexistenz karmisch bedingt. »Kein Kommen, kein Gehen« besagt, daß das Nirvāṇa als Leerheit und Nichtbedingter (*asaṃskṛta*) Dharma nicht dem Entstehen unterliegt und darum seit jeher *ist.* Es kann nicht eintreten und nicht verschwinden.

a) In der Person keine Seele, in den Dingen keine Eigennatur

Dazu sagt Nāgārjuna:

> *Die Buddhas haben die Seele* (ātman) *(als Irrtum) erkannt und (darum) die Nicht-Seele* (anātman) *gelehrt. Sie haben dargelegt, daß es ein Etwas wie eine Seele oder eine Nicht-Seele nicht gibt.* *(Mś 18, 6)*
>
> *Ich kann diejenigen nicht als Kenner des Sinnes der (Buddha-) Verkündigung ansehen, die meinen, die Seele besitze Wesenhaftigkeit* (satattva) *und es gebe eine Eigenständigkeit der Dinge.* *(10, 16)*

Anders ausgedrückt: Die empirische Person, bar einer Seele, ist leer (*śūnya*).

Leer ist auch die Welt der Dinge, denn wie der Person die Seele (*ātman*), so fehlt den Dingen die Eigennatur (*svabhāvatā*), die ihre Existenz von allem unabhängig machen würde.

Es gibt kein Ding an sich hinter den Erscheinungen, überall ist Leerheit (*śūnyatā*), ja man kann die Leerheit als die Eigennatur der Dinge bezeichnen:

Daraus, daß man (bei allem) ein Anderswerden erkennt, folgert das Fehlen von Eigennatur in den Dingen. (Aber:) Weil die Dinge Leerheit sind, gibt es kein Ding ohne Eigennatur. *(13, 3)*

Wenn es keine Eigennatur (hier: Leerheit) gäbe, wer würde sich dann wandeln? Wenn es (aber) Eigennatur (hier: Dauerhaftigkeit) gäbe, wer könnte sich dann wandeln? *(13, 4)*

Eine Welt mit Eigennatur wäre eine ewige, steinerne Welt, eine Welt des stagnanten Seins, aber nicht des Lebens, denn Leben ist Fließen und Wandlung.

Ein Entstehen von Eigennatur (svabhāva) *durch Voraussetzungen und Ursachen ist (als Gedanke) nicht zutreffend, (denn) Eigennatur, die aus Ursachen und Voraussetzungen entstanden ist, wäre etwas Geschaffenes.* *(15, 1)*

Was in Eigennatur (seit jeher) existiert, wie könnte das wiederentstehen? Darum gibt es, wenn man die Leerheit (= Wandelbarkeit) bestreitet, (philosophisch) kein Entstehen. *(24, 22)*

Die Welt würde nicht-entstanden, unvergangen, unerschütterlich und der Veränderung enthoben sein, wenn es (bei ihr) Eigennatur gäbe. *(24, 38)*

Was durch Eigennatur existiert, das kann nicht nicht sein, (folglich wäre es) ewig. (Falsch wäre, zu sagen:) »Es ist nicht jetzt, war aber früher«, (denn) das impliziert die Vernichtung (des Unvernichtbaren). *(15, 11)*

Für etwas, das wirklich ist (sadbhāva), *gäbe es wegen seiner Eigennatur kein Nichtsein. (In Wahrheit verhält es sich aber so, daß) zum Zeitpunkt des Nirvāṇa infolge des Zurruhekommens des Werdensstromes die Vernichtung (des Leidens) eintritt.* *(21, 17)*

Glücklicherweise besitzt das Leiden, das die Wesen bedrückt, keine Eigennatur, sondern ist, da konditional entstanden, leer und aufhebbar:

Woher könnte es Leiden geben, das nicht konditional entstanden ist? Als unbeständig (hat der Buddha) das Leiden erklärt. Gäbe es Eigennatur, wäre es nicht vorhanden. *(24, 21)*

Für Leiden, das aus Eigennatur besteht, gäbe es keine Aufhebung. Du bestreitest die Aufhebung (des Leidens), wenn Du darauf beharrst, es gebe Eigennatur. *(24, 23)*

Wenn es Eigennatur gäbe, wäre keine Verwirklichung des (Heils-)Weges möglich. Da (aber) dieser Weg verwirklicht wird, (beweist das,) es gibt keine Eigennatur. *(24, 24)*

Niemand (der in Eigennatur existiert) könnte jemals Gutes oder Schlechtes tun. Was könnte einer tun, der nichtleer (aśūnya) *ist? Eigennatur agiert nicht (und kann daher kein Karman schaffen).* *(24, 33)*

Wenn (alles) nichtleer wäre, dann gäbe es kein Erlangen des Nichterlangten (d. h. des Nirvāṇa), kein Tun zur Beendigung des Leidens und keine Aufhebung aller Verunreinigungen (kleśa). *(24, 39)*

Wäre alles dies (um uns herum) unleer, dann gäbe es weder Entstehen noch Vergehen. Durch Aufgeben oder Aufhebung von was wäre (dann wohl) das Nirvāṇa anzustreben?
(25, 2)

In den wiedergegebenen Strophen umreißt Nāgārjuna zwei gegensätzliche Überzeugungen. Als falsch lehnt er die substanzielle Weltauffassung ab, die Theorie des statischen und ewigen Seins nach der Gleichung: »Seele / Eigennatur = Ewigkeit = Unfähigkeit zum Wandel = aktionslos = keine Erlösungsmöglichkeit (aber auch keine Notwendigkeit der Erlösung).« Ihr stellt er das dynamistische buddhistische Weltverständnis entgegen, die Lehre des ständigen Werdens und schließlichen Entwerdens zum Nirvāṇa: »Nicht-Seele / Nicht-Eigennatur = Leerheit = Konditionales Entstehen = Vergänglichkeit = Leiden = Aufhebbarkeit des Leidens im Nirvāṇa.« Jedes einzelne Glied dieser Gleichsetzung begründet alle anderen.

b) Die Wiedergeburt ohne Seele – der Konditionalnexus

Die Ablehnung des Glaubens an eine Seele bei gleichzeitiger Anerkennung der Wiedergeburt hatte den Buddha gezwungen, den Zusammenhang zwischen der Vor- und der Nachexistenz anders als durch Seelenwanderung zu erklären. Wie die Texte des Hīnayāna erläutert Nāgārjuna die Wiedergeburt ohne Seele durch den Konditionalnexus (*pratītyasamutpāda*). Konditionales Entstehen, d. h. Entstehen aus jeweils mehreren Voraussetzungen, ist möglich, weil alle Faktoren der Konditionalkette leer und somit erzeug- und aufhebbar sind. Die Leerheit ist die Grundlage des konditionalen Entstehens – so sehr, daß man die beiden Begriffe gleichsetzen kann:

Das Konditionale Entstehen ist es, das wir Leerheit nennen. Sie (die Leerheit) ist ein (mit dem Konditionalen Entstehen) synonymer Begriff, und sie ist der Mittlere Weg. *(24, 18)*

Ein Etwas (dharma), *das nicht konditional entstanden wäre, ist nicht zu finden. Eben darum gibt es kein Etwas, das unleer wäre.* *(24, 19)*

Du leugnest das ganze Weltgetriebe, wenn Du die Leerheit des Konditionalen Entstehens bestreitest. *(24, 36)*

Das 26. Kapitel des Madhyamakaśāstra widmet Nāgārjuna der Darstellung des Konditionalnexus. Nirgendwo deutet er an, daß seine zwölf Glieder (nidana) sich über drei Existenzformen verteilen.

Ein in Unwissenheit (avidyā) *befangener (Mensch) schafft dreifach (nämlich für das Tun, Sprechen und Denken) Tatabsichten* (saṃskāra), *die zur Wiedergeburt führen. Durch solche Taten* (karman) *gelangt er zu einer (neuen) Existenzform* (gati). *(26, 1)*

Entsprechend den Tatabsichten fixiert sich (saṃniviśate) *das Bewusstsein* (vijñāna) *auf eine (neue) Daseinsform. Ist das Bewußtsein (so) fixiert, ist (dort) die Entstehung von Name und Körper* (nāma-rūpa) *eingesät.* *(26, 2)*

Sind aber Name und Körper (d. h. die empirische Person) eingesät, gibt es die Entstehung des Sechssinnengebietes (ṣadāyatana). *Abhängig vom Sechssinnengebiet entsteht (Sinnes-)Berührung* (saṃsparśa). *(26, 3)*

Sind als Voraussetzungen das Auge vorhanden und eine Form (d. h. etwas Sichtbares) sowie deren Zusammenspiel, dann entsteht auf der Basis von Name und Körper das Bewußtsein (vijñāna). *(26, 4)*

Das Zusammentreffen der drei, nämlich von Auge, Form und Bewußtsein, ist Berührung. Aus der Berührung geht Empfindung (vedanā) *hervor.* *(26, 5)*

In den folgenden Strophen weitet Nāgārjuna die Darstellung des Konditionalnexus aus und erläutert nebenbei die Gefährlichkeit der Empfindungen für die Erlösung.

Mit der Empfindung hängt die Gier (tṛṣṇā) *zusammen, denn man begehrt zum Zwecke von Empfindungen. Wenn man begehrt, entwickelt man das vierfache Ergreifen* (upādāna) *(d. h. von Lustobjekten, theoretischen Ansichten, Ritualen und Glauben an die Existenz einer Seele).* *(26, 6)*

Wenn es Ergreifen gibt, dann entsteht für den Ergreifer ein Werden (bhava). *Wenn es (aber) Nichtergreifen gibt, wird er erlöst und es gibt (für ihn) kein (neuerliches) Werden.* *(26, 7)*

Werden, das (konstituiert sich als die) Fünf Gruppen (skandha) *(aus denen sich die empirische Person zusammensetzt), (denn) aus dem Werden geht Geburt* (jāti) *hervor (sowie) Alter und Tod* (jarāmaraṇa) *und das weitere Leiden (wie) Trauer, Kümmernis und Wehklagen.* *(26, 8)*

(Nur) Betrübtheit und Verzweiflung entstehen aus der Geburt. Entstehen ist ausschließlich das eines Haufens von Leiden. *(26, 9)*

Der Unwissende entwickelt Tatabsichten (saṃskāra) *als Wurzeln für den Wiedergeburtskreislauf* (saṃsāra). *Daher ist der Unwissende ein Tuer (und Erzeuger von Karman), nicht der Wissende, der das Absolute* (tattva) *erschaut hat.* *(26, 10)*

In der Aufhebung der Unwissenheit liegt die Beendigung von Tatabsichten. Die Vernichtung der Unwissenheit aber wird nur zustandegebracht durch Wissen (jñāna), *das aus der Erzeugung (guten Karmans) stammt.* *(26, 11)*

Durch Aufhebung des einen entsteht nicht das andere. Ein Haufen von Leiden ist es bloß, der da gänzlich aufgehoben wird. *(26, 12)*

Wer das Konditionale Entstehen (pratītyasamutpāda) *sieht, der sieht das Leiden, (dessen) Ursprung, Aufhebung und den (Erlösungs-)Weg (d. h. die Vier Edlen Wahrheiten des Buddha).* *(24, 40)*

Wie man sich die Auswirkung des Karman auf die nächste Existenzform vorzustellen hat, ist in Nāgārjunas Abriß des Konditionalen Entstehens (Mś 26, 2) bereits angedeutet: Es sind die Tatabsichten (*saṃskāra*), die über das Bewußtsein die nächste Existenzform qualitativ bestimmen. Das Karman – keine Seele – stellt den Zusammenhang zwischen dem Sterbenden und »seiner« Wiedergeburt her:

Leerheit ist nicht Vernichtung, Saṃsāra ist nicht Ewigkeit. Es gibt keine Vernichtung des Karman (beim Tode eines Wesens) – das ist die vom Buddha aufgezeigte Lehre. *(17, 20)*

Wie ein Schuldschein ohne Löschung, solch eine Schuld ist das Karman. Es ist von vierfacher Art und von Natur aus undurchschaubar. *(17, 14)*

Von vierfacher Art ist das Karman, weil unterschieden werden: Wiedergeburt erzeugendes Karman; Karman, welches das alte Karman unterstützt; Karman, das älterem Karman entgegenwirkt; und Karman, welches das alte Karman aufhebt. Als undurchschaubar hatte bereits der Buddha das Wirken des Karman bezeichnet.

Eine willentliche Vernichtung des Karman – wie die Aufhebung einer Schuld durch einen Schuldenerlaß – ist nach Nāgārjuna nicht möglich. Jedes Karman muß abgegolten werden, das heißt, sich durch Reifung seiner Wirkung selber annullieren.

> *Es (das Karman) ist nicht ablegbar durch Verzicht wie (z. B.) mittels (der Meditation der) Geistesentfaltung* (bhāvanā). *Infolge ihrer Nichtaufhebung(smöglichkeit) entsteht die Frucht (d. h. Auswirkung) der Karma-Taten (in jedem Falle).* *(17, 15)*

Der Ausdruck »Karman«, wörtlich »Tat«, könnte mißverstanden werden dahingehend, daß nur das physisch vollzogene Tun karmische Auswirkungen zeitigt. Schon Gautama selbst hatte klargestellt, daß es die dem Tun vorangehende Absicht (*cetanā*) ist, die die karmische Frucht bedingt, auch dann, wenn die Tat durch äußere Abhaltung nicht zur Ausführung kommt. Nāgārjuna greift das Thema auf:

> *Wenn die Absicht* (cetanā) *gefaßt worden ist, das hat der höchste Seher (der Buddha) Karman genannt. Er hat mehrere Arten des Karman erläutert.* *(17, 2)*

> *Dabei hat er die Absicht, das geistig Anvisierte* (smṛta), *als Tat bezeichnet. Nachdem man (eine Absicht) gefaßt hat, so (hat er) gesagt, dann (vollzieht man sie als Tun) mit Körper und Rede.* *(17, 3)*

Immer wieder hielten philosophische Opponenten den Bekennern des Buddha-Dharma entgegen, bei Leugnung einer Seele bestehe keine Verbindung zwischen dem Erzeuger des Karman und demjenigen, der die karmischen Auswirkungen zu ernten hat. Nāgārjuna zeigt, daß es zwischen der Identität der Vor- und Nachexistenz (durch ein Seelenband) und der völligen Separiertheit der beiden Existenzen einen Mittelweg gibt: die Konditionalität.

Die Identität (ekatva) *von Ursache und Frucht ist unzutreffend. Andersheit* (anyatva) *von Ursache und Frucht ist (ebenfalls) unzutreffend.* *(20, 19)*

Bestünde Identität zwischen Frucht und Ursache, dann (bestünde) Einsheit (aikya) *zwischen Produkt und Urheber.* *(20, 20)*

(Die Ansicht,) die Wirkung sei das gleiche wie die Ursache, ist unhaltbar. (Die Ansicht,) die Wirkung sei verschieden von der Ursache, ist (gleichfalls) unhaltbar. *(4, 6)*

Was auch immer bedingt entsteht, das ist weder dasselbe noch ein anderes (als die Ursache). Daher gibt es weder die Vernichtung (im Tode) noch die Ewigkeit (einer Seele). *(18, 10)*

(Der Glaube,) »Ich habe in der Vergangenheit existiert«, ist unzutreffend. Derjenige, der in der früheren Geburt existierte, das ist nicht dieser (der hier zu Euch spricht). *(27, 3)*

(Der Glaube,) »Ich habe in der Vergangenheit nicht existiert«, ist unzutreffend. Derjenige, der in der früheren Geburt existierte, das ist kein anderer (als der, der hier zu Euch spricht). *(27, 9)*

Weil die Kontinuität (saṃtāna) *der Gruppen* (skandha) *ist wie die Flamme von Lampen (von denen die eine die andere entzündet), darum ist es unangebracht, (bei der empirischen Person) von unendlich oder endlich (zu reden).* (27, 22)

c) Leerheit

Die Leerheit (*śūnyatā*) spielt im mahāyānischen System eine doppelwertige Rolle. Sie ist einerseits der Grund für die Vergänglichkeit des Daseienden und für das aus der Vergänglichkeit resultierende Leiden, andererseits die Voraussetzung dafür, daß sich das Leiden aufheben und die Erlösung verwirklichen läßt. Ohne Leerheit wäre das Dasein ein Sein mit Eigennatur – unveränderbar und starr.

Nāgārjuna folgert die Zeitlosigkeit der Leerheit daraus, daß sie nicht aus etwas Nichtleerem (*aśūnya*) entstehen konnte.

Wenn es ein Nichtleeres gäbe, dann gäbe es etwas Leeres. Da (aber) nichts Nichtleeres existiert, woraus sollte dann Leerheit entstehen? (13, 7)

Als etwas Nichtmaterielles ist die Leerheit dauerhaft. Sie ist in allem vorhanden und hebt als innere Identität alle Trennungen auf.

Wie sollte ein Leeres entstehen, wie sollte ein Leeres vergehen? Wenn etwas leer ist, folgert daraus, daß es weder entstanden noch vergangen ist. (20, 18)

Da alle Dinge (dharma) *leer sind, was ist unendlich und was ist endlich? Was ist sowohl unendlich als auch endlich? Was ist weder unendlich noch endlich?* (25, 22)

Was ist dies und was ein anderes? Was ist ewig und was ist nichtewig? Was ist ewig sowohl als nichtewig und weder ewig noch nichtewig? (25, 23)

Das Rad der Lehre, mahāyānische Form (nach einem tibetischen Holzschnitt). Die acht Speichen symbolisieren die Glieder des Achtfachen Weges zur Leidenserlösung, das aus dem chinesischen Kulturraum übernommene Zeichen im Zentrum die Verwobenheit von Leid und Erlösung.

Der Überbrückung aller Trennung zwischen den Dingen durch die allem inhärente Leerheit zufolge existiert auch zwischen Saṃsāra und Nirvāṇa keine Trennung.

> *Es gibt keinerlei Unterschied zwischen Saṃsāra und Nirvāṇa. Es gibt keinerlei Unterschied zwischen Nirvāṇa und Saṃsāra.* *(25, 19)*

> *Der Höchstpunkt des Nirvāṇa ist auch der Höchstpunkt des Saṃsāra. Zwischen den beiden gibt es nicht das mindeste (das sie trennt).* *(25, 20)*

> *Alles (an Heil und Erlösung) wird dem zuteil* (yujyate), *dem die (Erkenntnis der) Leerheit zuteil wird. Nichts wird dem zuteil, dem die (Erkenntnis der) Leerheit nicht zuteil wird.* *(24, 14)*

Von der universalen Leerheit als dem Daseinshintergrund und Absoluten ist zu unterscheiden die Leerheit als philosophische Theorie. Sie ist gefährlich und führt zum Verderben.

> *Leerheit, falsch verstanden, zerstört einen Menschen von dürftigem Verstande wie eine Schlange, die man falsch anfaßt, oder wie ein Zauberspruch, den man falsch anwendet.* (24, 11)

Eine philosophische Leerheitstheorie kann allenfalls in der Leerheit des Geistes von Theorien bestehen:

> *Die Sieger (d. h. Buddhas) haben die Leerheit als das Aufgeben aller Theorien verkündet. Diejenigen aber, die eine Leerheitstheorie (hegen), die haben sie als unrettbar bezeichnet.* (13, 8)

d) Saṃsāra und der Weg zur Erlösung

Global gesehen gibt es für den Wiedergeburtskreislauf (*saṃsāra*) keinen Anfang und kein Ende.

> *Der Große Weise (Buddha) hat erklärt, daß man den Uranfang (des Saṃsāra) nicht erkennt. Der Saṃsāra hat weder Anfang noch Ende, es gibt (bei ihm) keinen Beginn und keinen Schluß.* (11, 1)

Lediglich individuell ist es möglich, der Rotation von Geburt und Tod und Wiedergeburt zu entkommen, und zwar durch Aufhebung der Leidensursachen Gier (*tṛṣṇā*) und Unwissenheit (*avidyā*) oder, nach einer Dreiersystematik, Begehren (*rāga*), Haß (*dveṣa*) und Verblendung (*moha*). Die an das Leiden bindenden Affekte werden auch als Verunreinigungen (*kleśa*) bezeichnet.

Das Madhyamakaśāstra, mehr philosophisch als pastoral

ausgerichtet, enthält keine planvolle Darstellung des Erlösungsweges, gibt aber Hinweise darauf, wie das Nirvāṇa zu verwirklichen ist. Die wichtigsten Tugenden sind Selbstdisziplin und Güte.

> *Ein Denken, das Selbstzügelung, Sorge für andere und Wohlwollen (einschließt), das ist die Lehre (des Buddha) und der Same für (gute karmische) Frucht hier und im nächsten Leben.* *(17, 1)*

Die Gefahr, daß wir Gier, Haß und Verblendung entwickeln, geht vor allem von den Sinnesfähigkeiten aus, denn sie machen uns Dinge wahrnehmen, die in uns Regungen des Habenwollens oder der Abscheu wecken oder die wir falsch einschätzen. Aber weder das Wahrgenommene noch die daraus erwachsenen Emotionen sind echt.

> *Aus der Phantasie* (saṃkalpa) *hervorgegangen sind Gier, Haß und Verblendung, so heißt es. Sie sind abhängig vom Schönen, Häßlichen und von Fehleinschätzungen* (viparyāsa). *(23, 1)*

> *Das Schöne, das Häßliche und die Fehleinschätzungen sind (aber) von Eigennatur* (svabhāva) *nicht existent (sondern sind nur Phänomene). Von welchem (echten) Schönen, Häßlichen und welcher Fehleinschätzung sind die Verunreinigungen (also) bedingt?* *(23, 6)*

> *Formen, Töne, Geschmäcke, Ertastetes, Düfte und Denkobjekte – sie alle sind einem Luftschloß gleich und ähneln einer Fata Morgana oder einem Traum.* *(23, 8)*

> *Welche (Regungen) aus dem Schönen, dem Häßlichen und aus Fehleinschätzungen bedingt hervorgehen, sie sind (gleichfalls) in Eigennatur nicht existent. Darum*

sind die Verunreinigungen (kleśa) *nichts Wesenhaftes* (na tattvataḥ). *(23, 2)*

Wenn das Schöne nicht (objektiv) existiert, wieso entsteht Gier? Wenn das Häßliche nicht (objektiv) existiert, wieso entsteht Haß? (23, 12)

Ein mächtiges Hindernis für die Erlösung ist die Meinung, es gebe eine Seele (*ātman*), denn aus ihr entspringt die Selbstsucht. Will man das Nirvāṇa verwirklichen, ist die Ich-Idee aufzugeben.

Wenn es keine Seele (ātman) *gibt, woher kommt dann Selbstsucht? Durch das Stillwerden von Selbst- und Mein(gedanken) wird man bescheiden und unegoistisch. (18, 2)*

Sind (die Gedanken an) Mein und Ich, die sich nach außen und innen richten, geschwunden, dann hat das Ergreifen (upādāna) *(einer Wiedergeburtsexistenz) aufgehört. Aus seiner Aufhebung ergibt sich die Aufhebung der (Wieder-)Geburt. (18, 4)*

Erlösung (mokṣa) *resultiert aus der Vernichtung der Verunreinigung des Tuns* (karmakleśa). *Die Verunreinigung des Tuns erwächst aus dem Eingebildeten* (vikalpata), *dieses aus der Vielheitswelt* (prapañca). *Die Vielheitswelt aber wird in der (Erkenntnis ihrer) Leerheit aufgehoben. (18, 5)*

Für die Erlösung kommt es darauf an, die Unwissenheit (*avidyā*) aufzuheben und Erkenntnis zu gewinnen.

Ein Wesen, das von Unwissenheit umnebelt ist, das ist mit der Fessel der Gier gebunden. Als Nutznießer (oder Erleider der Wiedergeburt) ist es vom Tuer (seinem karmischen

Urheber) weder verschieden noch mit ihm identisch (sondern konditional von ihm bedingt). *(17, 28)*

Wissen bewegt sich auf zwei Ebenen: Der Ebene des Alltagswissens und der der Weisheit.

Die Lehrdarlegung der Buddhas stützt sich auf zwei Wahrheiten (satya) – *die Wahrheit weltlicher Konvention* (lokasaṃvṛti) *und die absolute Wahrheit* (paramārtha). *(24, 8)*

Jene, die nicht die Verschiedenheit der beiden Wahrheiten erkennen, die erkennen nicht das Absolute (tattva) *und die Tiefe der Weisung des Buddha.* *(24, 9)*

Ohne sich auf den (konventionellen) Sprachgebrauch zu stützen ist der höchste Sinn nicht darzulegen. Wird der höchste Sinn nicht erfaßt, erreicht man nicht das Nirvāṇa. *(24, 10)*

e) Nirvāṇa und der Erlöste

Im Saṃsāra ist alles karmisch-konditional bedingt (*saṃskṛta*) und leidhaft, Nirvāṇa hingegen ist nichtbedingt (*asaṃskṛta*). Es wird verwirklicht nicht durch karmisch wirksames Tun, sondern im Gegenteil durch Aufhebung der Karmabelastung.

Wenn ein Entstehen bedingt (saṃskṛta) *ist, dann verbinden sich mit ihm die Drei Kennzeichen (Unbeständigkeit, Leiden und Nichtseele). Wenn (aber) ein Entstehen nichtbedingt* (asaṃskṛta) *ist, wie könnte es die Kennzeichen des Bedingten haben?* *(7, 1)*

Wenn Nirvāṇa ein Sein (bhāva) *wäre, dann wäre das Nirvāṇa bedingt* (saṃskṛta), *denn nirgendwo gibt es irgendein Sein, das nichtbedingt ist.* *(25, 5)*

Ein Sein ist folglich das Nirvāṇa nicht. (Zudem) hätte es (dann) die Kennzeichen Altern und Tod. Was als Sein entsteht, das ist nicht ohne Altern und Tod. (25, 4)

Wäre Nirvāṇa ein Sein, wie könnte es dann unabhängig sein? Ein Sein, das gleich dem Nirvāṇa unabhängig wäre, das gibt es nicht. (25, 6)

Nirvāṇa ist jedoch auch kein Nichtsein:

Wenn Nirvāṇa ein Nichtsein (abhāva) *wäre, wie könnte das Nirvāṇa dann unabhängig sein? Denn es gibt kein Nichtsein, das unabhängig existiert (weil Nichtsein nur als Korrelat zum Seienden denkbar ist).* (25, 8)

Ein Sein, das Kommen und Gehen aufweist, das (entsteht) abhängig und konditional. Das Nirvāṇa (aber) wird aufgezeigt als ohne konditionales Entstehen (apratītyasamutpāda). (25, 9)

Der Lehrer (Buddha) hat vom Aufgeben von Werden und Vergehen gesprochen. (Auch) darum ist es angebracht, Nirvāṇa weder als Sein noch als Nichtsein (zu verstehen). (25, 10)

Nirvāṇa, kein Sein und kein Nichtsein, bleibt etwas philosophisch Unbegreifbares. Es liegt zwischen den Denkkategorien als ein Weder-Noch:

Nicht aufgegeben und nicht erlangt, nicht vergangen und nicht ewig, nicht vernichtet und nicht entstanden, das wird als Nirvāṇa bezeichnet. (25, 3)

Es kann nicht denkerisch erfaßt, aber durch Selbstdisziplinierung als Heilsziel verwirklicht werden:

Zurruhekommen aller Wahrnehmungen, Zurruhekommen der Vielheitswelt, Heil (das ist Nirvāṇa). Nirgendwo hat der Buddha irgendwem irgendein Etwas (als Nirvāṇa) aufgezeigt. *(25, 24)*

Wenn das Nirvāṇa mangels Beschreibungsmöglichkeiten nicht definierbar ist: vielleicht ist der ins Nirvāṇa eingegangene Vollendete besser greifbar. Im 22. Kapitel des Madhyamakaśāstra stellt Nāgārjuna dazu Betrachtungen an. Sie enden in Ungewißheit, denn der Verloschene ist außersaṃsārisch und jenseits der an weltliche Begriffe gebundenen Sprache.

Der Vollendete (tathāgata) *ist weder die Gruppen* (skandha) *(die die empirische Person darstellen), noch ist er ein anderer als die Gruppen. Die Gruppen sind nicht in ihm noch ist er in ihnen. Der Vollendete (besteht auch nicht) durch die Gruppen. Wer also ist der Vollendete?* *(22, 1)*

Da der Buddha leer ist von Eigennatur (svabhāva), *ist der Gedanke, daß er nach dem Tod existiere oder nichtexistiere, unangebracht.* *(22, 14)*

Die Eigennatur des Vollendeten (d. i. die Leerheit,) ist auch die Eigennatur dieser Welt. Der Vollendete ist ohne Eigennatur (d. h. ohne unveränderliches Sein), und ohne Eigennatur ist (auch) diese Welt. *(22, 16)*

Es ist nicht zu erschließen, ob der Erhabene jenseits des Todes existiert. Es ist nicht zu erschließen, ob er nicht existiert, (oder) ob beides oder keines von beiden (zutrifft). *(25, 17)*

Mit einem Dank an den historischen Buddha verabschiedet sich Nāgārjuna in der letzten Strophe seines Śāstra vom Leser:

Ich verneige mich vor Gautama, der, von Mitleid bewogen, die Wahre Lehre aufgezeigt hat, damit alle (falschen) Theorien aufgehoben werden. *(27, 30)*

2. Das Vijñānavāda-System (Yogācāra)

Denker und Śāstras

Das älteste Buch der Vijñānavāda-Schule ist das Sandhinirmocanasūtra, »Das Sūtra, das (des Buddha wahre) Ansicht freilegt« (1./2. Jahrhundert n. Chr.). Es ist im originalen Sanskrit nicht erhalten und liegt nur in chinesischer Übersetzung vor. Vom Avataṃsakasūtra (3. Jahrhundert n. Chr.), das im vollen Wortlaut gleichfalls nur chinesisch tradiert ist, existieren im indischen Urtext noch zwei Einzelwerke – Gaṇḍavyūha und Daśabhūmika. Zum Glück ist der wichtigste Text der Vijñānavāda-Schule in Sanskrit greifbar: Das Laṅkāvatārasūtra, »Das Sūtra von der Herabkunft (des transzendenten Buddha) in Laṅkā« (3. Jahrhundert n. Chr.). Es ist wahrscheinlich das schwierigste Buch der gesamten buddhistischen Literatur.

Drei Männer haben das Yogācāra geprägt: Maitreya oder Maitreyanātha (3./4. Jahrhundert), Asaṅga und Vasubandhu. Maitreya(nātha)s Geschichtlichkeit ist von einigen Indologen bezweifelt worden, jedoch neigt die jüngere Forschung dazu, ihn als historisch anzusehen; er sei der Lehrer des Asaṅga gewesen. Unter seinem Namen sind sechs Sanskrit-Werke tradiert, am wichtigsten davon das Yogācārabhūmiśāstra.

Asaṅga (290–360) und Vasubandhu (316–396) waren Brüder oder Halbbrüder und entstammten einer Brahmanen-Familie aus Puruṣapura (heute: Peshāwar, Pākistān). Vor ihrem Übertritt zum Mahāyāna gehörten sie der (hīnayānischen) Sarvāstivāda-Schule an. Asaṅga ist der Verfasser des Dharmatāvibhaṅga, des Abidharmasamuccaya und weiterer Werke, die in Übersetzungen erhalten sind.

Vasubandhu wurde durch seinen Bruder Asaṅga zum Mahāyāna bekehrt, nachdem er als Hīnayānin bereits den berühmten Abhidharmakośa verfaßt hatte. Für das Mahāyāna schrieb er mehrere Śāstras, darunter den Trisvabhāvanirdeśa und die Vijñaptimātratāsiddhi. Die letztere besteht aus zwei philosophischen Traktaten, der Viṃśatikā und der Triṃśikā.

Wie unterschiedlich Asaṅga und Vasubandhu die Akzente setzen, erhellt daraus, daß sie ihre Schule verschieden benennen. Asaṅga als religiöser Praktiker betont den Wert der Meditation. Den Heilsweg faßt er auf als eine Art von Yoga, weshalb er das System als »Wandel im Yoga« (*yogācāra*) bezeichnet. Vasubandhu, mehr Theoretiker und Denker, nennt das System »Bewußtseinslehre« (*vijñānavāda*) da es alles Daseiende als Bewußtsein oder Geist erklärt.

An Philosophen des Yogācāra und Autoren von Śāstras sind weiter zu nennen: Dignāga oder Dinnāga (4./5. Jahrhundert), Sthiramati und Dharmapāla (6. Jahrhundert), Candragomin, Dharmakīrti (6./7. Jahrhundert), Dharmottara (9./10. Jahrhundert) und Haribhadra (10. Jahrhundert). Ihre Schriften behandeln überwiegend Probleme der Erkenntnistheorie und Logik.

Lehren

Dem Vijñānavāda zufolge ist alles Wahrgenommene »nur Geist« (*cittamātra*):

> *Es gibt keine sichtbaren (Objekte), die Außenwelt ist Geist (citta), bloß Geist wird gesehen; Körper, Besitz und Umwelt nenne ich nur Geist.* *(LS 3, 33 S. 154)*

Sätze wie: »Die Welt ist ausschließlich Geist« (LS 2, 136 S. 73) und: »Die Dreiwelt ist der Geist selbst« (2 S. 80), finden sich im Laṅkāvatārasūtra zu Dutzenden.

Wahrnehmungsakte sind aber nicht Spiegelungen von sinnlich aufgefaßten äußeren Objekten im Geist, wie der ältere Buddhismus annimmt. Was man »Wahrnehmung« nennt, ist vielmehr eine schöpferische Imagination, die in uns das Bild der vermeintlichen Objekte *schafft.* Die Dinge, die wir zu sehen, fassen, schmecken usw. glauben, sind in Wahrheit Ideationen. Daß verschiedene Menschen dieselbe Welt »wahrnehmen«, wird dadurch erklärt, daß ihr Karman sie zu gleichen Ideationen führt. Daß wir die Welt, die wir ideieren, nicht willentlich ändern können, ist unserer Gebundenheit an unser Karman zuzuschreiben. Ohne die verblendende Macht alten Karmans würde jeder durchschauen, daß sein Leid nur ideiertes Leid ist, dessen Aufhebung in ihm selber liegt.

Gegenüber jenen, welche die Erfahrungswelt für real halten, begründet der Vijñānavāda seinen Idealismus folgendermaßen: Dinge, so sagt er, sind existent nur dann, wenn sie Inhalt des Bewußtseins (*vijñāna*) sind; ohne Bewußtsein sind sie nicht vorhanden. Da also unsere Vorstellung von den Dingen der einzige Beweis für ihr Dasein ist, wäre es nicht reine Spekulation, von diesem geistigen Bild der Objekte auf ihre autonome Existenz zu schließen? Dinge *sind* Bewußtsein, *sind* Geist, das ist die einzig sichere Aussage über sie.

Die Theorie wird aber noch weiter geführt:

> *Nur Geist ist dies alles. Auf zwei Weisen tritt der Geist in Erscheinung: Als zu Ergreifendes (= Objekt) und als Ergreifer (= Subjekt). Eine Seele, etwas Selbsthaftes gibt es nicht.* *(LS 3, 121 S. 209)*

Nicht nur die Objekte sind demnach Geist oder Ideationen, sondern auch das Subjekt. Die empirische Person hat ebensowenig ein vom Geist unabhängiges Dasein wie die Welt, auch sie ist ideiert. Aber welcher Geist ist der Ideator?

Es liegt auf der Hand, daß unter Geist (*citta*) als Ideator der Subjektperson nicht der Geist der Person selbst verstanden werden kann, denn das hieße, diese als ihren eigenen Urheber ansehen. Geist muß hier vielmehr etwas jenseits der Person sein, ein vor- oder überindividuelles Prinzip. In der Tat ist »Geist« im Vijñānavāda eine Bezeichnung des Absoluten: Soheit, Leerheit, Nirvāṇa, Essenz der Wirklichkeit und Geist sind identisch (LS 3, 31 S. 154).

Wie es geschieht, daß der Absolute Geist sich als Person individuiert, wird im Laṅkāvatārasūtra beschrieben:

> *Indem das Denkbewußtsein* (manovijñana) *funktioniert durch seine Neigung zu Feststellungen in der (ideierten) Sinnenwelt, reichert es das Grundbewußtsein* (ālayavijñana) *mit Karma-Eindrücken* (vāsanā) *an. (Im Grundbewußtsein) entwickelt sich (aus diesen Karma-Eindrücken wiederum) Denken* (manas), *welches verbunden ist mit der Hinneigung zum Ergreifen einer (vermeintlichen) Seele und von etwas Seelenhaftem. Es (das Denken) ist (aber) ohne das Kennzeichen eines Leibes, abhängig vom Grundbewußtsein als seiner Ursache.* *(LS 2 S. 126 f.)*

Die Wirklichkeit wird damit in drei Schichten geteilt. Die untere, absolute, alles tragende Schicht ist das Speicher- oder Grundbewußtsein (*ālayavijñāna*); darüber liegt das Individual- oder Denkbewußtsein (*manovijñāna* oder *manas*), d. h. die empirische Person; über dieser wiederum erstreckt sich der Bereich der scheinbar wahrgenommenen, tatsächlich aber nur ideierten Welt. Alle drei sind Geist (*citta*) oder Bewußtsein (*vijñāna*), aber in verschiedenen, nach oben abnehmenden Realitätsgraden.

»Grundbewußtsein« heißt der Teil des Citta, der ewig in sich selber ruht. Als das Absolute und Unwandelbare wird es häufig mit dem Ozean verglichen. Denn wie das Meer eine Ganzheit ist und alles Wasser aus dem Meer stammt, so ist auch das Grundbewußtsein ein Meer, und alles Daseiende stammt von ihm her. Und wie das Meer zudem allerlei Dingen, Fischen und Tang Aufenthalt bietet, ebenso das Grundbewußtsein. Es ist der Speicher (*ālaya*) für die karmischen Eindrücke (*vāsanā*) oder Karma-Samen, die vergangene Individuen hinterlassen haben. Im Grundbewußtsein wie in einer Nährflüssigkeit herumtreibend, reifen diese Karma-Samen zu Denken (*manas*) oder Denkbewußtseinen (*manovijñāna*) heran, die sich jeweils für eine physisch-reale Person halten: Sie individuieren sich. Die Individuationen wiederum ideieren sich private Welten – bloße Vorstellungsgebilde, in denen sie aber durch Tun-(wollen) neue karmische Samen produzieren, die dann ins Grundbewußtsein sinken. Mit anderen Worten: Die Welt ist geträumt im Kopfe eines Menschen, der selbst nur ein Traum ist im Grundbewußtsein. Der Saṃsāra mit all seinem Leiden hat kein physisches Dasein, sondern ist ein karmisches Wellengekräusel auf der Oberfläche des Bewußtseinsmeeres – eine Turbulenz im Ozean des Absoluten. Der Rotationsprozeß läßt sich graphisch veranschaulichen:

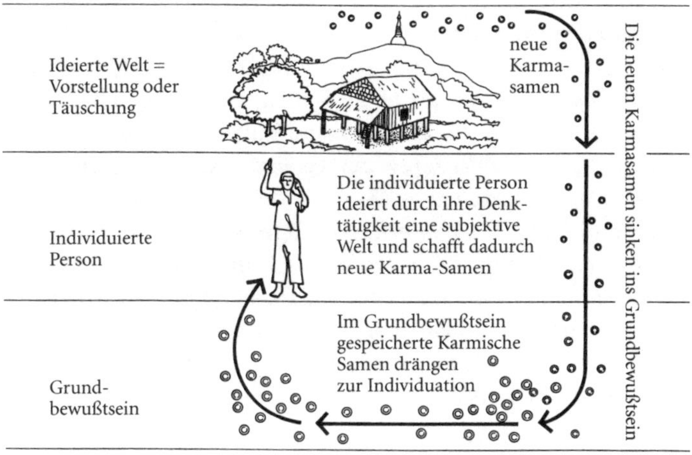

Das Nirvāṇa wird verwirklicht durch »Umkehr« (*parāvṛtti*), nämlich Abwendung von der ideierten Welt und der Individuation und Rückwendung zum Grundbewußtsein als dem Absoluten. – Soweit die Auffassung des Laṅkāvatārasūtra.

Vasubandhu geht mit dem Laṅkāvatārasūtra parallel, bedient sich aber einer anderen Terminologie. Er bezeichnet die drei Schichten der Wirklichkeit als die Drei Existenzweisen (*svabhāva*), Kategorien oder Entfaltungsformen und nennt sie im einzelnen:

Bewußtsein (*vijñāna*)

c) der Eingebildete (*kalpita* oder *parikalpita*),
b) das Abhängige oder die Einbildung (*vikalpa*), zuweilen auch Denken (*manas*),
a) das Absolute (*pariniṣpanna*) oder Grundbewußtsein (*mūlavijñāna* oder *mūlacitta*).

Wie man den im Grundbewußtsein ablaufenden Wiedergeburtsvorgang zur Aufhebung bringt, stellt Vasubandhu im Trisvabhāvanirdeśa dar:

> *Um das Wahre Wesen (der Dinge) zu durchdringen (betrachtet man) die Dreiheit der Kategorien zu gleicher Zeit. Nacheinander (entwickelt man darauf) Erkenntnis, Verzicht und Erlangung. (31)*
> *Erkenntnis ist Nichtwahrnehmung (d. h. Aufhebung der Ideation »Welt«); Verzicht wird als Nicht-in-Erscheinung-Treten (einer Individuation) beschrieben; Erlangung (der Erlösung) aber hat zur Ursache die Wahrnehmung (des Absoluten = Grundbewußtseins), die unmittelbare Erkenntnis ist. (32)*

DAS TANTRAYĀNA UND DER BUDDHISMUS OSTASIENS

Der frühe Buddhismus hatte die Erlösung von der Wiedergeburt durch Selbstdisziplin propagiert. Das Mahāyāna führte als neue Heilswege die Erkenntnis der Leer- und Erlöstheit, die Geburt im Zwischenparadies eines Transzendenten Buddha und die Hilfe Transzendenter Bodhisattvas ein. Das Tantrayāna als dritte Lehrrichtung versucht, die Leidensbefreiung durch die Macht des Wortes und die Ideationskraft des Geistes zu verwirklichen.

Das Tantrayāna entstand im 2. Jahrhundert n. Chr. in Bengalen und Assam. Vom 6. Jahrhundert an trat es öffentlich in Erscheinung, im 8. Jahrhundert wurde es Lehrgegenstand an den buddhistischen Universitäten. Unter der bengalischen Pāla-Dynastie (750–1199) erreichte es seine Vollblüte und gelangte auch nach Tibet.

Das älteste Tantra-Werk ist das Guhyasamājatantra, das »Tantra des Geheimbundes« aus dem 5. Jahrhundert. Daß es – wie auch die später entstandenen Tantra-Bücher – dem Buddha zugeschrieben wird, darf nicht verwundern. Da das Mahāyāna die Zeitlosigkeit des Buddha(-Prinzips) anerkannt hatte, konnte jeder neue Text auf den Buddha zurückgeführt werden, der sich eines Menschen zur Offenbarung seiner Wahrheit bedient. Erforscht sind die Tantras nur zu einem kleinen Teil, nicht zuletzt wegen ihrer »Zwielicht-Sprache«, die zwischen Hell und Dunkel, zwischen Aussage und Verhüllung steht und sich verschlüsselter Ausdrucksweise bedient.

Vier Schulen oder Heilsmethoden sind beim Tantrayāna auseinanderzuhalten: Mantrayāna, Vajrayāna, Sahajayāna und Kālacakra. Sie bilden die senkrechte Einteilung des Tantrayāna und werden ihrerseits horizontal in vier Realisierungsstufen unterteilt.

1. Mantrayāna

Das *Mantrayāna* glaubt an die Erlösungswirkung des gesprochenen Wortes, und zwar in Form von Silben oder Sätzen ohne Sinngehalt, sogenannten Mantras. Das Mantra wird dem Schüler von einem geistlichen Lehrer (*guru*) nach langer Vorbereitungszeit in geheimer Initiation übermittelt und bildet den Schlüssel, mit dem der Sādhaka (Adept) in sich selbst den Zugang zum Absoluten und damit zur Erlösung aufschließen kann. Mantras wirken nicht nach außen, sondern als psychoaktive Medizin nach innen, indem sie zum Erlebnis der Befreitheit führen. Das freilich können sie nur, wenn sie mit Versenkung (*samādhi*) und Selbstdisziplin (*śīla*) Hand in Hand gehen, denn hemmendes Karman vermögen sie nicht aus dem Wege zu räumen. Sie sind keine Zauberworte einer Erlösungsmagie.

Die Wirkung eines Mantra wird verstärkt durch rituelle Gesten (*mudrā*). Wie jede psychische Regung sich in einer spezifischen Körperbewegung, der »Urgeste«, ausdrückt, so kann umgekehrt die Einnahme einer bestimmten Körper- oder Handhaltung den entsprechenden psychischen Zustand hervorrufen. Alle Schulen des Tantrayāna glauben, daß von der Vernunft allein nur ein schwacher spiritueller Antrieb ausgehe, denn wir leben weniger logisch als bio-logisch. Religiöse Vollzüge müssen, um voll wirksam zu werden, alle drei Bereiche der menschlichen Aktivität einschalten: den Geist, die Sprache und den Körper. Zu jedem tantrischen Ritual gehören darum Samādhi, Mantra und Mudrā.

2. Vajrayāna

Das *Vajrayāna* trägt seinen Namen nach dem verbreitetsten tantrayānischen Symbol, dem Vajra (tib.: Dorje) oder Don-

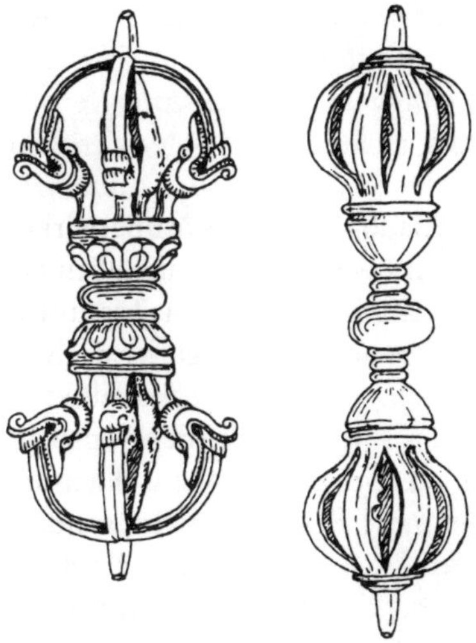

Die zwei Typen tibetischer Vajras (tib.: Dorje) mit vier bzw. acht Außenstegen plus Mittelachse. Der Mittelknauf symbolisiert die Leerheit.

nerkeil, der das absolute und unzerstörbar-ewige Prinzip, die Leerheit andeutet. Im tibetischen Buddhismus wird der Vajra als Ritualzepter verwendet, das gleich dem Blitz die Dunkelheit (des Unwissens) vernichtet.

Die Erlösungsmethode des Vajrayāna geht von der Vijñānavāda-Lehre aus, daß die Welt lediglich Vorstellung, »nur Geist« (*cittamātra*) sei, daß sich durch Einflußnahme auf die eigene Vorstellung also Dinge subjektiv schaffen und aufheben lassen. Darüber hinaus ist das Vajrayāna überzeugt, daß jedermanns individuelle Natur in einer Samen- oder Keimsilbe (*bījamantra*) ausdrückbar ist. Wer als Eingeweihter die Keimsilbe eines Transzendenten Wesens kennt, kann dieses durch konzentriertes Aussprechen der Keimsilbe und Erzeugung der entsprechenden Vorstellung spirituell ins Dasein rufen. Er ideiert und visualisiert sich damit einen geistigen Führer, der ihm jederzeit gegenwärtig ist. Die überirdischen Gestalten des Vajrayāna sind nicht objektive Gegebenheiten, sondern das Ergebnis eines Aktes von »Verwirklichung« (*sādhana*): Subjektive Sichtbarwerdungen des Absoluten.

Der Abendländer, daran gewöhnt, nur Nachprüfbares für wirklich zu nehmen, hält ideierte Wesenheiten, die nur ihrem Urheber sichtbar sind, für Wahngebilde. Der Vajrayānin denkt anders. Wirk-lichkeit ist alles, das wirk-sam ist, gleichgültig ob äußerlich oder innerlich, für einen oder viele. Die ideierte Wesenheit (*sādhita*) ist für den Sādhaka nicht nur real, sondern verkörpert das Absolute sogar reiner als ein mit saṃsārischen Akzidentien behafteter menschlicher Lehrer. Ihrer Unterweisung kommt deshalb ein höherer, ja der absolute Wahrheitsgrad zu.

Der Sādhaka und die von ihm ideierte Wesenheit stehen sich nicht als Fremde gegenüber. Eingedenk dessen, daß die »Erdenkung« mit allen ihren Vollkommenheiten seine Ideation ist, vollzieht der Sādhaka den Prozeß der »Ichmachung« (*ahaṃkāra*). Er erlebt die Einheit mit der ideierten Wesenheit so lebendig, daß er ihrer Heilsqualitäten innewird. Er stellt die Identität mit dem Absoluten, die nie wirklich unterbrochen war, auch im Daseinsgefühl wieder her.

Einen Beitrag zur buddhistischen Symbolkunst leistete das Vajrayāna durch die Ausgestaltung des Maṇḍala. Im 1. Jahrhundert n. Chr. hatte das Saddharmapuṇḍarīkasūtra die Transzendenten (Sambhogakāya-) Buddhas über die Himmelsrichtungen verteilt, und das Suvarṇaprabhāsottamasūtra (4. Jahrhundert) und das Guhyasamājatantra (5. Jahrhundert) hatten die Anregung aufgenommen. Vielleicht im 6. Jahrhundert kam als Kompromiß zwischen Mahā- und Tantrayāna das endgültige Raumsystem von Buddhas zustande und wurde von den Vajrayānins als Landkarte der spirituellen Welt und als Darstellung des Erlösungsweges zeichnerisch ausgeführt (siehe Seite 224 f.). Die im Maṇḍala erscheinenden Wesenheiten können bildlich dargestellt, durch ihre

Symbole oder ihre Keimsilben angedeutet sein. Nach tibetischer Gepflogenheit legt man heute den Westen nach oben.

3. Sahajayāna

Das Sahajayāna, zu Anfang des 8. Jahrhunderts in Bengalen entstanden, mißachtet alle Konventionen und trägt Züge einer Verzückungsfrömmigkeit. Sein bedeutendstes Textdokument ist der in Tibetisch und (fragmentarisch) in Apabhraṃśa erhaltende Dohākośa des Siddha Saraha (8./9. Jahrhundert), eine Sammlung von 280 Strophen, auf deren Teilübersetzung ins Englische[32] die nachstehende Paraphrase beruht. Saraha, brahmanischer Herkunft, pflegte seine Verse als Bänkelsänger auf den Basaren und Straßen vorzutragen.

Mantras, Tantras, Meditation und Konzentration, so singt Saraha, dienen zu nichts als Selbstbetrug (23); alle Denkschulen schaffen lediglich Verwirrung (35). Weder das ausschließliche Praktizieren der Leerheit (70) noch das Haften an diesem Begriff (75) noch Weltentsagung (10–16) führen zu etwas. Erlösung ist durchaus als verheirateter Haushaber möglich (19), denn der eigene Körper ist ein gesegneter Tempel (48). Der Buddha (68) und das Höchste liegen in jedem selber (60). Warum also auf Sinnesgenüsse verzichten? Sofern man sich von ihnen nicht einfangen läßt (71), sind sie kein Erlösungshindernis (19; 24). Der Yogin an der Wurzel der Dinge genießt die Sinnenwelt, wird aber nicht von ihr versklavt (64).

---

32 »Saraha's Treasury of Songs« (= Volks-Dohās), aus dem Tibetischen ins Englische übersetzt von D. SNELLGROVE in E. CONZE: *Buddhist Texts through the Ages,* Oxford 1954. Die oben in Klammern angegebenen Zahlen bezeichnen die Verse dieser Übertragung. Die 40 Königs-Dohās mit Kommentaren hat H. V. GÜNTHER übersetzt: *The Royal Song of Saraha,* Seattle/London 1969.

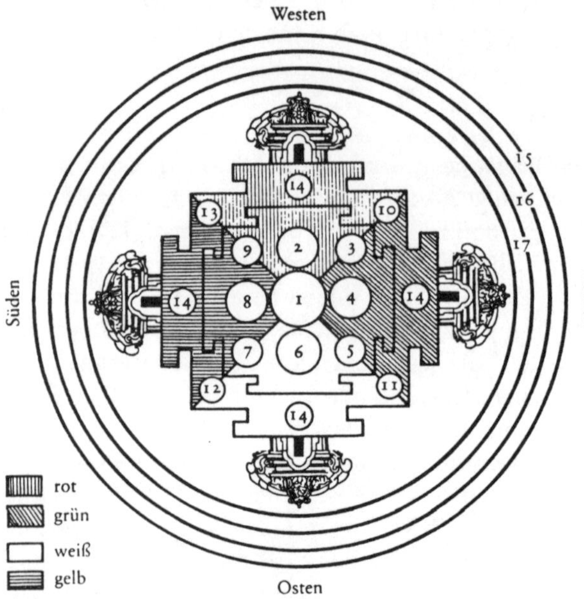

Im Zentrum des Maṇḍala wohnt die Personifikation des Dharmakāya: der Urbuddha (1). Von ihm aus erstrecken sich in die vier Himmelsrichtungen vier durch Farben unterschiedene Buddhafelder oder Zwischenparadiese. Dem Westparadies Sukhāvatī (rot) steht der Transzendente Buddha Amitābha (2) vor; der Norden (grün) wird von Amoghasiddhi (4), der Osten (weiß) von

Den rechten Weg findet man allerdings nicht ohne Belehrung. Nur zu Füßen eines Guru ist Erkenntnis des Absoluten möglich (17). Seinem Wort möge man Vertrauen schenken (33). Falsch ist es, leidhaftes Dasein und Erlösung als verschieden anzusehen. Saṃsāra und Nirvāṇa sind dasselbe (102). Sie sind *sahaja,* »verzwillingt« (wörtlich: zusammen geboren) und existieren nicht nebeneinander, sondern ineinander. Nicht ganz es selbst und nicht ganz ein anderes, ist das Ver-

Akṣobhya (6), der Süden (gelb) von Ratnasambhava (8) beherrscht. Ihnen jeweils zur Rechten stehen die Transzendenten Bodhisattvas Avalokiteśvara (3), Viśvapāṇi (5), Vajrapāṇi (7) und Ratnapāṇi (9). Alle diese Wesenheiten leben im Allerheiligsten, das durch die innere Tempelkontur angedeutet wird.
Um das Allerheiligste herum, im »Palast«, wohnen die Irdischen Buddhas Gautama (10), der Zukunftsbuddha Maitreya (11), die Buddhas Kanakamuni (12) und Kāśyapa (13) sowie die vier Torhüter (14). Die letzteren sind Gottheiten der Volksreligion, die vom Buddhismus übernommen wurden. Als Darstellung des Heilsweges ist das Maṇḍala von außen nach innen zu »lesen«.
Angelockt von der aus dem Palast herausschallenden Stimme eines Irdischen Buddha (10–13), der ihn über den Erlösungsweg belehrt, durchschreitet der Heilssucher zuerst den Flammenring der Läuterung (15) und dann den Vajraring der Initiation (16). Seine geistige Reinheit wird durch den Lotosring (17) symbolisiert. In den Innenhof gelangt, tritt er vor eines der Bogentore des Palastes, wo er einem Torhüter (14) über seine Lebensführung Rechenschaft zu geben hat. Steht seinem Eintritt ins Zwischenparadies eines Buddha ein Rest hindernden Karmans entgegen, nimmt ihm der zuständige Transzendente Bodhisattva (3, 5, 7 und 9) die Last ab. Darauf heißt ihn der Transzendente Buddha (2, 4, 6 und 8) in seinem Zwischenparadies willkommen. Ungestört von weltlichen Verlockungen reift er hier zur Erleuchtung, zur Weisheit, zur Erkenntnis seiner Identität mit dem Absoluten heran. Durch Einswerden mit dem Urbuddha (1) realisiert er schließlich das Nirvāṇa.

zwillingte weder existent noch nichtexistent (20). Alle Gegensätze sind vom Denken geschaffen (37); in Wahrheit ist Dharma = Nicht-Dharma (3), denn alle Dinge sind eins (26), alles ist Buddha (106).

Was Sittlichkeit angeht, ist der Heilsweg des Sahajayāna durch Ungezwungenheit charakterisiert. Der Yogin hat sich selbstlos für andere einzusetzen (112) und für die Wesen Mitleid zu hegen (107–110). Eitles Diskutieren hat er aufzugeben

(55), denn nur soweit man frei ist von Worten, versteht man Worte (88). Ansonsten mag er so leben, wie es ihm behagt (55); zur Erreichung des Heils bedarf es keiner äußeren Disziplin. Dasjenige, aufgrund dessen man geboren wird, lebt und stirbt, dient auch zur Erlangung des höchsten Glücks (21). Das Heil erlebt man in der Erfahrung seiner selbst (76).

Große Anstrengung fordert das Sahajayāna allerdings in der geistigen Zucht. Deren Grundlage ist die Einsicht, daß alle Verschiedenheiten ihren Ausgang vom Denken nehmen, nur Formen des Denkens sind (37). Seiner Natur nach ist das Denken rein (23). Aufgrund karmischer Wirkungen jedoch schafft es sich eine Welt, die dann die Natur ihres Eigentümers besitzt (72). Im Aufgeben des Karman liegt die Befreiung des Denkens und die Verwirklichung des Nirvāṇa (40).

Die innere Disziplin des Sahajayāna läßt sich in die Formel zusammenfassen: Erkenne den Geist, erkenne dein Denken (32). Alle Vielheit (37), sowohl Saṃsāra als auch Nirvāṇa, gehen vom Geiste aus (41). Nur wer die Zwillingschaft (von Saṃsāra und Nirvāṇa) durchschaut hat, kann höchste Wahrheit erlangen (13). An die (Erkenntnis der) Zwillingschaft hat man sich zu halten (44) und alle Dinge als (wesenhaft) gleich anzusehn (75). Die Welt ist vom Denken versklavt (78); erst wenn der Geist aufhört, (Ideationen schaffender) Geist zu sein, erstrahlt die wahre Natur des Verzwillingten (77; 83). Das Denken hat man aufzugeben und an der Einheit festzuhalten (55). Frei von Denken muß der Yogin werden, wie ein Kind (57). Hat man Erleuchtung gewonnen, wo ist dann Saṃsāra, wo Nirvāṇa (103; 27)? Die Sinnesfähigkeiten des Erlösten sind zur Ruhe gekommen, die Ich-Idee ist zerstört (29). Das befreite Denken ist still (43), mit regungslosem Denken ist man von den Mühen des Daseins erlöst (59).

Wie andere tantrayānische Schulen setzt das Sahajayāna die beiden zur Erlösung nötigen Bedingungen Weisheit und (Heils-)Methode mit den Symbolen Vajra (männlich) und Lotos (weiblich) gleich. In der Vereinigung beider liegt die

Wonne (94-95). Yogin und Yoginī müssen sich finden, aber nur der wird im Moment der Umarmung die große Wonne erleben, der weiß, daß alles von seinem eigenen Wesen ist (91).

4. Kālacakra

Das im 10. Jahrhundert entstandene, noch kaum erforschte *Kālacakra* ist ein System der Astrologie, dessen Elemente ins Religiöse erhoben wurden. Der Mensch gilt in ihm als Abbild des Kosmos; seine physisch-geistigen Funktionen verliefen dem kosmischen Geschehen parallel. Die Kenntnis der geheimen inneren Bezüge zwischen Mensch und All leite den Eingeweihten zur Erlösung.

Der Ausdruck Kālacakra, »Rad der Zeit«, scheint ursprünglich den Kreis der Tierzeichen bezeichnet zu haben. Das Kālacakrayāna versteht das Wort jedoch als Eigennamen des Urbuddha, der den Ablauf der himmlischen und irdischen Geschicke überwache. Der Urbuddha Kālacakra bildet die geistige Mitte des Systems und ist das Zentrum zahlreicher Maṇḍalas. Die mystische Identifikation mit ihm erschließe dem Bekenner alle Kenntnisse, derer er für die Verwirklichung des Heilsziels bedarf.

Quer durch die vier Schulen des Tantrayāna zieht sich eine vierfache Einteilung nach Realisierungsstufen. Über dem Kriyātantra, der »Ritualpraxis« derer, die kultisches Tun für wichtig halten, steht das Caryātantra, die »Vollzugspraxis« jener, die ihr tägliches Leben nach dem Tantrayāna einrichten, von seiner Bedeutung aber wenig Ahnung haben. Darüber folgt das Yogatantra, die »Praxis der (geistigen) Anspannung«, in welcher der Adept sich um den spirituellen Gehalt bemüht. Die Krönung stellt das Anuttarayogatantra, die »Praxis der höchsten Vereinigung« dar: Der Adept verwirklicht den vollen Sinn des Tantrayāna und erlebt das Absolute. Tibetische

Schriften vergleichen die vier Stufen mit dem Liebeswerben zwischen Mann und Frau. Dem Austausch verliebter Blicke folgen Lächeln, Ergreifen der Hände und schließlich der Vollzug des Liebesaktes. Der Vergleich bringt weitere sexuelle Symbole ins Tantrayāna hinein.

5. Buddhismus Ostasiens

Alle Schulen des indischen Buddhismus sind auch nach Ostasien gelangt, aber zwei haben sich dort in eigentümlicher Weise weiterentwickelt: Der seit dem 4. Jahrhundert in China heimische Amida-(Skt: Amitābha-)Buddhismus, der die Erlösung durch Wiedergeburt in Amitābhas Zwischenparadies Sukhāvatī erwartet und als Schule von den japanischen Meistern Honen-Shonin (1133–1212) und Shinran-Shonin (1173–1262) konsolidiert worden ist, und das Zen. Das Zen – chinesisch *Chan* – wurde um 520 n. Chr. in China von dem indischen Mönch Bodhidharma (470–535) gegründet. Das 8. bis 13. Jahrhundert war seine Blütezeit in China, um 1200 fand es seinen Weg nach Japan.

Das Zen wendet sich gegen versteinerte Bräuche und Kultpraktiken, die den Blick auf das Wesentliche behindern. Buchstabengelehrtheit und Dogmatismus wirft es über Bord, um den Geist frei zu machen für die Erleuchtung, in welcher dem Menschen die Erkenntnis des Buddhaherzens, d. h. der Identität alles Daseienden, aufgeht: Alles ist wesenhaft Geist = Buddha. In der Frage, ob das Erleuchtungs- und Erlösungserlebnis plötzlich eintritt wie ein Blitz oder allmählich reift wie eine Frucht, sind Rinzai und Soto, die beiden wichtigsten der fünf Zen-Sekten, konträrer Meinung.

Als Mittel zur Erleuchtung lehrt das Zen ausgedehnte Meditation (jap: *zen;* Skt: *dhyāna*). In der Rinzai-Schule spielen ferner Koans eine große Rolle, das sind Fragen, die den Heilsstrebenden zum Erlebnis des Absoluten führen sollen. In einem Koan fragt ein Schüler den chinesischen Zen-Meister

Hui Hai (8./9. Jahrhundert): »Es heißt, daß Geist mit Buddha identisch sei, aber was ist Buddha?« Der Meister erwidert: »Was, glaubst du, ist nicht Buddha? Zeig es mir!« Da der Schüler nicht genug *Zen* hat, die Frage zu beantworten, fährt er fort: »Wenn du (den Absoluten Geist) verstehst, dann ist Buddha dir allgegenwärtig. Wenn du aber nicht (zur Erkennntis des Absoluten Geistes) erwachst, dann wirst du für immer von ihm getrennt sein.« – Die chinesisch-japanische Tradition kennt 1700 solcher Koans. Die älteren lassen sich intuitiv durchschauen, die jüngeren widersetzen sich dem Verstand. Ihre Anti-Logik ist ein pädagogisches Instrument. Das Nachsinnen und Meditieren über Koans verändert die Seinsweise des Zen-Schülers so lange, bis die Frage ihre Provokanz für ihn verloren hat: »gelöst« ist.

Das Zen-Training führt den Schüler von der Unwissenheit weg über das Infragestellen der Dinge zur Erkenntnis ihrer So-heit. Wie der Zen-Meister Ching Yuan (8. Jahrhundert) es ausdrückt.

Bevor du Zen studierst, sind Berge Berge und Flüsse Flüsse. Während du Zen studierst, sind Berge keine Berge und Flüsse keine Flüsse mehr. Hast du dann die Erleuchtung gewonnen, sind Berge wieder Berge und Flüsse wieder Flüsse.

Nirvāṇa im Zen ist eine höhere Selbstverständlichkeit im Bewußtsein der natürlichen Einsheit.

ZUSAMMENFASSUNG: GEISTESGESCHICHTLICHER ÜBERBLICK

Der Buddha und seine Lehre

Der historische Buddha war seinem religiösen Typus nach ein Weiser und Lehrer, und so verstand er sich auch selbst. Nichts an ihm deutet auf feuriges Prophetentum, nichts auf die Überzeugung, Stimme eines Höheren zu sein. Frei von Besessenheit, fühlte er sich als Wegweiser zur Erlösung und appellierte an die Einsicht des Menschen. Seine Lehre richtet sich an jeden Einzelnen, ist also strukturell eine Individualreligion, und konnte deshalb – im Unterschied zum Hinduismus, der sich an die in der Kastenordnung Geborenen wendet – auch das außerindische Asien erobern.

Dem Kreislauf von Geburt, Tod und Wiedergeburt einverwoben zu sein heißt nicht, sich mit der Leidhaftigkeit des Daseins abfinden zu müssen. Im Gegenteil: Der Buddhismus will anleiten, das Leiden zu überwinden, und da dies nicht durch Umgestaltung der Welt möglich ist, lehrt er Wege, die Erlösung durch Änderung der geistigen Einstellung zu erreichen.

Die Hoffnung des historischen Buddha, durch Belehrung erlösen zu können, resultiert aus seinem Menschenbild. Der Mensch ist vom Egoismus verblendet und von der Unwissenheit ins Leiden verstrickt. Gierig ergreift er Freuden, die ihm Leiden verursachen. Es geht ihm wie dem kleinen Jungen mit dem bitteren Lebertran: Er schluckte ihn, weil seine Mutter ihm für jeden Löffelvoll einen Groschen in die Spardose warf. War die Lebertranflasche leer, wurde die Sparbüchse geöffnet und von dem Geld neuer Lebertran gekauft.

Die Lehre des Buddha entstand in Indien in der Epoche, als die Götter des Veda ihren Einfluß verloren. Rund neunhundert Jahre waren sie als Hüter der Weltordnung und kosmischen Harmonie verehrt und durch Opfer um ihre Gunst gebeten worden; mit der Entstehung der Upaniṣaden wurden sie unnötig. Denn mit diesen Texten kam die Überzeugung auf, daß die Menschen der Wiedergeburt und der karmischen Kausalität unterliegen, die als naturmechanische Vorgänge keiner göttlichen Aufsicht bedürfen. Der Buddha, aus seiner Zeit als Schüler des Uddaka Rāmaputta mit den ältesten Upaniṣaden vertraut, übernahm die Idee von der Naturgesetzlichkeit der Wiedergeburt in seine Lehre.

Aber er modifizierte sie. Während die Upaniṣaden eine den Tod überdauernde, sich immer wieder verkörpernde Seele (*ātman*) annehmen, bestritt er, daß eine solche ewige Seele existiert. Ihm zufolge vollzieht sich die Wiedergeburt ohne Seelenwanderung, und zwar als Konditionales Entstehen. Der Wiedergeborene ist mit seiner Vorexistenz weder identisch noch ihr fremd: Er ist von ihr konditioniert. Die Kette der Wiedergeburten ist nicht getragen von einem Seelensubstrat, an dem sich die Wechselphänomene abspielen – sie besteht *ausschließlich* aus diesen Phänomenen. Das Dasein ist ein Prozeß, der vom Karman in Richtung auf eine bessere oder schlechtere Daseinsform gelenkt wird. Gäbe es eine ewige Seele, dann wäre sie nicht aufhebbar, also könnte niemand im Nirvāṇa das individuelle Dasein mit seinem Leiden annullieren.

Den ersten philosophischen Markstein, die Bestreitung einer Seele, hatte der Buddha selbst gesetzt, den zweiten setzten hundert Jahre nach seinem Tode die Scholastiker. Sie dachten darüber nach, welche Phänomene es sind, die durch ihre Fluktuation die empirische Person und die Dinge ausmachen. Sie nannten diese Phänomene Dharmas, »Daseinsfaktoren«, und betonten ihre Kurzlebigkeit. Der Buddhismus, in ihrer

Version, wurde zum dynamistischen Pluralismus, bei einigen Interpreten sogar zu einem Momentarismus (*kṣaṇavāda*).

Der Buddha hatte für das Fehlen einer Seele in der empirischen Person und einer Eigennatur in den Dingen das Adjektiv »leer« verwendet und erklärt: »Die Welt ist leer«. Der Mahāyāna-Buddhismus, aufkommend im 1. Jahrhundert v. Chr., übernahm den Ausdruck in der substantivischen Form »Leerheit« (*śūnyatā*). Er setzte damit den dritten philosophischen Markstein in der buddhistischen Geistesgeschichte.

Denn war »leer« eine sich auf jeden leeren Gegenstand beschränkende Feststellung, so impliziert »Leerheit«, von verschiedenen Wesen und Dingen ausgesagt, zwischen ihnen Gemeinsamkeit. Es gibt keine verschiedenen Leerheiten, also sind die Wesen und Dinge in ihrer Leerheit identisch. Der Satz »Die Welt ist *Leerheit*«, besagt, die Leerheit ist das in allem vorhandene Absolute (*tattva*).

Als das Absolute ist die Leerheit zugleich Erlösung – mit der Folge, daß der mahāyānische Erlösungssucher etwas finden will, das er längst besitzt. Jedem ist in der Leerheit das Nirvāṇa vor-gegeben, er ist aber durch seine Unwissenheit an dieser Einsicht gehindert. Wenn der Bekenner des hīnayānischen Buddhismus einen langen Weg zur Erlösung vor sich sieht, ist der Mahāyānin bereits am Ziel – falls er sich dessen bewußt wird.

Die Philosophie der Leerheit legt die Frage nahe, ob der mahāyānische Buddhismus als monistisch bezeichnet werden darf. Auf keinen Fall ist die Leerheit der Urgrund, aus dem alles hervorgegangen ist, denn aus Leerheit kann nichts entstehen. Auch ist das Band, das die gemeinsame Leerheit zwischen den Wesen herstellt, aufgrund der negativen Natur der Leerheit nur dünn. Der Ausdruck Monismus scheint demnach für das philosophische Mahāyāna zu stark und ist angebracht allenfalls für den Gefühlsmonismus des Bodhisattva, der sich mit allen leidenden Wesen als eins empfindet.

Der vierte philosophische Markstein des Buddhismus besteht in der vom Laṅkāvatārasūtra (4. Jahrhundert n. Chr.) bewirkten philosophischen Idealisierung der Welt. Individuum, Leiden und Saṃsāra sind nicht mehr physische Wirklichkeiten, sondern Idealitäten, nämlich vom Karman verursachte Strömungswirbel im universalen Grundbewußtsein. Das individuelle Dasein mit seinem Leiden ist damit zu einem Störfall im Absoluten abstrahiert.

Vielleicht waren mit der »Nur-Geist-« oder »Nur-Bewußtsein-«Philosophie alle intellektuellen Keime des Buddhismus ausgereift, vielleicht ließen die gewandelten politisch-sozialen Verhältnisse in Indien neue Gedankenentfaltungen nicht mehr zu. Was dem buddhistischen Idealismus auf indischem Boden noch folgte, waren neue religiöse, nicht philosophische Ideen.

Geschichte und Ausbreitung

Als der Buddha starb, hatte seine Lehre Anhänger in Nordindien, unter dem Kaiser Aśoka Maurya (268–236 v. Chr.) eroberte sie auch den indischen Süden. Aśoka war es, der von seiner Hauptstadt Pāṭaliputta (Patna) aus buddhistische Missionare nicht nur in alle Nachbarländer, sondern auch in die hellenistischen Königreiche seiner Zeit entsandte. Durch seinen Sohn Mahendra (P: Mahinda) wurde Ceylon (Laṅkā) für die Buddhalehre gewonnen.

Einen zweiten Schub zur Verbreitung über Indien hinaus erhielt der Buddhismus – inzwischen zum »Großen Fahrzeug« (Mahāyāna) geworden – durch den in Puruṣapura (Peshāwar, Pākistān) residierenden Kuṣāna-Kaiser Kaniṣka I (2. Jahrhundert n. Chr.). Durch ihn gelangte der Buddha-Dharma bis nach Afghanistan im Westen und über den Hindukush hinaus nach Norden. Über Turkestan und die Seidenstraße fand er in der Folgezeit seinen Weg nach China und von dort über Korea nach Japan.

Eine vom Kuṣāna-Kaiser Kaniṣka I geprägte Goldmünze (Durchmesser 20 mm) zeigt auf der Rückseite ein Bild des stehenden Buddha und, in griechischen Lettern, das Wort BODDO. Der Vierzack ist das Signet des Kaisers.

Auch über den Indischen Ozean nach Osten dehnte Gautamas Lehre sich aus. Im 3. Jahrhundert n. Chr. eroberte sie Annam (Indochina), im 5. Jahrhundert Burma und Indonesien. Über den Himālaya erreichte sie im 7. Jahrhundert Tibet. Auf welche Kultur sie auch immer traf, stets humanisierte sie die Menschen zur Bezähmung der Leidenschaften und zur Rücksicht gegenüber allem Lebenden. Durch die Geistigkeit des Buddhismus wurde Indien zur Mutterkultur für ganz Asien. »Das für die Weltgeschichte wichtigste Erzeugnis des indischen Geistes ist und bleibt doch der Buddhismus«, schrieb der Prager Indologe M. Winternitz 1912.

In Indien hat die Buddhalehre jedoch nicht überlebt. Schon im 6. Jahrhundert n. Chr. gab es Brandschatzungen buddhistischer Klöster durch die Hūṇas, die »Weißen Hunnen«; im 7. Jahrhundert fiel der śivaitische Gauḍa (= Bengalen)-König Śaśāṅka (Regierungszeit ca. 595–621) über die Buddhisten her. Im 8. Jahrhundert setzte die Verfolgung durch die Muslims ein. Im 9. Jahrhundert unternahm der Hinduismus eine Gegenmission. Buddhistisches Gedankengut wurde in den Hinduismus aufgesogen und der historische Buddha Gautama zur Neunten Inkarnation (*avatāra*) des Gottes Viṣṇu erklärt. Was einst am Buddhismus angezogen hatte, war weitgehend nun auch im Hinduismus zu finden.

Den Todesstoß erhielt der indische Buddhismus vom Islam. Während der Hinduismus, der seinen Rückhalt im häuslichen Ritual hat, aufgrund seiner Diffusität nicht zu treffen war, wurde der Buddhismus um das Jahr 1300 herum durch das Abbrennen seiner Klöster und Bibliotheken und durch das Hinmorden seiner Mönche zerstört. *In Indien* ist er seitdem nicht mehr zu Hause. Unter der Milliarde Menschen der Indischen Union besitzt er heute nur 6 Millionen Anhänger: Teils Bekenner des Mahā- und Tantrayāna in den von der tibetischen Kultur geprägten indischen Himālayagebieten, teils ehemalige Kastenlose, die in den Unionsstaaten Madhya Pradesh und Mahārāshtra durch den Sozialreformer Dr. B. R. Ambedkar (1891–1956) für den (Neo-)Buddhismus gewonnen wurden. Wer den traditionellen Theravāda-Buddhismus am Ort studieren will, muß ihn in Ceylon (Śrī Laṅkā), Burma (Myanmar), Thailand, Kambodja oder Laos aufsuchen; über den lebendigen Mahāyāna-Buddhismus kann man sich in den Himālayaprovinzen Indiens, in Nepāl, Bhutan, Tibet und der Mongolei unterrichten. Zudem gibt es in Europa, USA, Kanada und Australien buddhistische Gemeinden.

Das Rad des Dharma dreht sich weiter, knirschend zwar unter der Last unserer extrovertierten Industriezivilisation, doch es dreht sich. Wird es zum Stillstand kommen?

Der Stil des Lebens hat sich geändert in den letzten zweihundert Jahren, aber die psychische Struktur der Menschen ist seit Jahrtausenden dieselbe. Nicht minder elementar als der Drang nach Fortschritt, Wohlstand und Freude ist die

Sehnsucht nach einem Blick hinüber ins Reich des Zeitlosen. Je bedrückender die Gegenwart, um so mehr lauscht der Mensch auf die Stimme der Stille. Und daher wird es immer zumindest einzelne geben, die das Wort des Buddha hören und verstehen: vom Wege zur Aufhebung des Leidens.

Bei allem Wissen, das wir besitzen und nur noch mit Maschinen bewältigen können – Alter, Tod und Vergänglichkeit setzen uns Grenzen. Im Endlichen bewegt sich unser Wissen und Tun. Können wir es uns leisten, dem Unendlichen, wo es in der Lehre eines gütigen Weisen ahnbar wird, Beachtung zu versagen?

TABELLARISCHE ÜBERSICHT

Lehrrichtung	Schulen (soweit im Buch erwähnt)	Entstehungszeit und -land	Gründer bzw. Systematiker (soweit im Buch erwähnt)	Sprache der ältesten Quellen	wo heute noch lebendig
Hīnayāna	Urbuddhismus (in allen Kernlehren mit Theravāda identisch)	6./5. Jh. v. Chr. in Indien	Siddhattha Gotama, gen. der »Buddha« (563–483)	Keine geschriebenen Quellen	–
	Theravāda	4. Jh. v. Chr. in Indien	seit 2. Konzil separate Schule	Pāli	Ceylon, Burma, Thailand, Kambodja, Laos
	Mahāsāṅghika	4. Jh. v. Chr. in Indien	seit 2. Konzil separate Schule	Gemischtes Sanskrit	–
	Sarvāstivāda	3. Jh. v. Chr. in Indien	Vasubandhu (5. Jh. n. Chr.)	Sanskrit	–
	Sautrāntika	2. Jh. v. Chr. in Indien		Sanskrit	–
Mahāyāna	Weisheitsschule (Prajñāpāramitā-Schule)	1. Jh. v. Chr. in Indien		Sanskrit	Tibet, Nepāl, Sikkim, Bhūtan, Vietnam, China, Korea, Japan
	Madhyamaka	2. Jh. n. Chr. in Indien	Nāgārjuna (2. Jh. n. Chr.)	Sanskrit	"

Erlösungsmethode	Vorläufiges Heilsziel	Endgültiges Heilsziel	
Beendigung des Leidens und der Wiedergeburt durch Aufhebung der Leidensursachen Gier undUnwissenheit mittels Selbstzucht und Erkenntnis	–	a) Vortodliches Nibbāna (Arahant)	b) Nachtodliches Nibbāna
"	–	"	"
"	–	"	"
"	–	"	"
"	–	"	"
Erkenntnis der Leerheit der Person und aller Dinge sowie Einsicht durch Weisheit, daß diese Leerheit das Absolute = Erlöstheit ist	–	a) Vortodliches Nirvāṇa (Arhant)	b) Nachtodliches Nirvāṇa
"	–	"	"

Lehrrichtung	Schulen (soweit im Buch erwähnt)	Entstehungszeit und -land	Gründer bzw. Systematiker (soweit im Buch erwähnt)	Sprache der ältesten Quellen	wo heute noch lebendig
Mahāyāna (Fortsetzung)	Bodhisattva-Schule	1. Jh. n. Chr. in Indien		Sanskrit	Tibet, Nepāl, Sikkim, Bhūtan, Vietnam, China, Korea, Japan
	Glaubensbuddhismus	1. Jh. n. Chr. in Indien	in Japan: Honen-Shonin (1133–1212), Shinran-Shonin (1173–1265)	Sanskrit	"
	Vijñānavāda	3./4. Jh. n. Chr. in Indien	Maitreya (3./4. Jh.), Asaṅga, Vasubandhu (4. Jh.)	Sanskrit	Tibet, Nepāl, Sikkim, Bhūtan, China, Japan
	Zen (Chan)	6. Jh. n. Chr. in China	Bodhidharma (6. Jh.)	Chinesisch	China, Vietnam, Korea, Japan

Erlösungsmethode	Vorläufiges Heilziel	Endgültiges Heilziel	
Entlastung von unheilsamem Karman durch den Heilsbeistand von Bodhisattvas	aus Dankbarkeit für die Heilshilfe der Bodhisattvas selbst ein Bodhisattva werden.	a) Aktives Nirvāṇa (Bodhisattva)	b) Passives Nirvāṇa
durch Glaubensvertrauen in Transzendente Buddhas (bes. Amitābha) deren Gnadenbeistand zu gewinnen, um in einem Zwischenparadies wiedergeboren zu werden.	Wiedergeburt in einem der Zwischenparadiese (bes. Sukhāvatī), wo der Gläubige zum Nirvāṇa heranreift		Nirvāṇa
Erkenntnis, daß alles »nur Geist« ist und Rückwendung zum Reinen Geist, dem Grundbewußtsein = Absoluten = Erlösung	–	"	
Erkenntnis durch Meditation und Koans, daß alles »nur Geist« = Buddhaherz = Erlösung ist	–	a) Vortodliches Nirvāṇa	b) Nachtodliches Nirvāṇa

Lehrrichtung	Schulen (soweit im Buch erwähnt)	Entstehungszeit und -land	Gründer bzw. Systematiker (soweit im Buch erwähnt)	Sprache der ältesten Quellen	wo heute noch lebendig
Tantrayāna	Mantrayāna	2. Jh. n. Chr. in Indien		Sanskrit	Tibet, Sikkim, Bhūtan, Mongolei, China, Korea, Japan
	Vajrayāna	3. Jh. n. Chr. in Indien		Sanskrit, Tibetisch	Tibet, Sikkim, Bhūtan, Mongolei, China, Korea
	Sahajayāna	8. Jh. n. Chr. in Indien	Saraha (8./9. Jh.)	Apabhraṃśa, Tibetisch	Tibet, Sikkim, Bhūtan, Mongolei
	Kālacakra	10. Jh. n. Chr. in Indien		Sanskrit, Tibetisch	"

Erlösungsmethode	Vorläufiges Heilsziel	Endgültiges Heilsziel	
Erlösung durch Erschließung des Absoluten im eigenen Innern mittels psychoaktiver Mantras	–	a) Vortodliches Nirvāṇa (Siddha)	b) Nachtodliches Nirvāṇa
durch Keimformeln ideiert der Sādhaka transzendente (= erlöste) Wesenheiten, mit denen er sich erlebnishaft identifiziert. Er erlebt dadurch die wesenhafte All-Identität und seine eigene Erlöstheit	–	"	"
durch Aufgeben des Vielheit schaffenden Denkens erschaut der Yogin intuitiv das Ineinander von Saṃsāra und Nirvāṇa und realisiert hierdurch die Erlösung	–	"	"
Erlösung durch Erkenntnis der Parallelität zwischen Mensch und Kosmos. Die mystische Einswerdung mit dem Urbuddha Kālacakra schließt alle heilswichtigen Einsichten auf.	–	"	"

ANHANG

Abkürzungen und benutzte Textausgaben

A	Aṅguttaranikāya, PTS-Ausgabe.
Ak	Abhidharmakośa (des Vasubandhu), hrsg. v. R. Sāṅkṛtyāyana. Vārāṇasī 1955.
AP	Aṣṭasāhasrikā-Prajñāpāramitā, hrsg. v. P. L. Vaidya, Darbhanga 1960 (BST No. 4).
Bca	Bodhicaryāvatāra (des Śāntideva), hrsg. v. Śāntibhikṣu Śāstrī, Lucknow 1955.
BST	Buddhist Sanskrit Texts.
Cv	Cullavagga des Vinayapiṭaka.
D	Dīghanikāya, PTS-Ausgabe.
Dhp	Dhammapada, PTS-Ausgabe.
Dv	Dīpavaṃsa.
HṛS	Hṛdayasūtra, hrsg. v. E. Conze, in: Thirty Years of Buddhist Studies, London 1967.
Itiv	Itivuttaka, PTS-Ausgabe.
Khp	Khuddakapātha, PTS-Ausgabe.
Kv	Kāraṇḍavyūha, hrsg. v. P. L. Vaidya, in: Mahāyānasūtrasaṃgraha. Teil 1, Darbhanga 1961 (BST No. 17).
LS	Laṅkāvatāra Sūtra, hrsg. v. B. Nanjio, Kyoto 1956 (Bibliotheca Otaniensis).
LSsag	Sagāthakam (= Versanhang) zum LS.
M	Majjhimanikāya, PTS-Ausgabe.
Mś	Madhyamakaśāstra (des Nāgārjuna), hrsg. v. P. L. Vaidya, Darbhanga 1960 (BST No. 10).
Mv	Mahāvagga des Vinayapiṭaka, PTS-Ausgabe.
Mvs	Mahāvaṃsa.
Par	Parivāra des Vinayapiṭaka.
P	Pāli.
PTS	Pāli Text Society, London.
S	Saṃyuttanikāya, PTS-Ausgabe.
Skt	Sanskrit.
Snip	Suttanipāta, PTS-Ausgabe.
SP	Saddharmapuṇḍarīkasūtra, hrsg. v. P. L. Vaidya, Darbhanga 1960 (BST No. 6)
Śs	Śikṣāsamuccaya (des Śāntideva), hrsg. v. P. L. Vaidya, Darbhanga 1961 (BST No. 11).
SvL	Sukhāvatīvyūha (längere Rezension), hrsg. v. P. L. Vaidya, in: Mahāyānasūtrasaṃgraha. Teil 1, Darbhanga 1961 (BST No. 17).
Thag	Theragāthā, PTS-Ausgabe.

Ud	Udāna, PTS-Ausgabe.
Vin	Vinayapiṭaka, PTS-Ausgabe.
Vism	Visuddhimagga (des Buddhaghosa), PTS-Ausgabe.
VP	Vajracchedikā-Prajñāpāramitā, hrsg. u. übers. v. E. CONZE, Roma (Serie Orientale Roma; 13),
≈	ähnlich.

Literatur

Trotz des hervorragenden Beitrages, den deutschsprachige Indologen zur wissenschaftlichen Erschließung des Buddhismus geleistet haben, ist ein tieferes Kennenlernen der buddhistischen Philosophie aus deutschen Büchern allein nicht möglich. Nur im Englischen liegt der vollständige Pali-Kanon, liegen die wichtigsten Mahayanasutras übersetzt vor.

Zu den Sanskrit- und Pāli-Quellen; Bibliographien

CONZE, E.: The Prajñāpāramitā Literature, 'S-Gravenhage 1960 (Indo-Iranian Monographs; 6).

v. GLASENAPP, H.: Die Literaturen Indiens von ihren Anfängen bis zur Gegenwart, Stuttgart 1961 (Kröners Taschenbuchausgabe; 318).

v. HINÜBER, O.: A Handbook of Pāli Literature, Berlin/New York 2000 (Indian Philology and South Asian Studies, vol. 2)

MIZUNO, K.: Buddhist Sūtras. Origin, Development, Transmission, Tokyo 1982.

MYLIUS, K.: Geschichte der altindischen Literatur, Bern/München/Wien 1988

NORMAN, K. R.: Pāli Literature – including the Canonical Literature in Prākrit and Sanskrit of all the Hīnayāna Schools of Buddhism, Wiesbaden 1983 (A History of Indian Literature, Bd. 7, H. 2)

PFANDT, P.: Mahāyāna Texts translated into Western Languages. A Bibliographical Guide, (2. Aufl.) Köln 1986.

SEYFORT RUEGG, D.: The Literature of the Madhyamaka School of Philosophy in India, Wiesbaden 1981 (A History of Indian Literature; Bd. 7, H. 1).

U KO LAY: Guide to Tipiṭaka, Delhi 1990 (Bibliotheca Indo-Buddhica; 71).

WINTERNITZ, M.: Die buddhistische Litteratur, Leipzig 1913 (Geschichte der indischen Litteratur; 2. Bd., 1. Hälfte).

Moderne Buddhabiographien

BREWSTER, E. H.: The Life of Gotama the Buddha, compiled exclusively from the Pāli Canon, (2. Aufl.) London 1956.

DUTOIT, J.: Das Leben des Buddha. Eine Zusammenstellung alter Berichte aus den kanonischen Schriften der südlichen Buddhisten, München-Neubiberg 1906.

KALUPAHANA, D. J. u. I.: The Way of Siddhartha. A Life of the Buddha, (3. Aufl.) London 1987.

KLIMKEIT, H.-J.: Der Buddha. Leben und Lehre, Stuttgart 1990.

ÑĀṄAMOLI, Bhikkhu: The Life of the Buddha as it appears in the Pāli Canon, Kandy 1972.

Naudou, J.: Buddha, Gütersloh 1973.
Oldenberg, H.: Buddha – sein Leben, seine Lehre, seine Gemeinde, (13. Aufl.) Stuttgart 1959.
Schumann, H. W: Der historische Buddha. Leben und Lehre des Gotama, (5. Aufl.) München 2004.
Schumann, H. W.: Auf den Spuren des Buddha Gotama. Eine Pilgerfahrt zu den historischen Stätten, Olten/Freiburg 1992.
Thomas, E. J.: The Life of the Buddha as Legend and History, (6. Aufl.) London 1960.
Wickremesinghe, K. D. P.: The Biography of the Buddha, Colombo 1972.
Zotz, V.: Buddha – mit Selbstzeugnissen und Bilddokumenten, Hamburg 1991 (rororo-Monographie 477)

Zur Datierung des Buddha

Bechert, H. (Hrsg.): The Dating of the Historical Buddha. Die Datierung des historischen Buddha, Parts 1–3, Göttingen 1991–97 (Abh. der Akad. der Wissenschaften in Göttingen)

Buddhismus in Indien, Einzel-Yānas und Gesamtdarstellungen

Bareau, A.: Die Religionen Indiens, Bd. 3. Buddhismus, Jinismus, Primitivvölker, Stuttgart 1964 (Die Religionen der Menschheit; 13)
Bechert, H. u. R. Gombrich (Hrsg.) Der Buddhismus, Geschichte und Gegenwart, (2. Aufl.) München 1989.
Bechert, H. (Hrsg.): Der Buddhismus I – Der indische Buddhismus und seine Verzweigungen, Stuttgart 2000
Conze, E.: Der Buddhismus. Wesen und Entwicklung, (3. Aufl.) Stuttgart 1962.
Conze, E.: Buddhistisches Denken. Drei Phasen buddhistischer Philosophie in Indien, Frankfurt 1988. (Originaltitel: Buddhist Thought in India).
Dutt, N.: Mahāyāna Buddhism, (2. Aufl.) Delhi 1978.
Frauwallner, E.: Geschichte der indischen Philosophie Bd. 1, Salzburg 1953.
Gombrich, R: Der Theravāda-Buddhismus, vom alten Indien bis zum modernen Sri Lanka, Stuttgart 1997
Goyal, R. R.: A History of Indian Buddhism, Meerut 1987.
Kalupahana, D. J.: A History of Buddhist Philosophy. Continuities and Discontinuities, Honolulu 1992.
Lamotte, E.: Histoire du Bouddhisme Indien, des origines à l'ère Śaka, (3. Aufl.) Louvain 1976. (Englisch: History of Indian Buddhism from the Origins to the Śaka Era, Louvain-la-Neuve 1988.)
Nakamura, N.: Indian Buddhism. A Survey with Bibliographical Notes, (2. Aufl.) Delhi 1987.
Rāhula, W.: Was der Buddha lehrt, Zürich 1963.
Rhys Davids, T. W.: Buddhist India, (8. Aufl.) Delhi 1987.
Robinson, R.: The Buddhist Religion. A historical Introduction, (4. erw. Aufl.) Belmont, Cal. 1996

SANGHARAKSHITA: A Survey of Buddhism. Its Doctrines and Methods through the Ages, (6. Aufl.) London 1987.

SANGHARAKSHITA: Die Drei Kleinode. Eine Einführung in den Buddhismus, München 1971.

SCHLINGLOFF, D.: Die Religion des Buddhismus, 2. Bde., Berlin 1962–63 (Slg. Göschen Bde. 174 u. 770)

SCHNEIDER, U.: Der Buddhismus – Eine Einführung, (4. Aufl.) Darmstadt 1997.

SCHUMANN, H. W.: Mahāyāna-Buddhismus – Das Große Fahrzeug über den Ozean des Leidens, (2. Aufl.) München 1995 (DG Bd. 114).

SCHUMANN, H. W.: Handbuch Buddhismus, Die zentralen Lehren: Ursprung und Gegenwart, Kreuzlingen/München 2000.

SCHUMANN, H. W.: Der Buddha erklärt sein System, Stammbach o. J. [2002]

SNELLGROVE, D.: Indo-Tibetan Buddhism. Indian Buddhists and their Tibetan Successors, London 1987.

SUZUKI, D. T.: Outlines of Mahāyāna Buddhism, (2. Aufl.) New York 1963.

SUZUKI, D. T.: On Indian Mahāyāna Buddhism, hrsg. v. E. CONZE, New York 1968.

WARDER, A. K.: Indian Buddhism, (3. Aufl.) Delhi 1991.

ZOTZ, V.: Geschichte der buddhistischen Philosophie, Hamburg 1996 (re Bd. 537).

Studien zur Weisheitsschule und zum Madhyamaka

FATONE, V.: The Philosophy of Nāgārjuna, Delhi 1981.

GHOSE, R. N.: The Dialectics of Nāgārjuna, Allahabad 1987.

HUNTINGTON, G. W. Jr.: The Emptiness of Emptiness, An Introduction to Early Indian Mādhyamika, (2. Aufl.) Delhi 1992.

LINDTNER, CH.: Nagarjuniana. Studies in the Writings and Philosophy of Nagarjuna, (2. Aufl.) Delhi 1987 (Buddhist Traditions; 2).

MURTI, T. R. V.: The Central Philosophy of Buddhism. A Study of the Madhyamika System, (2. Aufl.) 1960.

RAMANAN, K. V.: Nāgārjuna's Philosophy as presented in the Mahā-Prajñā-pāramitā-Śāstra, (3. Aufl.) Delhi 1978.

ROBINSON, R. H.: Early Mādhyamika in India and China, (3. Aufl.) Delhi 1978.

SANTINA, P. D.: Madhyamaka Schools in India. A Study of the Madhyamaka Philosophy and of the Division of the System into the Prāsaṅgika and Svātantrika Schools, Delhi 1986.

TACHIKAWA, M.: An Introduction to the Philosophy of Nāgārjuna, Delhi 1997.

Studien zum Vijñānavāda

ANACKER, ST.: Seven Works of Vasubandhu, the Buddhist Psychological Doctor, Delhi 1984 (Religions of Asia Series; 4).

BROWN, B. E.: The Buddha Nature. A Study of the Tathāgatagarbha and Ālayavijñāna, Delhi 1991 (Buddhist Traditions; 11).

CHATTERJEE, A. K.: The Yogācāra Idealism, Banāras 1962 (Banāras Hindu University Darśana Series; 3).

KOCHUMUTTAM, TH. A.: A Buddhist Doctrine of Experience. A new Translation and Interpretation of the Works of Vasubandhu ..., Delhi 1982.

SCHMITHAUSEN, L.: Ālayavijñāna. On the Origin and the Early Development of a Central Concept of Yogācāra Philosophy, 2 Bde., Tokyo 1987 (Studia Philologica Buddhica; 4).

SASTRI, Y. S.: Mahāyānasūtrālaṅkāra of Asaṅga. A Study in Vijñānavāda Buddhism, Delhi 1989 (Bibliotheca Indio-Buddhica; 65).

SUTTON, F. G.: Existence and Enlightenment in the Laṅkāvatārasūtra. A Study in the Ontology and Epistemology of the Yogācāra School of Mahāyāna Buddhism, (2. Auf.) Delhi 1992 (Bibliotheca Indo-Buddhica; 106).

SUZUKI, D. T.: Studies in the Laṅkāvatāra Sūtra, (2. Aufl.) London 1957.

TRIPATHI, CH. L.: The Problem of Knowledge in Yogācāra Buddhism, Varanasi 1972.

WOOD, T. E.: Mind Only – A Philosophical and Doctrinal Analysis of the Vijñānavāda, (2. Aufl.) Delhi 1994.

Theravāda-Volltexte in neuerer Übersetzung

BODHI Bhikkhu: The Connected Discourses of the Buddha (Saṃyutta Nikāya), 2 vols. Boston 2000.

CARTER, J. R./PALIHAWADANA, M.: The Dhammapada, New York/Oxford 1987.

GEIGER, W./NYĀNAPONIKA Mahāthera/HECKER, H.: Die Reden des Buddha, Gruppierte Sammlung (Saṃyutta-Nikāya), Stammbach-Herrnschrot 1997.

ÑĀṆAMOLI/BODHI Bhikkhus: The Middle Length Discourses of the Buddha (Majjhima Nikāya), Boston 1995.

NYĀNATILOKA Mahāthera: Die Lehrreden des Buddha (Aṅguttaranikāya), revidiert von NYĀNAPONIKA Mahāthera, 5 Bde., Köln 1969.

SCHMIDT, K.: Buddhas Reden. Die Sammlung der mittleren Texte des buddhistischen Pāli-Kanons (Majjhimanikāya), (2. Aufl.) Leimen 1989

WALSHE, M.: Thus have I heard. The Long Discourses of the Buddha (Dīghanikāya), London 1987.

ZUWINKEL, K.: Die Lehrreden des Buddha aus der Mittleren Sammlung (Majjhima Nikāya), 3 Bde., Uttenbühl 2001.

Mahāyāna- und Tantrayāna-Texte, Sūtras und Śāstras

CHANG, G. C. C.: A Treasury of Mahāyāna Sūtras. Selections from the Mahāratnakūṭa Sūtra (from the Chinese), Pennsylvania State University Park/London 1983 (enthält 22 der 49 in Sanskrit verlorenen Ratnakūṭasūtras).

CLEARY, T.: The Flower Ornament Scripture. A Translation of the Avataṃsaka Sūtra (from the Chinese), 3 Bde., Boston/London 1985–87 (enthält die in Sanskrit verlorenen Sūtras Avataṃsaka, Daśabhūmika und Gaṇḍavyūha).

CONZE, E.: Vajracchedikā Prajñāpāramitā, Roma 1957 (Serie Orientale Roma; 13).

CONZE, E.: Buddhist Wisdom Books. The Diamond Sūtra und the Heart Sūtra, London 1958.

CONZE, E.: The Large Sūtra of Perfect Wisdom, with the divisions of the Abhisamayālaṅkāra, (2. Aufl.) Delhi 1979.

CONZE, E.: The Short Prajñāpāramitā Texts, London 1973.
CONZE, E.: Selected Sayings from the Perfection of Wisdom, London 1955.
CONZE, E.: The Perfection of Wisdom in eight thousand Lines and its Verse Summary (Aṣṭasāhasrikā and Ratnaguṇasaṃcayagāthā), Bolinas 1973.
EMMERICK, R. E.: The Sūtra of Golden Light (Suvarṇabhāsottamasūtra), London 1970 (Sacred Books of the Buddhists; Bd. 27).
GOLZIO, K.-H.: Die makellose Wahrheit erschauen: Das Lankavatara-Sutra, Bern/München/Wien 1996.
GOMEZ, L. O.: The Land of Bliss, Sanskrit and Chinese Versions of the Sukhāvatīvyūha Sūtras, Honolulu 1996.
KALUPAHANA, D. J.: Nāgārjuna. The Philosophy of the Middle Way (Mūlamadhyamakakārikā), New York 1986.
PANDEYA, R. CH. u. MANJU: Nāgārjuna's Philosophy of No-Identity. (With Philosophical Translations of the Madyamaka-kārikā, Śūnyatā-Saptati and Vigranavyāvartanī), Delhi 1991.
SUZUKI, D. T.: The Laṅkāvatāra Sūtra. A Mahāyāna Text translated for the first time from the original Sanskrit, (2. Aufl.) London 1956.
THURMAN, R. A. F.: The Holy Teaching of Vimalakīrti. A Mahāyāna Scripture (from the Tibetan), (2. Aufl.) Delhi 1991 (das in Sanskrit verlorene Vimalakīrtinirdeśasūtra).
WAYMAN, A. u. H.: The Lion's Roar of Queen Śrīmālā. A Buddhist Scripture on the Tathāgatagarbha Theory (from the Tibetan), (2. Aufl.) Delhi 1990 (das in Sanskrit verlorene Śrīmālāsiṃhanādasūtra).
WEBER-BROSAMER, B./BACK, D. M.: Die Philosophie der Leere, Nāgārjunas Mūlamadhyamaka-Kārikās, Wiesbaden 1997 (Beiträge zur Indologie, Bd. 28)

Weitere Übersetzungen weist nach P. PFANDT: Mahāyāna Texts translated into Western Languages, A Bibliographical Guide, (2. Aufl.) Köln 1986.

Register

Die diakritischen Zeichen in indischen Worten bleiben bei der alphabetischen Einordnung unberücksichtigt.

Abhidhammapiṭaka 58, 61, 118
Abhidhammatthasaṅgaha 61
Abhidharma 122
Abhidharmakośa 121, 213
Absolutes 134, 145 f., 191, 210, 233
Achtsamkeit 103
Achtweg 98 ff., 171 f.
Ādibuddha 154 ff.
Ajātasattu 48 f., 53
Akṣobhya 156 f., 160
Āḷāra Kālāma 18, 104
ālayavijñāna 216
All-Wissenheit 42, 152, 174
Amarāvatī 192
Ambapālī 39
Ambavana-Kloster 38
Ambedkar, B. R. 236
Amida-Buddhismus 228
Amitābha 156 f., 160, 166 f., 177 f., 228
Amitāyus 156, 177 → Amitābha
Amoghasiddhi 157, 160
Ānanda 34, 41 f., 50, 55 f.
Anāthapiṇḍika 38

Aneignungsgruppen 66 ff., 72, 75, 89 ff., 114 ff., 143 f., 173, 201
Aṅgulimāla 82
Aṅguttaranikāya 60
Anuruddha 42, 61
Ariṭṭha 32
Armut 41, 101 f.
Āryadeva 193
Asaṅga 141, 213
Asoka (Aśoka) 13, 57 f., 124 f., 234, A.-Säule 125
Assaji 24, 40
Aṣṭasāhasrikā-Prajñāpāramitā 140
Astrologie 227
Avalokiteśvara 165 f., 181 ff.
Avataṃsakasūtra 139, 213
avidyā 147 → Unwissenheit
avijjā 84 → Unwissenheit

Bamiyan 9
Bechert, H. 13
Beluva 50
Benares 22, 39
Berufe, rechte 101
Bewußtsein 66 f., 75, 88, 92 f., 215
Bewußtseinslehre 215 ff.
Bhaddiya 24, 42
Bhāvaviveka 172, 193
bhikkhu 24 → Mönche
Bimbisāra 26, 38, 46
Bodh Gayā 19, 125 f.
bodhi 21 → Erleuchtung
Bodhi-Baum 21, 126 f.
bodhicitta 184
Bodhisattvas 123, 135, 160, 163 f., 181, 183 ff., 195
Bodhisattvayāna 160
Borobodur 9, 185
Brahmanen 15, 18, 45
Buddha, Leben des 14 ff., der Transzendente B. 149 ff. → Urbuddha
Buddhafelder 155 ff. → Zwischenparadiese
Buddhaghosa 118, 120
Buddhaheit 147, 153
Buddhalehre 25, 51, 148, 232 ff.
Buddhapālita 193
Buddhareliquien 53 f.
Buddhas, frühere 152, irdische 159, transzendente 155 ff.
Buddhaschaft 112
Buddhismus, Geschichte des 139, 234 f.

Campā 39
Candragomin 214
Candrakīrti 193
Ceylon 58, 234
Chinesisch 139
citta 215 → Geist
Conze, E. 143
Cunda, Novize, 55, Schmied 51

Daseinsfaktoren 118 ff. → dhamma → dharma
Denkorgan 74
Determinismus 80
Devadaha 14
Devadatta 47 f., 130
dhamma, Buddhalehre 9, 25, 50, 55 Daseinsfaktoren 40, 118, 120 f., Denkobjekte 74, 102 → dharma
Dhamma-Theorie, des Sarvāstivāda 121 f., scholastische 118 ff.
Dhammapada 60
dharma, Buddhalehre 148, Daseinsfaktoren 143 f., 173 f., 189 ff., 232 f. → dhamma → Dhamma-Theorie
Dharmakāya 153f.
Dharmakīrti 214
Dharmapāla 214
Dharmaprinzip 153
Dharmottara 214
Dīghanikāya 60
Dignāga 214
Dohākośa 223
Doketismus 123, 134
Doṇa 53
Drei-Leiber-Lehre 149, 153

dukkha 62, 65 → Leiden
Dynamismus 73, 233

Eggermont, P. H. L. 13
Eigennatur 143, 196 ff.
Erleuchtung 21, 57, 174, 228
Erlöstheit 175
Erlösungsweg, hīnayānischer 98 ff., mahāyānischer 170 ff., 207
Existenzweisen, Drei 217 f.

Feueropfer 46
Fleischgenuß 34, 101
Frauen 42, 44 ff.

Geiergipfel 129 f.
Geist 74, 214 ff.
Gier 82 ff., 91, 97, 113, 170, 176, 201, 207, 209, 231, Gier/Haß/ Verblendung 81, 84, 113, 207
Glaubensschule 180
Glaubensvertrauen 92, 111 f., 177
Gleichmut 107
Gotama-Familie 15
Götter 9, 77 f., G.-reich 77
Govinda, Lama A. 11
Grundbewußtsein 216 f.
Gruppen 66 → Aneignungsgruppen
Guhyasamājatantra 219
Güte 48, 107, 108 ff. → Mitleid

Haribhadra 214
Haushaber 27
Heilige 43, 112, 123, 160
Hīnayāna 57, 117, 133, vgl. mit Mahāyāna 133 ff.
Hölle 77
Honen-Shonin 228
Hūṇas 235

Idealismus 215, 234
Ideationen 221 f.
Identitätserlebnis 147, 175 f.
Individuationen 217
Isipatana 22, 128
Itivuttaka 60

Jainas 32
Jetavana 38
jhāna 104 → Meditation
Jīvaka 26, 38, 49, 130
jñāna 174 → Wissen

Kālacakra 227
Kamalaśīla 193 f.
kamma, Kammalehre 20, 77 f., 80, 82, 85, 92 ff., 99, 113, 120, 134 → karman
Kaniṣka 234
Kapilavatthu I (Tilaurakoṭ) 14 ff., 38, 50, K. II (Piprāvā) 53
Karatalaratna 172
karman, Karmalehre 152, 162, 171, 190, 202 f., 216 ff. → kamma → Tatabsichten
Kasten, K.-system 15, 24, 45 f., 231
Kathāvatthu 58
Kaufleute 27 f.
Keimsilben 221
Kennzeichen, drei 69, 71, 210
khandha 66 f. → Aneignungsgruppen
Khuddakanikāya 60
Klöster 37, 136
Koan 228 f.
Kondañña 24
Konditionalnexus 87 ff., 95, 115, 118, 199 ff., 232
Konditionismus 34, 88, 137, 143, 195, 199, 204 → Konditionalnexus
Konzil, Erstes 55 f., 130, Zweites 56, 117, Drittes 57
Körper 66, 80, 83 → Aneignungsgruppen
Kosala 15, 28, 49
Kosambī 28, 39
Kriegeradel 15, 45
Kṣitigarbha 167
Kult 188
Kusināra 51, 53, 130 f.

Laienbekenner 26 f.
Lalitavistara 149

Laṅkāvatārasūtra 139, 141, 154, 213, 234
leer 69, 143, 145, 196, 233
Leerheit 134 f., 138, 143 ff., 170, 175, 192, 197, 200, 205 f., 219, 233
Leerheitsphilosophie 142 ff., 192 ff.
Lehre 25 → Buddhalehre
Leiden 62 ff., 65, 97, 135, 161, 170, 175, 198 f.
Licchavis 39
Lindtner, Ch. 193
Lokeśvara 165 → Avalokiteśvara
Lokottaravāda 123, 149
Lumbinī 14, 124

Madhyamaka 141, 192, 194
Madhyamakaśāstra 194
Magadha 38, 47
Magie 41
Mahābodhi-Tempel 126
Mahākassapa 42, 56
Mahānāma 24
Mahāpajāpatī 15, 43
Mahāsāṅghika 57, 117, 123, 149
Mahāsthāmaprāpta 167
Mahāvastu 123, 149
Mahāyāna 57, 123, 133 ff., 142, 233, 236, M.-sūtras 138 f.
Maitreya 159 f., 168, 179 f.
Maitreyanātha 213
Majjhimanikāya 60
manas 74
Maṇḍala 157 ff., 185, 224
Mañjuśrī 167 f.
mantra 220
Mantrayāna 220
Māyā 14
Meditation 20, 103 ff.
Menschenwelt 77
mettā 48 → Güte
Metteyya 152 → Maitreya
Milindapañha 61
Missionstätigkeit 25, 234
Mithilā 39
Mitleid 107, 111, 154, 160, 166, 181, 184, 186, 225
Mittlere Lehre 23, 27, 195 f.
Moggallāna 40 f.
Moggaliputta Tissa 57
Mönche 24, 40 ff., 45
Mönchsorden 24 f., 45, 55, 128 → Ordensstrafrecht
Monismus 233
Monsun 25 → Regenzeit
mudrā 220
Mūlagandhakūṭī-Tempel 128

Nāgārjuna 141, 192 ff.
Nālanda 192
Nanda 14
Neo-Buddhisten 72, 236
Nibbāṇa 52, 98, 112 ff., 121, 189 f. → Nirvāṇa
Nichtzweiheit 146
Nicht-Seele 68 ff., 86, 93, 96, 99, 118, 120, 143, 173, 195 ff., 232
Nirvāṇa 135, 137, 146, 150 f., 164, 181, 186, 189 f., 209, 210 ff., 217, 233 → Nibbāṇa
Nonnenorden 43 f.
Novizen 24

Oṃ maṇi padme hūṃ 166 f.
Opferkult 18, 27, 232
Ordensstrafrecht 100
Ordination 24, Os.-hindernisse 24, 27 f., 48

Paccekabuddha 112
Padmapāṇi 165 → Avalokiteśvara
Pāla-Dynastie 219
Pāli 11, P.-Kanon 14, 22, 55, 57, 58 ff., 117, 138
parātmasamatā 147 → Identitätserlebnis
Parinibbāna 52, 114 ff., 131 f. → Parinirvāṇa
Parinirvāṇa 159, 163, 179 → Parinibbāna

Pasenadi 38, 46 f., 49
Pāṭaliputta 39, 49, 57, 234
paṭiccasamuppāda 87 ff.
→ Konditionalnexus
Pāvā 51
Person 66 ff. → Aneignungs-
gruppen
Pessimismus 76 f.
Pippala 21 → Bodhi-Baum
Piprāvā 53
Pluralismus 233
Pragmatismus 62
Prajñāpāramitā 192, P.-Sūtra 140 f.,
143, 145 f., 163, 174
→ Tugendvollkommenheiten
Pubbārāma 38

Rad der Lehre 9, 23, 133 f., 179,
206
Rāhula 16, 40, 42, 44
Rājagaha 26, 38, 56, 129
Ratnasambhava 156, 160
Regenzeit 25, 36 f., 128
Reliquien 53, 188
Revata 56
Rinzai-Schule 228

saddhā 92 → Glaubensvertrauen
Saddharmapuṇḍarīkasūtra 139, 149,
188
sādhana 222
sādhita 222
Sahajayāna 223
Sakya 15, S.-Republik 15, 38, 49
samādhi 103 → Meditation
Samaṇas 18, 24
Samantabhadra 155, 160, 168
Sambhogakāya 155
Saṃsāra 65, 76 f., 98, 157, 174, 206,
224, 226
Samye-Disputation 194
Saṃyuttanikāya 60
Sandhinirmocanasūtra 213
saṅgha 24 → Mönchsorden
→ Nonnenorden
saṅkhāra, Aneignungsgruppe 90,
Tatabsichten 81, 92, Persönlich-
keitsbestandteile 52, 64, 114
Śāntarakṣita 193
Sāntideva 162 f., 193
Saraha 223
Sāriputta 40 f., 64
Sārnāth 22, 128
sarvajñatā 174 → All-Wissenheit
Sarvāstivadā 121, 213
Śaśāṅka 235
Sautrāntikas 122
Śāstras 141, 193
Sāti 32
Sāvatthi 38
Scholastik 117
Schreiben 56, 140 f.
Seele 19, 31, 68 f., 72, 86, 142, 209,
S. in den Upaniṣaden 32, 86, 142,
195, 232 → Nicht-Seele
Selbsttötung 83
Siddhattha Gotama 14 ff., nach
Erleuchtung → Buddha
Shinran-Shonin 228
Sinnesbewußtsein 74
skandha 66 → Aneignungsgruppen
Soto-Schule 228
śraddhā 177 → Glaubensvertrauen
Sthiramati 214
Stūpas 53, 188 f.
Subhūti 42, 144, 175
Suddas 45
Suddhodana 14 f.
Sukhāvatī 155, 177 ff., 228
śūnyatā 134 → Leerheit
Śūnyatāvāda 142 ff., 192 ff.
Sūtras 138, 141
sutta 60
Suttanipāta 60
Suttapiṭaka 56, 60
svabhāva 218 → Existenzweisen
svabhāvatā 143 → Eigennatur

taṇhā 82 f. → Gier
Tantrayāna 219

Tapussa u. Bhallika 21
Tatabsichten 81, 92, 100, 113 f., 152, 200 f.
Tathāgata 22, 212
tattva 134, 145 → Absolutes
Thera-/Therīgāthā 60
Theravāda 57, 111, 117 ff., 142, 236 → Hīnayāna
Tibetisch 139
Tieropfer 46
Toleranz 31
Tugendvollkommenheiten 140, 163, 184 ff., 187
Turfan 9

Udāna 60
Udāyi 116
Uddaka Rāmaputta 19, 85, 142
Udena 39
Unwissenheit 84, 91, 98, 147 f., 170, 176, 200, 207, 209, 231
Upaka 22
Upāli 43, 56
Upaniṣaden 18 f., 31, 85 f., 142, 232
Urbuddha 153 ff.
Uruvelā 19

Vairocana 154 f., 160
Vajji-Föderation 49
Vajra 220 f.
Vajradhara 155, 160
Vajrapāṇi 167
Vajrasattva 154 f., 160 → Vajradhara
Vajrayāna 220
Vappa 24
Vasubandhu 121, 141, 213 f., 217 f.
Veda 17, 232
Vegetarismus 34, 101
Veḷuvana 26, 38
Verbindungsbewußtsein 122
Verdienst, karmisches 162 → kamma → karman
Vergänglichkeit 24, 51 f., 64, 68, 170
Verlöschen 53 → Nibbāṇa → Nirvāṇa
Versenkung 220 → Meditation
Vesāli 39, 50, 54
Vessas 45
Viḍūḍabha 49 f., 53
Vijñānavāda 122, 213 ff.
Vinayapiṭaka 57, 60
Visākhā 38, 63
Visuddhimagga 61

Wahrheit 138, Doppelte 147f., 169, 210
Wahrheiten, die Vier 84, 91, 97
Wahrheitsbetätigung 138
Wahrnehmung(en) 70, 215 ff.
Wahrnehmungsorgane, Sechs 74
Welt ist Vorstellung 74f., nur Geist 214 ff., 217, 221
Weisheit 140, 148, 163, 173 f., 176, 186
Weisheitsvollkommenheit 140
Weisheitsweg 173
Wiedergeburt 20, 76 f., 79 f., 82 f., 85 f., 92, 93, 95, 171, 195, 199 ff., 232 → Nicht-Seele
Willensakte 81 → Tatabsichten
Wirklichkeit, dreischichtig 216
Wissen 174, 187

Yogācāra 213 → Vijñānavāda
Yasodharā 16, 44

Zen-Buddhismus 228 f.
Zwielicht-Sprache 219
Zwischenparadiese 155 ff., 158, 177, 179 f.

Hans Wolfgang Schumann

Der historische Buddha

Leben und Lehre des Gotama

Diederichs Gelbe Reihe, Aktualisierte Neuausgabe
Gebunden mit Schutzumschlag, 320 Seiten mit Abbildungen
ISBN 3-89631-439-4

Der Begründer des Buddhismus lebte im 6. und 5. Jahrhundert v. Chr. im heutigen Indien: Mit 35 Jahren wurde Siddhattha Gotama zum Buddha, dem »Erwachten«. Der renommierte Indologe Hans Wolfgang Schumann zeigt den Menschen hinter dem Mythos – den Denker, Prediger, politischen Taktierer und juristisch beschlagenen Ordensorganisator.
Der historische Buddha wurde in zahlreiche Sprachen übersetzt und mit dem Rabindranath-Tagore-Preis ausgezeichnet.